전남 동부
기독교 문화유산과 지역사회

인문학술원 연구총서 14
종교역사문화총서 04

전남 동부 기독교 문화유산과 지역사회

초판 1쇄 발행   2024년 1월 31일

엮은이 ㅣ 국립순천대학교 인문학술원 종교역사문화센터
펴낸이 ㅣ 윤관백
펴낸곳 ㅣ 선인

등 록 ㅣ 제5-77호(1998.11.4)
주 소 ㅣ 서울시 양천구 남부순환로 48길 1(신월동 163-1) 1층
전 화 ㅣ 02)718-6252 / 6257
팩 스 ㅣ 02)718-6253
E-mail ㅣ suninbook@naver.com

정가 23,000원
ISBN 979-11-6068-866-5 93900

이 교재(연구)는 2023년 교육부 재원으로 국립대학육성사업 지원을 받아 수행되었음.

인문학술원 연구총서 14
종교역사문화총서 04

전남 동부
기독교 문화유산과 지역사회

국립순천대학교 인문학술원

종교역사문화센터 편

책을 펴내며

국립순천대학교 인문학술원은 지역의 다양한 역사 문화유산을 연구하고 교육하고 있습니다. 우리 지역의 기독교 역사 문화도 그 중 하나입니다. 전남 동부 기독교는 순천선교부와 순천노회를 중심으로 활발하게 진행되었습니다. 전남 동부 기독교는 '북평양, 남순천'이라는 말이 생길 정도로 빠르게 성장했고, 그 과정에서 지역사회의 교육, 문화, 정치, 의료 등 다양한 부문에 큰 영향을 미쳤습니다. 전남 동부 사회의 근대화와 지역 기독교는 밀접한 관계를 맺고 있기 때문에, 인문학술원이 관심을 가지고 연구하고 있습니다.

인문학술원은 2019년 이후 종교역사문화총서를 발간하고 있습니다. 첫 번째 책『전남 동부 기독교 선교와 한국사회』(2019)는 미국 남장로회의 지역 선교와 지역 자생 교회의 발전을 다루었습니다. 두 번째 책『전남 동부지역 기독교 인물과 선교활동』(2021)은 전남 동부지역에서 활동한 미국 남장로회 선교사들과 한국인 목회자들을 연구했습니다. 세 번째 책『전남 동부지역 기독교기관과 지역사회』(2021)는 학교, 병원, 교회, 그리고 기독교 계열 사회단체들의 역할과 지역사회에 미친 영향을 살펴보았습니다.

이번에 출판하는 연구총서는 전남 동부지역 기독교 문화유산에 대한 연구를 담은 책입니다. 지난 2023년 6월 15일 인문학술원이 개최한 학술 대회 "순천 선교 문화유산과 근대 정원: 현황과 가치"에서 발표된 글을 중심으로 관련 연구 성과들을 묶은 것입니다. 이 책은 1부에서는 "미국 남장로회의 호남 지역 기독교 문화유산"을, 2부에서는 "전남 동부 지역 의료 선교와 문화유산"을, 3부에서는 "전남 동부 지역 선교와 생활 공간"을 다루고 있습니다.

귀중한 연구 성과를 이번 연구총서에 보내주신 선생님들께 인문학술원을 대표하여 깊은 감사를 드립니다.

인문학술원 종교역사문화센터는 종교역사문화총서를 앞으로도 계속해서 발간하려고 합니다. 2024년도 1월에 개최한 "유네스코 세계문화유산 등재 추진 호남 기독교 문화유산" 학술대회성과도 보완하여 종교역사문화총서에 담으려 합니다. 이번에 네 번째로 발간되는 연구총서를 통해 독자 여러분들이 순천을 비롯한 전남 동부 지역 기독교역사문화에 대해 더욱 많은 관심을 가지게 되시기를 기대합니다.

끝으로 이 책의 기획, 원고 수집, 편집, 교정 등 전 과정을 묵묵히 담당해주신 우승완 교수와 배창환 연구원에게 깊이 감사드립니다. 그리고 학술대회 진행과 연구총서 발간을 지원해준 정지수 연구원에게도 고마움을 표합니다. 또한 이 자리를 빌려 이러한 연구가 가능하도록 도와주신 이병운 국립순천대 총장님과 노관규 순천시장님께 감사드립니다.

2024년 1월
국립순천대학교 인문학술원장 강성호

차 례

전남 동부 지역 기독교 문화유산의 현황과 과제

강성호

I. 전남 동부 지역과 순천선교부의 위상

2023년은 순천선교부가 세워진 지 110주년이 되는 해이다. 순천선교부 설립 110주년을 맞아 순천선교부와 순천 지역 기독교가 어떻게 발전되어왔고, 현재의 시점에서 어떻게 받아들여질지를 살펴볼 필요가 있다.

미국 남장로회가 세운 순천선교부는 대한제국이 멸망한 직후 일제 강점기인 1913년에 세워졌다. 미국 남장로회가 세운 군산 선교부(1895년), 전주 선교부(1896년), 목포 선교부(1898년), 광주 선교부(1904년)는 모두 1910년 이전 한 말에 세워졌다. 한말(韓末)에 세워진 선교부들은 서양 세력을 대변하는 측면도 있었다.

이에 비해 일제 강점기에 세워진 순천선교부는 일제의 침략에 저항하는 지역민들에게 일제를 대신하는 '대안 문명'을 전파하는 '전진 기지'로 역할한 측면도 있다. 순천선교부가 제공하는 근대적인 중등교육, 근대적인 의료

시설, 선교사들이 거주하고 누렸던 근대적 건축과 시설들이 순천의 근대화에 커다란 영향력을 미쳤기 때문이다. 순천선교부가 개설 10년 만에 '북평양, 남순천'이라고 불릴 정도로 교세가 커진 원동력을 이러한 순천선교부의 역할에서 찾아볼 수도 있을 것이다.

호남 및 전남 동부 지역 교회 발전은 미국 남장로회 선교와 밀접한 관계를 지니고 있다. 미국 남장로회 선교가 지역 교회 발전의 주요한 계기가 되었고, 이후 남장로회 선교부의 역할과 지역 교회의 자생적인 노력들이 상호 작용하면서 지역의 기독교가 발전하였다.[1] 전남 동부 지역은 순천선교부 활동 영역과 일치한다. 순천선교부는 남장로회 호남 선교부 중 가장 늦게 설치되었지만, 가장 체계적으로 진행된 선교부이기도 하다. 전남 동부 지역은 선교부가 늦게 설치되다 보니 이미 지역 교회들이 자생적으로 성장하고 있었고, 체계적인 지원 속에서 설립된 선교부여서 지역에 대한 복음 선교, 의료 선교, 교육 선교 지원이 활발한 곳이었다. 전남 동부 지역 기독교 역사의 발전 과정을 제대로 보기위해서는 선교부와 지역 교회의 성장 모두를 모두 고려할 필요가 있다.[2]

II. 순천선교부 연구 현황과 과제

전남 동부 지역에 창립 110주년이 넘는 교회들이 많이 존재한다. 여수 율천교회, 광양 웅동교회, 순천중앙교회 등을 대표적으로 들 수 있다. 이런 오

---

1) 윤정란, 「전남 순천지역 기독교의 수용과 확산」, 『숭실사학』 26, 2011. 6; 이양재, 「순천지역 초기 선교역사연구: 광양 신황리교회를 중심으로」, 호남신학교 대학원 석사학위논문, 2001. 12; 한동명, 「보이열(Elmer T. Boyer) 선교사의 호남지방 선교에 관한 연구: 무주, 순천 지역을 중심으로」, 장로회신학대학교 대학원 석사학위논문, 2007. 8.
2) 한규무, 「미국남장로회 순천스테이션의 교육선교와 매산남녀학교」, 『남도문화연구』 15, 2008. 12.

랜 역사에도 불구하고 전남 동부 지역 선교 및 지역 교회 발전 과정에 대한 연구는 국립순천대 인문학술원 종교역사문화센터 설립 이전까지는 체계적으로 진행되지 못하였다.[3]

국립순천대 인문학술원은 2001년 지역의 역사와 문화를 체계적으로 연구하여 지역정체성을 확립한다는 목적하에 '인문학연구소'로 설립되어 시작하였다. 인문학술원은 2017년에 한국연구재단 대학중점연구소 사업에 선정되어 대규모 재정지원을 받으면서 인문학연구소를 인문학술원으로 확대 조직개편하였다. 또한 2023년에도 한국연구재단 인문사회연구소 사업에 연속으로 선정되어 2029년까지 6년 동안 대규모 재정지원을 바탕으로 연구소 활동을 진행할 수 있게 되었다.

인문학술원 자체 학술지 『인문학술』이 2018년에 창간되었고, 2022년에 한국연구재단 '등재후보지'가 되어 국가에서 인정받는 전남 최초 종합 인문학술지가 되었다. 2024년 한국연구재단 '등재지'로 선정되려고 준비하고 있다. 동시에 순천대 인문학술원은 그동안 한국전쟁 연구, 여순사건 연구, 전남 동부 지역 기독교 연구 등을 진행해왔다. 그 결과 지난 6년 동안 6권의 연구총서, 5권의 자료총서, 3권의 종교역사문화총서, 11권의 학술지 등 총 25권의 책을 출판하였다.

---

3) 김형균, 「순천지역 의료선교에 대한 연구: 선교사 인애자의 결핵사업을 중심으로」, 장로회신학대학교 신학대학원 석사학위논문, 2010. 2; 남호현, 『순천 구 남장로회회 조지와츠 기념관 기록화 조사보고서』, 대전: 문화재청 근대문화재과, 2006; 남호현, 『순천 매산중학교 매산관: 기록화 조사보고서』, 대전: 문화재청 근대문화재과, 2006; 도선붕, 한규영, 「순천 선교촌의 형성과 건축특성에 대한 조사연구」, 『한국농촌건축학회논문집』 4(2), 2002. 6; 우승완, 「순천의 근대기 도시화에 관한 연구」, 순천대학교 석사학위논문, 2009; 우승완, 이석배, 이서영, 「근대 순천의 도시발전 동인에 따른 도시변화과정에 관한 연구」, 『한국도시설계학회지』 10(1), 2009. 3; 한규무, 「지리산 노고단 '선교사 휴양촌'의 종교문화적 가치」『종교문화연구』 15, 2010. 12.

〈표 1〉 순천대 인문학술원 출판현황(2017~2023)

No.	학술지(서)명		발간년월일
1	연구총서	국가권력과 이데올로기	19.01.31
2		전쟁과 동원문화	20.03.10
3		제도와 문화현상	20.06.30
4		노동과 삶의 통제	22.08.31
5		메가 체인지시대 메가 학문정책	23.01.31
6		전시 소비와 일상의 변용	23.04.30
7	자료총서	전쟁 프로파간다	18.06.30
8		전쟁과 동원전략	19.12.30
9		전쟁과 제도 · 문화	20.05.20
10		전쟁과 생활	21.08.10
11		전쟁과 노동	22.12.20
12	종교역사 문화총서	전남동부 기독교 선교와 국사회	19.05.25
13		전남동부지역 기독교 인물과 선교활동	21.09.30
14		전남동부지역 기독교 기관과 지역사회	21.06.30
15	학술지	『인문학술』 제1호	18.11.30
16		『인문학술』 제2호	19.05.31
17		『인문학술』 제3호	19.11.30
18		『인문학술』 제4호	20.05.31
19		『인문학술』 제5호	20.11.30
20		『인문학술』 제6호	21.05.30
21		『인문학술』 제7호	21.11.30
22		『인문학술』 제8호	22.05.31
23		『인문학술』 제9호	22.11.30
24		『인문학술』 제10호	23.05.31

인문학술원은 2017년부터 2019년까지 순천시 지원을 받아 전남 동부 지역 기독교 관련 학술대회를 매년 1차례 개최하였다. 개최된 학술대회 주제들은 '전남동부 지역 기독교 선교와 한국사'(2017. 8. 18.), '전남동부 지역 기독교 인물과 지역 사회'(2018. 8. 3), '전남동부 지역 기독교 기관과 지역 사회'(2019. 5. 30.)였다. 이 학술대회 발표들은 인문학술원 종교역사문화센터에서 2019년부터 2021년 사이에 3권의 종교역사문화총서 시리즈로

출판되었다.[4]

이 3권의 종교역사문화총서는 순천선교부를 중심으로 전남 동부 지역 기독교를 체계적으로 다룰 수 있는 토대를 제공했다는 점에서 의미가 있다. 또한 평양과 서울 지역 이외에 특정 지역의 기독교 역사를 지역 대학이 중심이 되어 체계적으로 정리한 사례라는 점에서 주목을 받았다.

그러나 이 3권의 기독교역사 연구 총서는 몇 가지 점에서 한계가 있다. 2022년 12월 15일 개최된 종교역사문화총서 출판 기념 세미나에서 임송자 교수는 향후 전남 동부 지역 연구와 관련하여 몇 가지 과제를 제안하였다.[5] 첫째, 지금까지 진행된 연구의 대상 시기를 확대해야 한다. 1910년대에서 1930년대에 집중된 연구를 1940년 이후 일제 말기, 1945년 해방 이후, 한국 전쟁 이후 산업화 시기 등으로 확대하고, 순천에 집중된 연구를 여수, 광양, 구례, 보성 등으로 확대해야 한다는 것이다. 둘째, 지역의 기독교 연구에 한국 역사학계의 연구 성과를 반영할 필요가 있고, 기독교 선교가 근대화에 미친 긍정적인 측면과 부정적인 측면 모두를 고려해야 한다. 셋째, 선교 연구를 심화하고 체계적으로 진행하기 위해서는 새로운 자료 발굴과 함께 지역에 산재한 자료들을 조사하고 수집하고, DB화 작업도 진행해야 한다.

임송자 교수가 제기한 과제들을 지속적으로 해결해나갈 필요가 있다. 이번에 출판하는 종교역사문화총서 4권은 연구 시기가 한국전쟁 이후 시기로 확장되었다는 점, 근대 선교 문화유산 관련 객관적 자료를 상당부분 수집하고 정리하고 있다는 점에서 임 선생이 제기한 과제를 해결하는 노력의 일환이다. 이번 학술 대회 성과를 인문학술원은 순천대 종교역사문화총서

---

4) 순천대 인문학술원 종교역사문화센터, 『전남동부 기독교 선교와 한국사회』, 선인, 201); 순천대 인문학술원 종교역사문화센터, 『전남동부지역 기독교 인물과 선교활동』, 선인, 2021; 순천대 인문학술원 종교역사문화센터, 『전남동부지역 기독교 기관과 지역사회』, 선인, 2021.

5) 임송자, 「인문학술원의 연구 활동과 종교역사문화총서 발간의 의의」, 순천대 인문학술원 출판기념세미나, 2022. 12. 15.

4권으로 출판하려고 한다.

III. 순천 근대 기독교 문화유산 현황

남장로회 선교 건축들은 선교지 분할 협정의 결과로 호남 지역에 집중된
다. 특히 남장로회 호남 선교 기지를 구축했던 전주, 군산, 목포, 광주, 그리
고 순천을 중심으로 선교 건축물이 세워졌다. 남장로회의 선교 건축은 처
음에는 기존 한국 건물을 이용하는 초기 단계, 이어 벽체나 내부 공간을 개
조한 한식과 양식 절충형 건물을 이용하는 과도기, 그리고 서양식 선교 건
축물을 본격적으로 건설하는 안정기로 발전한다.[6] 전주, 군산, 목포, 광주
그리고 순천 등 남장로회 선교 기지에는 선교사 사택을 기본으로 복음, 교
육, 의료 관련 시설들이 공통적으로 세워진다.[7] 이 중에서 순천선교부 관
할 지역에는 순천읍 교회, 매산학원, 알렉산더병원 등 복음, 교육, 의료 시
설이 집중적으로 설립되었다. 또한 한센인 치료 병원인 여수 애양원, 순천
결핵병원, 노고단과 왕시루봉 수양 시설 등 각종 선교 시설들도 세워졌다.[8]
선교 건축물과 시설들은 한국의 근대적 도시화 과정에 큰 영향을 미쳤다는
점에서 한국 현대사에서도 중요한 의미를 지닌다.

한규무와 송현숙 등은 지리산 왕시루봉 선교사 촌의 유적을 다루었다.[9]

---

6) 우승완, 「전남지역 선교기지 구축과 건축활동: 윌슨과 스와인하트를 중심으로」, 『2018년
   국립순천대 인문학술원 학술대회: 전남동부지역 기독교인물과 지역사회』, 순천대 70주
   년기념관 대회의실, 2018. 8.13, 54쪽.
7) 홍순명·홍대형, 「한국기독교 교회건축의 유형분석에 관한 연구」, 「대한건축학회논문집」
   7, 1991; 도선붕, 「한국근대건축형성과정에서 나타난 미국장로회 선교건축의 특성」, 충북
   대학교 박사학위논문, 2002.
8) 우승완, 「전남지역 선교기지 구축과 건축활동: 윌슨과 스와인하트를 중심으로」, 55쪽.
9) 송현숙, 「지리산 왕시루봉 선교사촌의 형태」, 『대한지리학회 학술대회논문집』, 2014. 6;
   한규무, 「지리산 노고단 '선교사 휴양촌'의 종교문화적 가치」, 『종교문화연구』 15, 2010.

광주 양림동 선교부 건물을 차종순이 연구하였다.[10] 우승완과 남호현은 여수 애양병원과 관련된 선교 유적을 분석하였다.[11] 호남의 타 지역에 비해 순천의 선교 유적은 상대적으로 많이 연구되었다. 순천선교부, 조지와츠 선교기념관, 순천 매산중학교 매산관 등이 순천의 근대 도시화와 연관하여 연구되었다.[12]

순천에는 다양하고 많은 근대 문화유산이 있다. 순천에는 국가등록문화재 15점과 전라남도 문화재 자료 1점이 있다. 이 문화재들은 매천 황현 유물, 기독교 근대 문화유산, 근대 문화유산 등으로 주로 구성되어있다. 전라남도 문화재 자료에는 순천 코잇 선교사 가옥이 있다. 순천 매산중학교 매산관, 구 순천선교부 외국인 어린이학교, 순천 구 선교사 프레스턴 가옥, 순천 구 남장로교회 조지와츠 기념관 등은 기독교 '선교 문화재'로 분류할 수 있다.

12; 최원석, 「지리산 문화경관의 세계유산적 가치와 구성」, 『한국지역지리학회지』 18, 2012; 도코모모코리아, 『지리산 선교사 유적 조사와 문화재적 가치연구』, 지리산기독교 선교유적지보존연합, 2009.

10) 차종순, 「양림동 선교부 건설과 건축이야기」, 『신학이해』 43, 2012. 8.

11) 우승완·남호현, 「질병공동체 애양리 마을의 형성과 공간변화에 관한 연구」, 『한국도시설계학회지』 39, 2010.

12) 남호현, 『순천 구 남장로교회 조지와츠 기념관 기록화 조사보고서』, 대전: 문화재청 근대문화재과, 2006; 남호현, 『순천 매산중학교 매산관: 기록화 조사보고서』, 대전: 문화재청 근대문화재과, 2006; 남호현, 「근대 순천지역 선교사 마을의 배치와 공간수법에 관한 연구」, 『대한건축학회연합논문집』 2(4), 2000; 도선붕·한규영, 「순천 선교촌의 형성과 건축특성에 대한 조사연구」, 『한국농촌건축학회논문집』 4(2), 2002. 6; 우승완, 「순천의 근대기 도시화에 관한 연구」, 순천대학교 석사학위논문, 2009; 우승완·이석배·이서영, 「근대 순천의 도시발전 동인에 따른 도시변화과정에 관한 연구」, 『한국도시설계학회지』 10(1), 2009. 3.

<표 2> 국가등록문화재(1~15)와 전남지방문화재 자료(16)

번호	문화재명	지정번호	시대	수량	소재지	지정일
1	순천 매산중학교 매산관	123	1910년대	1	매산길 23(매곡동)	04.12.31
2	구 순천선교부 외국인 어린이학교	124	1910년대	1	매산길 53(매곡동)	04.12.31
3	순천 구 선교사 프레스턴 가옥	126	1913년경	1	매산길 43(매곡동)	04.12.31
4	순천 구 남장로교회 조지와츠 기념관	127	1910년대	1	매산길 11(매곡동)	04.12.31
5	원창역사	128	1930년경	1	별량면 친환경길 164-1	04.12.31
6	순천 별량농협창고	224	1933년	1동 1층 연면적 330.58m²	별량면 별량길 99	05.12. 9
7	순천 옥천동 서한모 가옥	225	1935년	1동 1층 연면적 100.66m²	옥천1길 7(옥천동)	05.12. 9
8	송광사 사료집성	633	일제강점기	1권	송광면 송광사안길 100	14.10.29
9	조계산 송광사사고	634	일제강점기	4권	송광면 송광사안길 100	14.10.29
10	매천 황현 매천야록	746	1864~1910	7책	풍덕동	19. 5. 7
11	매천 황현 오하기문	747	1895~1907	7책	풍덕동	19. 5. 7
12	매천 황현 절명시첩	748	1910년	1책	풍덕동	19. 5. 7
13-1	매천 황현 시·문	749-1	1880~1910	7책	풍덕동	19. 5. 7
13-2	매천 황현 유묵자료첩	749-2	1880~1910	11책	풍덕동	19. 5. 7
13-3	매천 황현 교지·시권·백패통	749-3	1880~1910	교지 1점 시권 2점 백패통 1점	풍덕동	19. 5. 7
14-1	매천 황현 문방구류	761-1	1880~1910	문방구류 19점	풍덕동	19.10. 2
14-2	매천 황현 생활유물	761-2	1880~1910	생활유물 35점	풍덕동	19.10. 2
15	순천 동남사 사진기 및 확대기	-	1950~ 1970년대	2건 13점	중앙동	21.12. 7
16	순천코잇선교사가옥	지정번호 259	1913년	1동	매산길 53	05.12.27

아직도 등록되지 않은 중요한 근대 문화유산들이 순천 지역에 10개 정도 있다. 기독교 선교 유산이 8개이고, 일반 근대 문화유산이 2개이다. 이를 보면 순천 근대화 과정에서 기독교 선교 유산이 차지하는 비중이 크다는 사실을 잘 알 수 있다.

〈표 3〉 순천 지역 미등록 근대 문화유산 현황

연번	명칭	건립연도	수량/규모	보존상태 (상,중,하)	문화재적 가치
1	로저스 선교사가옥	1913년 추정	1동, 지하1/지상2	원형 (일부변형)	· 안력산병원 2대 원장 로저스 가옥(1940년 폐원 시까지 거주) · 건물의 본체는 석조, 전면 및 배면은 벽돌조로 혼용 · 한양절충형 우진각 지붕 · 70년대 장애인 재활 직업 교육 장소로 활용
2	더함 선교사가옥 (구 크레인 선교사가옥)	1971	1동, 지하1/지상2	상	· 화강암으로 된 석조 및 출입구 조적 벽돌 일부 사용 · 1913년 매산학교 2대 교장 크레인 가족이 1925년까지 거주 · 1971년 순천의 마지막 선교사 더함이 현 위치로 이축 · 과거의 석재와 목재 등 주요 자재 그대로 사용
3	재활직업 보도소 석조 교사	1954	1동, 지하1/지상1	상	· 보이열 애양원장 재임 기간 건축 · 한옥의 전통을 적용, 처마 지붕을 콘크리트 서까래로 재현 · 장애인 기술교육장으로 사용
4	선교마을 상수도 시설	1913	· 취수보 H 1.8m, W 3.8m, L 2.4m · 집수매거 지름 1.6m	원형	· 선교부, 순천 최초 상수도 시설 · 계곡물을 수원으로 사용 · 1970년까지 활용
5	안력산 격리병동	1920년 이전	1동, 지상1	상	· 전국에서 두 번째로 큰 안력산병원의 격리 병동 · 한양절충형 우진각 지붕 · 벽돌 조적조 구조, 회색벽돌 마감 · 새뜰마을사업으로 발견 및 원형 복원

6	조례동 결핵요양원	1965	부지 26,612㎡ (8,050평) 건물 9개동	상	· 전국 유일 결핵 선교시설 · 순천 결핵병원(진료소) 부설 결 핵 요양원 설립·운영 · 1965년 무상 입원 치료 시작 · 교회, 병동, 식당, 작업실, 선교 사 가옥, 인휴 선교사 묘역, 선교 사정원 등 현존
7	해룡면 호두리 보양원	1969	부지 13,991㎡ (4,232평) 건물 8개동	중	· 전국 유일 결핵 선교 시설 · 1965년 요양원에서 보양원 분리 독립, 장기적 자활 생활 처소로 운영 · 교회, 남·녀 숙소, 상수도 시설 등 복합 시설 현존
8	고산의원장 가옥	1961	1동, 지하1/지상2	상	· 1923년 한옥 건립, 정원 조성 · 1961년 신축, 지붕 십자가 모양 · 순천에서 가장 규모 있는 개인주택 · 정원 서구식 설계 및 시공 · 안력산병원 근무(수련의) · 일제시대 한국인 개인 의원(4개 중 1개)
9	우부자집 근대한옥 사랑채	1920	1동, 지상1	상	· 한일 절충형 가옥 (외형 한옥, 내부 일본식 다다미방) · 겹처마 팔각 지붕 · 일본식 주택의 큰 특징인 '칸의 분할' 정확히 구성
	우부자집 근대한옥 안채	1920	3동, (1동, 지상2 2동, 지상1)	상	· 도시형 밀집 주택 한옥으로 발전 해가는 새로운 유형 · 2층 한옥, 홑처마 팔작지붕 · 1층은 한국 전통식 주택, 2층은 화실(和室)을 둔 일본식 주택요 소 가미
	추부자집 근대 한옥	1925	1동, 지상1	상	· 겹처마 팔작지붕 · 지하층 설치 · 꽃모양의 합각벽 장식 · 근대기 중류주택 전형
10	순천사범학교 강당 (순천공고 유도관)	1960	1동	상	· 1946년 순천사범학교 인가(도립) · 1947년 개교(현 순천 성동학교 터) · 1950년 국립으로 이관, 교사 이 전 신축(현 순천공고 위치) · 1959 부속 초등학교 개교(현 성 동교) · 1960년 강당 준공 · 1963년 사범학교 폐지, 순천실업 고등학교 개편 개교

순천 선교마을의 경우 순천읍 교회, 매산학교의 은성관, 기숙사, 알렉산더병원, 성서신학원 등 대부분의 주요 건물들이 사라져서 원형을 확인하기 어렵다. 프레스톤 주택(1913년), 코잇 주택(1913년), 로저스 주택(1913년), 어린이학교(1925년), 조지와츠 기념관(1929년), 매산중학교 매산관(1930년), 알렉산더병원 격리 병동(1932년) 등만이 남아있다.[13] 남아있는 선교 유산을 잘 보존해나가면서 순천읍 교회나 알렉산더병원 등을 복원할 수 있는 방안을 모색해나갈 필요가 있다. 동시에 호남 지역 선교 과정에서 조성된 다양한 근대 선교 유적을 데이터로 보관하여 체계적으로 관리해나갈 필요가 있다.[14]

IV. 책의 구성의 구성과 의의

크게 세 가지 필요와 목적에서 이 책을 기획하고 준비하였다. 첫째, 순천 근대화에 중심적인 역할을 했던 미국 남장로회 순천선교부의 110주년을 기념할 필요가 있다. 1913년에 개설된 순천선교부는 대한 제국이 멸망한 암울한 일제 강제기에 순천의 교육, 의료, 근대 도시 건설 등에 중심적인 역할을 했기 때문이다.

둘째, 순천 지역 선교 건축과 근대 정원들을 학술 조사를 통해 '국가문화재'로 등록 신청할 필요가 있다. 순천선교부 관할 내에 의료, 교육, 기독교 복음, 주거 등 다양한 선교 유산이 집중되어 있어 이를 국가 차원에서 보존할 필요가 있기 때문이다.

---

13) 우승완, 「미국 남장로교와 순천지역 선교」, 『2017년 국립순천대 인문학연구소 학술대회: 전남동부지역 기독교선교와 한국사회』, 순천대학교 70주년 기념관 대회의실, 2017, 8.18, 110~111쪽.

14) 송현숙, 「종교유적 건축물 정보의 메타데이터 구성과 온톨로지 구축」, 『한국도서관정보학회지』 44(1), 2013. 3.

셋째, 순천 기독교 선교 유산의 가치를 재조명하여, 순천선교부 근대 선교 유산 전체를 통합적으로 보존하고 활용할 필요가 있다. 이 책 출판 통해 순천선교부가 남긴 다양한 근대 선교 유산들을 '특화된 역사 문화 공간'으로 조성해나가는 계기가 되기를 기대하고 있다.

이 책은 크게 3부로 구성되어 있다. 1부에서는 "미국 남장로회 호남 선교부 건축 유산"을, 2부에서는 "전남 동부 의료선교와 문화유산"을, 3부에서는 "전남 동부 기독교 건축과 생활 공간"을 다루고 있다.

1부 "미국 남장로회 호남 선교부 건축 유산"은 미국 남장로회의 호남과 충청에서의 수용사례, 선교부의 토지 이용 특징, 순천 선교마을 배치와 공간 구성 등을 다룬다.

1장은 미국 남장로회의 호남과 충청 지역 수용 사례를 고흥, 순천, 강경을 중심으로 살펴본다. 송현강은 세 지역에서 미국 남장로회를 수용했던 계층들이 지역의 상황에 따라 달랐다는 점을 비교 분석하였다. 전남 고흥에서는 향리 층이, 전남 순천에서는 전통적인 양반 사족들이, 그리고 충청도 강경에서는 객주들이 초기 기독교 수용에 적극적인 역할을 하였다는 것이다.

전남 고흥에서는 광주 선교부의 오웬(Owen, 오기원)의 전도를 신우구, 목치숙, 박용섭, 박무웅, 설준승, 이춘홍 등 6인의 지역의 향리 집단들이 받아들였다. 순천에서는 오웬 선교사의 전도를 조상학, 강시섭, 최사집, 김억평, 윤병렬 등 지역유지들이 수용하였다. 이들은 1907년 신앙공동체 모임을 양사재(養士齋)로 옮겼다. 양사재는 순천의 양반들이 세운 선비 양성 기숙학교였다. 이를 보면 순천에서는 전통적 양반 사족들이 기독교 수용과정에서 중요한 역할을 하였음을 알 수 있다.

충청도 강경은 19세기 금강 유역의 대표적 포구였고, 전국의 상선이 모이는 원격지 교역을 위한 창구이면서 강경 평야를 배후에 둔 곡창지대여서 경제가 발달한 지역이었다. 강경의 상업도시적 성격으로 인해 19세기 후반 강경 지역사회 여론을 주도한 집단은 전통 양반이 아니라 '비사족(非士族)'

부유한 '지역유지' 들이었다. 강경(감리)교회는 미국 북감리교 공주 선교부 소속 선교사들의 영향을 받아 시작되었다. 강경 기독교의 초기 수용에 적극적인 역할을 했던 황민식, 이관하, 양성률 등은 모두 강경의 객주였다.

2장에서 미국 남장로회의 호남 지역 선교부 설치과정에서 나타난 토지 이용의 특징이 분석되었다. 우승완의 1924년 출원된 '재단법인 미국 야소교 남장로파 조선선교회 유지재단 인가 신청에 관한 건' 서류를 중심적으로 분석하여 남장로회 토지 이용의 특성을 분석하였다. 이러한 토지 이용 특성 분석은 일제 강점기 미국 남장로회 호남 지역 선교활동을 객관화해서 볼 수 있다는 점에서 의의가 있다.

먼저 이 분석을 통해 호남 지역 선교의 중심지가 전주가 아니라 광주라는 점이 확인된다. 광주 선교부가 차지하는 면적이 가장 넓었고, 미국 남장로회 한국 법인 주소지가 광주라는 점을 보아 행정 중심지로 볼 수 있기 때문이다. 또한 다른 선교부들과 다르게 순천선교부가 대부분의 토지(88.06%)를 일시에 매입한 유일한 곳이었다는 점도 밝혀졌다.

3장은 순천 선교마을의 배치와 공간 구성을 도시 건축학의 관점에서 살펴본다. 남호현은 그동안 선교부 건축들을 개별적으로 연구함에 따라 각 개별 건물간의 연관성이나 단지 내의 영역성을 제대로 파악하지 못하는 한계가 있다고 비판한다. 이러한 한계를 극복하기 위해 남호현은 이 글에서 순천 선교마을을 교회 구역, 의료 구역, 주거 구역 등으로 체계적으로 분류한 뒤에 전체 단지 계획원리를 파악하려고 했다. 그 결과 남호현은 순천 선교마을을 "충분한 재정적 지원 덕분으로 종합마스터플랜의 성격을 가지고 진행된 대규모 프로젝트 사업"으로 진행된 "한국 최초이자 유일한 선교 거점으로 기록될 만큼 건축적 중요성을 가지고 있는 것"으로 높이 평가했다.

2부 "전남 동부 의료 선교와 문화유산"은 로저스 선교사 가옥, 순천 결핵 요양원, 그리고 로이스 보양원의 선교적, 의료·문화적, 건축적 가치를 살펴본다.

4장은 로저스 선교사가 거주했던 가옥의 역사적 · 의료 · 문화적 가치를 살펴보고 보존할 것을 제안한다. 임희모는 로저스 가옥을 보전해야 할 세 가지 근거를 들고 있다. 첫째, 로저스 가옥은 일제 강점기 건축된 주거용 건물 그 자체로 보존할 말한 역사적, 문화적, 건축학적 가치를 지닌다. 둘째, 로저스 가옥 주인 로저스 선교사가 한국인 섬김, 환자 치료, 그리고 생명 살림을 수행하였다. 셋째, 로저스가 우수한 한국 의료 인재들을 키우고, 의료 계몽을 통해 비합리적인 의료 악습을 폐지하는 데 기여하였다.

5장은 순천 결핵요양원의 내력과 선교적 가치를 살펴본다. 송현강은 '순천결핵요양원'은 선교사들이 지닌 청교도적 사명감이 원형을 지닌 채 유지된 장소였다는 점에서 의미가 있다고 보았다. 한국에 파견된 선교사들 속에 남아있는 청교도적 유산은 "성경의 의심할 수 없는 권위에 대한 복종, 교회의 순결을 지키려는 열심, 성결한 삶에 대한 열망, 당대에 세계를 복음화 시켜야 한다는 사명감, 사회개혁에 대한 열정"이라고 분석되었다. 또한 "결핵요양원은 피선교지 한국을 근대적인 사회로 변화시키고자 했던 서구 선교사들의 노력의 결정체"였고, "결핵요양원은 순천 지역사회 근대화 과정의 일면을 보여주는 훌륭한 공간이라는 점에서 그 의미가 매우 크다"고 송현강은 높이 평가하였다.

6장에서 그동안 제대로 연구된 적이 없는 순천의 "질병 공동체마을 로이스 보양원"이 본격적으로 분석되었다. 우승완은 '조례동 결핵요양원,' '순천 기독결핵재활원(순천결핵재활센타, 1972.3.7.),' '호두리 로이스 보양원' 등을 건축학적으로 치밀하게 분석하였다. 건축학적으로 도면을 작성한 바탕 위에서 연구가 진행되었다는 점에서, 결핵 관련 문화재 보존과 근대 문화재 신규 등록에 기여할 것으로 기대된다. 이러한 연구 바탕 위에 순천 기독결핵재활원이나 호두리 로이스 보양원 활용 방안을 같이 순천시, 순천시 기독교계, 선교 유산 관련 단체 및 후손, 순천 시민들과 함께 논의해서 모색해 나갈 필요가 있다. 일본이나 중국 등 비슷한 외국 사례에 대한 비교 조사도 필요하다고 생각된다.

3부 "전남 동부 기독교 건축과 생활 공간"에서 순천 안력산병원 격리병동, 순천 애양원의 정원, 그리고 순천 지역의 한일 절충형 주택 등의 특징과 가치가 다루어진다.

7장은 순천 안력산병원과 안력산병원 격리병원의 의료문화재적 가치의 보존의 중요성을 다루고 있다. 임희모는 먼저 안력산병원에 대해 서술한다. 1916년 건축된 안력산병원과 시설, 안력산병원 건축 이후의 의료실적, 지역 사회 빈자들을 위한 무료 치료의 확대, 지역사회발전에 기여한 안력산병원과 직원들의 사회복지 활동 등이 다루어졌다. 이어 임희모는 1919년에서 1920년 사이에 세워진 안력산병원 격리병동의 설립과 활용방안을 정리하면서, 격리병동을 국가등록문화재로 등록할 것을 제안하였다.

8장은 "애양원 선교유적과 선교사 정원의 현황과 가치"를 살펴본다. 한규무는 애양원의 선교유적에 대한 선행 연구가 예상에 비해 거의 진행되지 않았다는 점을 지적하면서, 애양병원에 세워져있는 '故포사이드의사기념비'와 '우월순의사기념비'가 원본임을 규명하였다. 8장에서 애양원 선교유적과 관련하여 몇 가지 중요한 제언을 하였다. 애양원 선교유적 관련 스토리텔링을 진행하고, 한국인 의사 최흥종 기념물을 제작하고, 순천대 인문학술원/순천시/전남CBS와 협업하여 양질의 애양원관련 동영상을 제작하고, 순천과 여수를 연결하는 기독교 문화유산 탐방 코스를 개발하자는 제안 등이다.

9장은 순천 애양원의 정원을 조경학의 관점에서 접근하고 있다. 순천 애양원의 공간은 선교사 가옥들, 순천애양재활직업보도소, 구)순천선교부 외국인 어린이학교, 산지로 구성되어 있다. 김도균은 순천시 매산등에 소재하고 있는 순천 애양원의 입지, 정원 조성 및 관리과정, 정원의 공간구성, 정원식물, 그리고 정원시설물들을 문헌조사와 청문조사를 통해 조사 분석하였다.

그 결과 순천 애양원의 공간구성과 정원의 특징 들이 확인되었다. 첫째,

순천 애양원의 공간구성은 오밀조밀하게 구획하는 한국식이 공간 배치가 아니라 서양의 주거지 조성스타일로 토지공간을 넓게 쓰는 방식으로 되어 있다. 둘째, 순천 애양원의 정원은 잔디밭을 직사각형으로 조성한 유럽의 정형식 정원방식 외에는 건물과 지형에 맞게 자연풍경식으로 조성되었다. 셋째, 다른 미국 남장로회 정원에 종교적 상징성이 있는 조형물이 많이 있는 데 비해, 순천 애양원에는 종교적 시설물이나 조형물을 보기 어렵다. 넷째, 순천 애양원의 정원식물 식재 유형은 서양 특유의 고전적인 정형식 식재가 아니라 지형이나 건물 구조에 따라 자유롭게 식재되는 자연풍경식에 가깝다.

10장은 순천 지역 한일 절충형 주택을 고산의원장 가옥, 우부자집, 추부자집 가옥의 보존과 활용방안을 제안한다. 남호현은 고산의원장 가옥은 해방 이후 건축된 원도심의 현대식 주택이면서 "1층 평면에 일본식 중복도가 접목되었다는 점"과 "지붕평면이 매산관, 조지와츠 기념관, 증축 이후의 안력산병원 등에서 공통으로 나타나는 십자가형 평면으로 종교적 영향"을 받았다는 점에서 문화재적 가치가 있다고 분석하였다. 활용 방안으로 "전남 동부 지역의 의료 역사, 선교 역사, 교육 역사 등을 내용으로 하는 전시" "정원문화센터 및 정원프로그램을 운영하고 플라워카페를 운영" 등을 제안하였다.

남호현은 우부자집 "안채와 마찬가지로 사랑채는 외형은 전통 한옥의 모습으로 되어 있지만 내부 공간구성은 일본식, 즉 근대기 한일 절충형 가옥이라는 점에서 의의를 갖는다"라고 문화재적 가치를 인정하였다. 활용 방안으로 "전통 한옥을 보존 및 정비"하고, "전라남도 및 순천시 개방 정원 등록 한옥 스테이 및 정원 프로그램을 운영" 해야 한다고 제안하였다.

추부자집에 대해서 남호현은 "근대기 중류층 전통 한옥 주거건축"이라는 점에서 문화재적 의의가 있다고 평가하였다. 활용 방안으로 "한옥 주택을 정비 및 복원"하고, "문화재청 생생문화재(한옥) 체험프로그램)을 운영"하고, "도심권(원도심) 문화재 프로그램을 운영"해야 한다고 제안하였다.

이 책에서 순천선교부 근대 선교 유산이 전체적으로 연구되고 분석되었다. 특히 그동안 잘 알려져 있지 않던 결핵요양원 관련 미등록 선교 유산들이 전문적으로 실측되고 조사되었다는 점에서 큰 의의가 있다. 이번 책 출판을 계기로 전남 동부 지역의 중요한 근대 선교 유산들이 등록문화재로 전환되기를 기대한다. 또한 개별적 선교유산 활용 방안들도 많이 제안되었다. 개별 단위 문화유산의 활용방안도 필요하지만 순천, 더 나아가서 전남 동부 지역 전체를 통합적으로 묶어서 활용하는 방안도 모색될 필요가 있다.

국립순천대 인문학술원은 앞으로도 계속 순천선교부 선교문화유산뿐만 아니라 순천 선교의 교육, 복음, 병원, 도시건축 등에 대해 연구해나가려고 한다. 동시에 이러한 연구 기반 위에 순천선교부와 다른 호남 지역 선교부와의 비교 연구, 더 나아가 일본과 중국 선교부와의 국제 비교 연구도 진행될 수 있기를 기대한다.

제1부

미국 남장로회 호남 선교부 건축 유산

호남·충청 지역 미국 남장로회 수용

고흥, 순천, 강경을 중심으로

송현강

I. 고흥 향리와 기독교

1. 고흥과 동학

1890년 전라도 고흥에 동학이 전파되었다. 포두면 중흥 마을의 정영순이 태인의 접주(接主, 동학의 지역 책임자)에게 포교 받은 것이다. 이어서 송연호(점암면), 이준령(포두면) 등이 입교하였다. 그리고 이들에 의해서 고흥 전 지역으로 확산되었다. 주로 문중 마을 단위로 친인척 등 혈연 중심의 연결망이 형성되었다. 그들은 동학 남접의 유력 지도자 김개남 휘하에 있던 태인 지역 동학 조직과 밀접한 관계를 유지하면서 보은 집회에 참여하는 등 적극적인 활동을 전개해 나갔다.

1894년 동학농민운동이 일어나자 고흥의 동학교도들은 농민군이 되어 3천 명에 달하는 하나의 세력으로 초기부터 선봉 역할을 담당하였다. 전주성 점령 이후 고흥으로 돌아온 농민군은 다른 지역과 마찬가지로 도소(집강소)를 설치하여 폐정개혁을 시행하였다. 이들은 6월 14일 고흥의 적폐를 청산한다면서 칼을 들고 와 향리를 구타하는 등 토호와 부패한 아전들을 징벌하기도 하였다. 향리들은 고흥 동학농민군의 주요한 응징 목표 가운데 하나였다. 그런데 7월 16일 고흥의 농민군이 하동 전투를 위해 그곳을 떠나자 그 공백을 틈타 향리들은 8월 즈음에 수성군을 조직하여 읍성을 방어하였다. 그리고 12월 4일 있었던 양측의 전투는 수성군의 일방적인 승리로 끝났다. 체포된 동학농민군은 고흥읍 관풍정에서 참수되었다. 그런데 그 후 고흥의 동학은 빠르게 복구되었다. 도피에 성공한 송연호 등의 지도부는 다시 활동에 나섰고, 결국 1904년 갑진개화운동을 일으켜 조직을 완전히 재건하는데 성공했다. 이를 바탕으로 1906년 천도교 고흥교구가 설치되었다.[1]

조선시대 흥양현으로 불리며, 4개의 군사 진지와 국영목장(흥양목장)이 설치되어 있었던 고흥은 거문도 · 나로도 · 절이도 등 150여 개에 달하는 섬들이 분포하고 있어 조세 운반 항로의 중간 기착지이기도 하였다. 1899년 조사를 보면, 고흥은 전라도의 다른 지역에 비해 소작농의 비율이 높고 왕실 소유 농경지 등 면세전(세금을 매기지 않던 토지)이 많아 경제적 상황이 열악한 곳으로 분류되고 있었다. 고흥은 삼정문란으로 인한 임술년(1862년) 농민 봉기의 발생 지역이었고, 이 과정을 거치면서 동학을 쉽게 받아들일 수 있었다.

2. 고흥 향리의 기독교 수용

고흥의 동학군이 전주성 점령을 위해 낙안으로 향하던 몹시 뒤숭숭했던

---

1) 홍동현, 「고흥지역의 민족운동과 1894년 동학농민전쟁 - 『고흥군교구역사』를 중심으로」, 『남도문화연구』 35, 2018, 7~37쪽.

1894년 그 봄, 미국 남장로회 선교사 레이놀즈(Reynolds, 이눌서)와 드루
(Drew, 유대모)가 이곳을 방문했다. 서양 선교사로서는 처음으로 고흥 땅을
밟은 것이다. 그들은 4월 28일 절이도(금산면)를 거쳐 녹도(도양읍), 축두,
대내(죽천)를 경유해 4월 29일 흥양(고흥) 읍성에 들어와 여장을 풀었다. 선
교사들은 주막에 머물렀는데, 레이놀즈 일행에게 특별하게 관심을 표하며
접근했던 이들이 있었다. 바로 질청(作廳, 지방관청 하급관리 사무실)의 향
리들이었다. 이때 레이놀즈는 그들에게 성경을 배포했다고 전한다. 고흥과
기독교의 첫 만남이었다.[2]

레이놀즈 선교사

레이놀즈와 드루의 고흥 방문은 일반적인 전도 여행
과는 달리 호남 선교 기획을 위해 6주간의 일정으로 전
라도 전역을 순회하는 차원에서 이루어진 것이다. 이는
1894년 2월에 레이놀즈의 사랑방에서 열린 제2회 선교
부 연례회의의 결정으로서, 1892년 11월 내한하여 1년
이상 적응 훈련과 언어 습득을 거친 남장로회 선교사들
의 본격적인 활동의 신호탄이었다. 이때 레이놀즈와 드
루가 방문했던 도시들－군산·전주·목포·순천－이 결국 나중에 그대로
남장로회의 선교부가 되었다는 점에서 이 탐사는 중요한 의미를 갖는다.

남장로회 선교사의 두 번째 고흥 방문은 그 10년 뒤인 1905년에 이루어
졌다. 광주 선교부의 오웬(Owen, 오기원)이었다. 목사이자 의사이기도 했
던 그는, 그해 9월 서울에서 열린 선교부 연례회의에서 자신의 사역지를 기
존의 광주 부근에서 고흥을 포함한 바다끝 남쪽 구역으로 확장시켰다.[3]
1905년 가을 오웬이 고흥 읍내의 한약방에 머물며 전도하자 그에 반응하는
사람들이 나타났다. 바로 신우구, 목치숙, 박용섭, 박무응, 설준승, 이춘흥

---

2) *The Missionary*(Oct. 1894), 412쪽. 이

3) Personal Report of C. C. Owen, *Reports to the Fourteenth Annual Meeting of the Southern Presbyterian Mission in Korea*(1905), 71쪽.

등 6인이었다. 그런데 이들은 모두 고흥의 향리 집단, 즉 아전들이었다. 신우구(51세)는 고을의 형방과 이방을 지낸 후 당시 한약방을 운영하고 있었고, 박무웅(52세) 역시 이방과 형방을 역임한 토착 향리였다. 설준승(45세)과 박용섭(42세)도 아전 출신이었고, 그중 가장 젊은 목치숙(20세)은 부친(목인범)이 아전이었으므로 향리 2세였다. 이들은 고흥 은퇴 향리들의 모임인 향로재계의 주요 구성원들이기도 했다.

그런데 더욱 주목할 것은 이들이 혼인으로 연결되어, 실제로 한 집안 사람들이라는 것이다. 즉 위의 여섯 사람은 당대 고흥의 유력한 향리였던 고령 신씨 신경무(1795~1866, 호장·전라좌수영리·오위장)의 자손들과 혼맥으로 얽혀 있었는데, 신우구는 신경무의 실제 아들이었고, 설준승은 사위, 박용섭·박무웅·목치숙은 손녀사위들이었다. 또 대체로 이 사람들은 경제적으로도 부유해 신우구는 고흥의 3대 부자로 정평이 나있었고, 목치숙의 부친은 왕실 소유 토지였던 북어포장토의 이장(관리인)이었다.[4]

3. 향족과 기독교

그런데 이는 비단 고흥뿐만이 아니라 한말 기독교 수용 사례에서 나타나는 전형적인 현상이었다. 무슨 얘기냐 하면 초기 충청─호남 지역의 기독교 수용을 주도한 이들은 신분적으로 볼 때 대체적으로 조선 후기 향촌 사회의 변화에 따라 형성된 중간층의 신분적 성격을 유지하고 있었다는 것이다. 17세기 이후 지역의 지배권을 장악했던 양반 사족들은 18세기 이후 그 영향력이 점점 줄어들었고, 19세기가 되면서 양반 사회 내부에 심각한 계층 분화가 일어나면서 이전과는 다른, 별도의 사회 세력이 성장하게 되었다. 사실 그들은 새로운 사회 세력이라기보다는 기존의 양반 지배 체제에서 소

---

4) 송호철, 「근대 고흥 기독교의 수용과 활동」, 『인문학술』 4, 2020, 7~24쪽.

외되었던 서얼(양반의 첩의 자손), 향리·향임(품관), 향반(토반) 등의 하위 지배층으로서, 이들을 보통 '향족'(鄕族)이라고 부른다.

지역사회의 중간계급이라고 할 수 있는 이들 향족은, 18세기 이후 수령 권력 집중과 상품화폐경제 발달 등의 정치경제적 변화에 효과적으로 대응하면서 상당한 부와 행정권을 장악하게 되었고, 그것을 기반으로 자신들의 사회적 영향력을 확대해 나갔다. 급기야 19세기가 되면서 많은 고을의 지배권, 즉 향권(鄕權)이 향족으로 넘어가는 일이 벌어졌다. 그리고 20세기에 들어서면서 그 일부가 기독교 수용을 주도하게 된 것이다. 이 사람들은 전통적인 양반에 비해 유교 성리학에 대한 충성도가 약했기 때문에 진취적인 성격이 강했고, 기독교 등 근대성의 새로운 사조에 대해 포용적인 태도를 취했다. 또 기독교를 통하여 새로운 시대 환경에 재빨리 적응하고자 했다. 이제 막 손에 쥔 기득권을 놓지 않고 싶었던 것이다.

고흥의 향리들은 여기에 더하여 바로 자신들에게 적대적인 동학 농민의 득세에 사회적 스트레스를 받고 있었다. 일종의 공포감 같은 것이었을 수도 있다. 파란 눈의 선교사 레이놀즈에게 특별한 관심을 두고, 또 오웬을 자신이 운영하는 한약방에 묵게 하며 결국 그 전도를 받아 들여 집단적으로 개종한 그들의 태도에는 어떤 절박함이 묻어 있다. 이를 단순한 호기심 때문이라고 치부하면 안 될 것 같다. 공교롭게도 레이놀즈가 왔던 1894년의 그해 봄은 고흥 농민군의 세력이 절정에 이르던 때였고, 1905년의 오웬 방문은 고흥 동학 조직의 복구가 거의 완료된 시점과 일치한다. 그들은 집강소 시기 농민군의 주요한 징치(懲治, 징계하여 다스림) 대상이었지 않은가. 그것은 양반들의 차별을 딛고 일어나 19세기 고흥 향촌 사회의 또다른 주역으로 성장한 향리들에게 내려진 가혹한 시련이었다. 서양 사람 레이놀즈와 오웬 그리고 그들이 전했던 기독교는 고흥의 일부 향리들에게 하나의 피난처이자 유력한 대안으로 다가왔을 법하다.

4. 충청-호남 지방 양반과 기독교

그렇다면 충청-호남 양반들의 기독교에 대한 태도는 어떠했을까? 19세기의 지방 양반들은 동족 마을(집성촌)을 통해 혈연적인 결집력을 강화시키면서 여전히 이전 시기에 누렸던 권세를 유지하려고 애쓰는 중에 있었다. 이들은 마을과 군현 단위를 넘어서는 광범위한 인척 관계에다가, 학문적인 사승(師承, 스승과 제자) 관계, 그리고 서원을 통해 문벌 가문 상호 간의 횡적인 유대 관계를 맺고 있었다. 향족 등 중간층의 신분 상승 욕구로 양반을 칭하는 자들이 늘어나고 그에 따라 양반의 권위가 실추되자, 뼈대 있는 구 양반층은 기왕의 권위를 수호하기 위해서 저속한 신흥 양반층과의 교류를 제한하고 스스로 배타적이 되어 갔다. 양반 신분의 하단이 느슨하게 열리고 인구의 많은 수가 그 안으로 몰려들었지만, 저 높은 곳에 있었던 최상층 양반 가문의 권세와 지배력은 튼튼하여 쉽게 무너지지 않고 있었던 것이다.

당시 충청-호남 지역의 상층 양반들은 서울의 개화파 관료들을 보면서 물론 갈등한 측면도 있었지만, 결국은 지방에서 유교 성리학의 사유 세계를 고수하며 전통을 보존하는 일에 더욱 힘을 기울였다. 정치·경제 권력이 서울로 집중되던 19세기의 현실에도 불구하고, 지방은 지난 수백 년간 그들 양반 사족의 든든한 기반이자 버팀목이었다. 그리고 대를 이어 기득권을 유지하려는 그들의 자기 방어 노력은 끊임없이 계속되었다. 그러므로 그들은 대체로 기독교에 호의적이지 않았다. 그리고 그들의 이러한 종교적 태도는 일제강점기 내내 지속되었다.

예를 들면 충남 서산의 경우, 1927년에 발간된 〈서산군지〉를 보면 당시 서산군 내에는 태안면 창평리 소주 가씨 집성촌 등 모두 20개 가문의 동족 마을이 있었던 것으로 파악되는데, 1905년부터 1930년대까지 세워진 서산의 6개 교회-태안의 승언리교회(1905년 설립), 서산읍교회(1908), 해미교회

(1917), 솔안교회(1927), 유계리교회(1932), 오남리교회(1934) - 는 모두 이들 동족 마을과 지역적으로 무관한 곳에 위치해 있었다. 전통적인 양반 명망가들이 모여 살고 있었던 마을의 기독교 수용 빈도가 매우 낮았음을 보여주는 대목이다.[5]

5. 서북의 자립적 중산층과 충청 - 호남의 향족들

충청 - 호남 지역 교회의 형성 과정은 한국 기독교의 중심지였던 평안도와 황해도 등 서북(관서) 지역의 그것과 관련하여 여러 가지로 비교된다. 즉 충청 - 호남 기독교의 성립은 향촌사회 내부 중간층의 동향과 긴밀하게 연결되어 있었는데, 이것은 서북 지역의 기독교 수용을 주도한 '자립적 중산층'(independent middle class)과는 그 속성에서 어느 정도 구별된다. 북부의 중심이었던 평안도는 다른 지역에 비해 양반 사족의 수가 적었고, 그래서 신분이나 가문의 관계가 크지 않았으며, 중국(청나라) 무역과 상공업을 통한 부의 축적으로 전국에서 가장 번창한 지역이었다. 1919년 3.1운동의 코디네이터였던 남강 이승훈의 인생 역정 - 평안도 정주에서 놋그릇(유기) 생산과 판매를 통해 거부가 되어 가는 - 이 그때의 분위기를 웅변한다. 서북 지역의 이 같은 사회경제적 활기는 상품생산자이자 경제력을 갖춘 새로운 사회세력으로서 중소상공인·중소지주 등 이른바 신흥 중간 계급의 광범위한 형성을 촉진시켰다. 근대지향적 사회세력으로서 신흥 중간 계급은 19세기에 접어들면서 당시의 사회 현실에 반발하여 자신들의 사회경제적 능력에 걸맞는 정치·사회적 권리를 요구해 나갔다. 기독교 수용 또한 이러한 맥락에서 이루어졌다. 서북 지방 신흥 중간 계급의 기독교 수용은 자신들의 사회적 처지와 이해를 대변해줄 새로운 세계관을 모색하는 과정과 맞

---

5) 송현강, 「한말 기독교수용주도층의 존재와 그 성격」, 『한국기독교와 역사』 25, 2006, 5~32쪽.

물려 있었다.

그러나 충청-호남 지역은 이른바 서북의 자립적 중산층에 해당하는 요호부민층이 당시 특권세력의 과도한 수탈로 말미암아 독자적인 사회 세력으로 눈에 띄게 성장하지 못하였다. 바로 그러한 시대적 사명을 대신하여 기독교 수용을 주도한 이들이 바로 향족들이었다. 그들은 조선후기 향촌사회의 구질서에서 배출된 중간층으로서, 상층 양반과 구별되는 행위 양식을 지니고 있었다. 기독교 수용을 주도했던 향족들은 고흥의 향리들의 예에서 보듯, 구체제에 대해서는 별 미련이 없으면서, 문명 개화를 하나의 대안으로 모색하여 기독교와 서구의 문물 제도에 대해 친화적이라는 특징을 갖고 있다. 그들은 시대의 흐름과 정치적 동향에 민감하거나 그런 상황을 주시할 수 있는 능력이 있어서 근대화의 추세에 전향적이었다. 서북의 신흥 중간 계급이 자신들의 처지를 대변해 줄 새로운 세계관을 모색했던 것처럼 충청-호남의 그들도 문명개화론의 중요한 지지자들이었다. '기독교야말로 문명개화의 근본'이라고 하는 이 사상은 기독교 수용의 중요한 전제가 되었다. 기독교를 통해 새로운 시대 환경에 적응하려고 했던 것이다. 그들은 사회적으로는 양반 사족들의 하위에 존재하고 있었지만, 자신들도 모르게 역설적으로 근대에 이르러서는 신문명을 받아들일 수 있는 유리한 지위를 확보하게 되었다.[6]

6. 한말·일제강점기 고흥 기독교

1905년 오웬의 전도를 받은 고흥의 초기 기독교 수용자들은 1906년 9월 신우구의 한약방에서 정식으로 교회를 설립하였다. 고흥읍교회였다. 그리고 교인이 늘면서 한약방이 비좁게 되자, 채한금의 집, 헌병대 군기고 사무

---

6) 송현강, 『대전 충남 지역 교회사 연구』, 한국기독교역사연구소, 2004, 243~245쪽.

실, 박무웅의 집, 12칸 초가로 모임 장소를 옮겼고, 결국
1922년 김익두 목사 초청 부흥회 이후 신우구 1,000원(현재
약 1억 원), 박용섭 1,000원, 정태인·오중구·오석주가 각각
100원 씩을 헌금하여 옥하리에 12칸의 기와집예배당을 건축
하였다. 목치숙은 1910년 고흥읍교회의 첫 장로가 되었고,
1918년에는 박용섭이 두 번째 장로, 정태인은 조사(助事, 임

오웬 선교사

시 목회자)의 직분을 맡았다.

　고흥읍교회가 세워진지 20년 뒤인 1925년의 교인 분포를 보면, 대체적으
로 초기 수용자들의 인척들이 다시 새롭게 가담한 정황이 드러난다. 즉 박
용섭은 아들 세 명과 동생을, 설준승은 두 아들과 동생을, 박무웅은 아들 하
나와 동생 둘을, 신우구는 조카 둘과 아들을, 목치숙은 목인경을 각각 입교
시켰다. 이밖에 그 후 이들과 혼연을 맺었거나 또는 같은 계급 출신의 향리
층 인사들이 차례로 교회에 가입하였다.

　고흥군에서 두 번째로 기독교를 받아들인 금산면 역시 그 과정에서 중간
층의 활약이 두드러졌다. 흥양현 절이도의 행정 구역이었던 금산면은, 중앙
정부의 사복시(司僕寺, 조선시대 병조에 소속되어 전국의 말 사육과 목장을
담당했던 관청)에서 운영하던 목장토가 많이 있던 곳으로, 1906년 그 이익
을 분배하는 과정에서 분쟁이 일어났다. 그러자 당시 집강(執綱, 향청의 임
원)인 한익수와 목리(牧吏, 목장을 관리하는 아전) 선영홍이 지역민들을 대
표해 상경, 정부에 그 어려움을 호소하였는데, 그들은 서울 체류 과정에서
기독교를 접하고 성경을 구입해 돌아왔다고 한다. 한익수와 선영홍은 향임
과 향리 출신으로, 그러니까 지역사회의 전형적인 중간 계층이었다.

　그런데 처음 기독교를 받아들였던 선영홍은 곧 입장을 바꾸어 이탈하였
기 때문에 금산면의 교회 설립은 한익수가 주도하였다. 그는 1907년 신흥리
교회를 세웠고, 이에 영향을 받은 중소지주 출신의 오석주는 처음에 신흥
리교회를 다니다가 이듬해인 1908년 다시 인근 신평리에 교회를 설립하였

다. 오석주는 고흥읍교회 건축 헌금으로 100원을 후원하였고, 신평리교회가 예배당을 지을 때에도 비용의 절반을 부담하였다. 또 오석주는 처남 황보익을 전도하였는데, 나중에 황두연 등 아들 4형제와 손자 황성수 등에 의해 지역의 유력한 기독교 가문으로 성장했다.

1920년대 중반 고흥군에는 모두 13개의 교회에 1,000여 명의 교인이 있었다. 이러한 신속한 교세 확장의 배경에는 고흥 기독교의 독립운동과 사회운동이 있었다. 1919년 3월 3일 고흥읍교회의 목치숙과 신평리교회의 오석주는 평양신학교 입학을 위해 올라가던 중 서울에서 3.1운동의 광경을 목격하고 고흥에서의 만세시위를 위해 다시 고향으로 돌아왔다. 목치숙과 오석주는 고흥읍과 동강면 그리고 금산면 사람들을 동원하기로 하고 한익수 등 여러 사람을 포섭하였다. 또 태극기와 독립선언서도 준비하였다. 그리하여 4월 14일 고흥장터에서 거사를 일으키기로 결의하였다. 하지만 당일 비가 많이 내려 시위는 불가능해졌고, 결국 그들은 체포되어 목치숙과 오석주는 징역 6개월, 한익수는 집행유예를 선고 받았다.

그들은 석방 이후인 1920년 여름, 고흥 최초의 청년회인 기독교청년회를 조직하여 각각 초대 회장과 2대 회장으로 활동하였다. 당시 고흥읍교회 예배당은 지역 청년들의 공간이었다. 기독교청년회는 1921년 사립 광명학원을 설립하여 모두 60여 명의 학생들을 교육시켰다. 또 야학도 만들어 운영하였다. 교사 박성순은 앞서 박무응의 딸로 광주 선교부의 수피아여학교를 나온 재원이었는데, 광주3.1운동에 참여하여 4개월 수감 생활 후 고흥으로 내려와 야학 운동에 투신하였다. 또 고흥기독교청년회는 1923년 지역의 물산장려운동과 민립대학설립운동을 주도하였다. 한익수가 주도한 금산면기독교청년회는 영천학원을 세워 빈농의 자녀들에게 근대교육을 실시하였다. 영천학원은 1938년 명천보통학교가 설립될 때 까지 유지되었고, 황두연이 원장으로 봉사하였다.

1924년 목사 안수를 받은 오석주는 금산면 동정리교회, 도화면 내발리교회, 풍양면 천등리교회를 개척하여 목회하였다. 그는 복음 전도뿐 아니라 동아일보 지국장을 비롯해 해태어업조합 감사를 지내는 등 지역사회와 교류하였다. 1940년 고흥읍교회와 순천노회가 신사참배를 결정하자 오석주 목사는 그것이 우상숭배임을 분명하게 지적하며 저항하였다. 이로 인해 그는 1년 6개월간 영어(囹圄)의 몸이 되었다. 오석주 목사는 해방 이후인 1947년 26개의 교회를 기반으로 고흥기독교연맹을 결성하여 대한민국 수립 이후 고흥 지역에서 기독교가 주도적 역할을 할 수 있는 발판을 만들었다.[7]

II. 순천 지역유지와 기독교

1. 순천 기독교 전래

순천 땅을 처음 밟은 선교사는 미국 남장로회의 윌리엄 레이놀즈(William D. Reynolds, 이눌서)다. 그는 1894년 4월 30일 순천에 들어와 하룻밤 머물렀다. 남장로회 한국 선교의 전반적인 밑그림을 그리기 위해 전라남북도를 탐사하던 중 잠깐 체류한 것이다. 그런데 당시 레이놀즈의 방문은 그 20여 년 뒤 순천에 선교부가 조성되는 첫 단추이자 마중물이 되었다. 전남 동부 지역 중심 도시였던 순천의 중요성이 바로 이때 파악되었기 때문이다. 또 그 아들 존 레이놀즈(John B. Reynolds, 이보린, 1894년 서울 출생)는 2세 선교사로서 1920년대에 순천선교부의 매산학교 교장으로 시무했다.

그다음 순천과 인연을 맺은 선교사는 광주 선교부의 클레멘트 오웬(Clement C. Owen, 오기원)이다. 그는 1905년 9월 남장로회선교부 연례회의에서 자신의 담당 구역을 기존의 전남 중부에서 순천 – 곡성 – 광양 – 구례

---

7) 송호철, 「근대 고흥 기독교의 수용과 활동」, 『인문학술』 4, 2020, 24~50쪽.

등 동부 지역으로 확장시켰다. 순천이 그의 선교 영역이 된 것이다. 오웬은 순천 기독교의 출발점이라고 할 수 있다.[8] 그를 기원으로 하여 순천에 두 갈래로 복음이 전해졌다. 먼저 오웬의 조사 지원근의 전도를 받은 조의환, 이기홍, 지재한에 의해 여수 율촌 장천리에 교회가 세워졌는데, 이들은 다시 순천의 최정희에게 예수의 도리를 소개했다. 최정희는 원래 율촌 출신으로 조의환 등과 서로 이웃해 살았던 친분이 있었다고 한다. 이어서 오웬과 지원근의 설득으로 예수를 믿은 송광면 대곡리 출신 조상학이 순천읍의 최사집 등에게 복음을 전했다. 이들은 순천 서문 안 강시섭의 집에서 모임을 시작하였다. 그런데 바로 그때 최사집과 아울러 순천읍 신앙공동체 구성에 참여한 또다른 이들로는 김억평, 윤병렬, 김창수가 있었다. 여기에는 벌교 무만동교회 이형수와 박응삼의 어떤 역할이 별도로 있었던 것 같다. 순천읍교회 초기 신자 집단인 이들은 당시 순천의 '지역유지'들이었다.

순천읍 신앙공동체는 1907년 봄 모임의 장소를 강시섭의 사저에서 양사재(養士齋)로 옮겼다. 아마 그곳의 지역유지들이 가담하면서 교인 수가 늘어 좀 더 넓은 예배 공간을 찾은 것으로 보이는데 이것은 순천읍교회의 형성과 관련하여 간과할 수 없는 중요한 의미를 내포하고 있다. 한말-일제강점기 지역교회 설립의 전형적인 모습을 보이고 있기 때문이다. 즉 19세기 새롭게 등장하여 향촌 사회의 주도권을 장악한 향족 등의 중간 계급이 사회적 시효를 다한 성리학 전통을 버리고 그 대안으로 문명개화를 수용하면서 기독교 친화적인 태도를 보이는 양상이 순천에서도 그대로 관찰된다는 것이다. 19세기 향족들의 일부는 아래 순천의 사례에서 보듯 다시 한말 이후 일제강점기에 '지역유지'로 그 속성의 계승과 전환이 이루어진다.

---

8) Southern and Southeastern Circuit-Dr. Owen, 38~39쪽.

2. 19세기 순천 사회 상황

18세기 이전의 약 120년 동안 순천을 지배한 이들은 재지사족(지방 거주 양반 사족)이라 불리는 양반들이었다. 그들은 〈향안〉(鄕案, 양반 서클의 명부)을 작성하고 스스로 특권화하면서, 향청(鄕廳, 유향소)을 중심으로 향촌 운영의 주도권을 장악하였다. 옥천 조씨, 목천 장씨, 양천 허씨, 경주 정씨, 제주 양씨, 광산 이씨, 상주 박씨 등의 7개 성관(姓貫, 본관+성씨)이 바로 그들이다. 하지만 18세기 들어 상황이 크게 달라졌다. 서얼(양반의 후손 중 첩에게서 태어난 자식들), 향리(아전), 향반(향임·품관 등의 하위 양반) 등과 같은 새로운 계층, 즉 향족이 세력화화면서 양반들에게 저항했기 때문이다. 지역사회의 중간계급이라고 할 수 있는 이들 향족들은, 18세기의 사회 변동에 효과적으로 대응하면서 경제력 상승과 행정권 장악에 성공하였고, 그것을 기반으로 향촌 사회 내부에서 자신들의 영향력을 확대시켜 나갔다. 그 결과 기존의 지배층이었던 양반들과의 경쟁은 불가피한 것이었다.

그런데 순천 향족들이 세력 확장에 나서자 위기 의식을 느낀 순천의 양반들이 선택한 방법은 갈등이 아니라 일종의 포용책이었다. 그들은 1732년부터 기존의 〈향안〉을 대신하여 〈향집강안〉(鄕執綱案)을 작성하기 시작했다. 여기서 '집강'은 지방의 공립학교인 향교를 운영하는 임원들을 지칭한다. 즉 기존의 양반들이 점증하는 지방관의 통제를 피하고 자신들과 대척점에 서게 된 새로운 세력들을 무마시키기 위해 향청과 〈향안〉 대신에 향교와 〈향집강안〉을 선택하여 향촌 지배의 새로운 패러다임을 모색했던 것이다. 새로운 세력인 향족들의 향권 참여는 인정하되 그 활동의 범위와 폭은 자신들이 통제하겠다는 취지로 이해된다. 양반 주도권 지속을 위해 향족들에게 문호를 개방하여 향전(鄕戰, 조선후기 향촌 사회 내 신구 세력 간의 충돌)을 피하고 갈등을 희석시킨 경우이다.

그리하여 19세기 전기에는 모두 18개 성관이 향집강으로 향교 운영에 참여하게 되었고, 시간이 좀 더 흐른 19세기 후반에는 무려 40개 성관이 〈향집강안〉에 등재되었다. 전통적인 양반의 위세가 어느 정도 지속되는 가운데 그에 더하여 새로운 세력 역시 자신들의 영향력을 확장해가고 있었고, 시간이 갈수록 이들 향족의 비중이 높아졌다고 19세기 순천의 사회 상황을 정리할 수 있다.[9]

3. 순천 향족과 양사재

원래 양사재는 순천의 양반들이 앞장서 설립한 교육기관이었다. 기존의 향교는 공교육 기관이었기 때문에 그 운영에 있어서 지방관의 입김이 더 크고 셌다. 또 향교는 중앙 정부 예조의 통제를 받고 있었다. 고을 양반들의 향교 운영 참여는 이렇게 관권에 의해 제약이 있었던 것이다. 또 향교는 시간이 갈수록 교육보다는 제향(祭享) 기능이 강화되면서 이른바 '공자의 사당'으로 그 성격이 바뀌고 있었다. 향교의 교육 기능이 크게 위축된 것이다. 이러한 상황에서 지역의 양반들이 지방교육의 문호를 확장시킨다는 명분 하에 자신들의 향촌 내 위상을 강화하고자 설립한 새로운 향촌 기구가 바로 양사재(선비 양성 기숙학교)였다. 양사재는 순천 전체의 양반 자제 대상 교육기관으로서, 순천의 전통 사족들은 그 운영을 주도하면서 자신들의 사회적 위상을 지속시켜 나갈 수 있었다. 하지만 시간이 흐르면서 점차 향촌 주도 세력에 변화의 흐름이 나타났고, 그와 연결하여 양사재 운영에 참여하는 이들의 구성 성분도 달라지게 되었다.

19세기 후반 순천 양사재 유사(有司, 사무 책임자)를 담당했던 이들은 모두 146명이다. 그 가운데 가장 많은 비중을 차지하는 성씨는 앞서의 지역 전통 양반들인 조씨, 정씨, 허씨 등이다. 하지만 그전에는 보이지 않던 다른

---

9) 박진철, 「조선후기 순천 재지사족의 향촌지배 실태와 동향 — 향교 소장 문서 분석을 중심으로」, 『담론』 10, 2011, 67~82쪽.

성씨들 즉 임씨와 김씨, 윤씨 등의 등장이 새롭게 확인된다. 또 순천의 전통적 양반 사족들이 향교 재정 확보의 필요에 따라 경제력을 가진 새로운 신분층 즉 향족을 동원하기 위해 만들어진 19세기(1817~1881) 〈유안〉(儒案)의 액외(額外, 정원외) 교생 명단을 보면 김씨와 박씨, 윤씨, 최씨의 인원이 급증했음을 볼 수 있다. 이들은 19세기 순천의 신흥세력이었다. 공교롭게도 순천읍의 지역유지로서 초기 기독교인이었던 이들의 성씨는 김(억평, 창수)씨, 윤(병렬)씨, 최(사집)씨이다.

그런데 여기서 더욱 중요한 것이 있다. 양사재는 유림(전통 양반)과 향족들의 공간으로서, 아무나 손쉽게 사용할 수 있는 공간이 아니었다. 유사를 비롯한 운영 관계자들의 허락이 있어야 이용 가능한 특별한 장소였다. 또 양사재는 기본적으로 유교 성리학을 강학하는 교육 기관이었다. 이곳에서 서양 기독교의 가치를 추구하는 집회가 정기적으로 열린다고 하는 것은 매우 이례적인 일이 아닐 수 없다. 양사재 공간의 예배당 전용(轉用)은 그곳의 주도 세력의 결단과 개입의 산물이었다. 1907년 순천의 신앙공동체에 양사재 건물을 기독교의 예배 공간으로 사용하도록 선뜻 내 준 이들은, 지역의 초기 기독교인들과 혈연이나 혼연 등으로 연결된 매우 가까운 사이이거나 바로 그 당사자들로 짐작된다. 즉 김억평, 김창수, 윤병렬, 최사집 등은 19세기 말 순천 양사재 관련 집단의 일원이거나 최소한 그들을 강력하게 설득할 수 있는 사회적 위치에 놓여있었던 것이다.[10]

4. 19세기 중간층과 기독교

향족을 비롯한 19세기 중간층의 친기독교적인 태도는 여러 곳에서 그 사례를 확인할 수 있다. 즉 한말 충청도 강경 지역사회의 여론을 주도한 집단

---

10) 박진철, 「조선후기 순천 재지사족의 향촌지배 실태와 동향―향교 소장 문서 분석을 중심으로」, 『담론』 10, 2011, 82~99쪽.

은 전통의 양반 사족이 아니라 포구 상업의 발전에 따라 경제력을 획득한 객주 등 중간 계급의 지역유지들이었다. 상업적 역량을 토대로 19세기부터 지방사회의 유력자로 등장한 강경의 유지들은 강경에 교회가 세워지자 선뜻 예배 장소(덕유정)를 제공했을 뿐만이 아니라 다시 그 교회가 부설로 세워 운영한 만동여학교와 유치원에 각각 팔쾌정(우암 송시열의 강학소)과 임리정(사계 김장생의 강학소)을 교사(校舍)로 사용하도록 선처하였다.

또 전라도 익산 널문이교회(1902)의 두 설립자 중 한 사람인 최순표는 금마의 아전 출신으로 널문이마을에 있었던 궁방전(왕실 소유 농경지)의 마름이었고, 다른 한 사람인 최재연 역시 민영익 궁방전의 수리관리인이었다. 최순표와 최재연은 그 마을 주민들을 소작인으로 부리고 있던 중간 관리자들로서, 최순표의 개종은 그 이전에 이루어진 것으로 보인다. 그들은 같은 마을의 천주교인 김덕초가 전주 성당 프랑스 신부의 힘을 믿고서 행패를 부리자, 남장로회의 전주 선교부를 찾아가서 널문이에 교회를 세우겠다는 의사를 표시한 후 한 달 만에 지주 5명이 선두에 서고 마을 주민들이 협력하여 예배당을 완성했다. 건물 준공 때는 널문이마을이 소속되어 있던 춘포면의 지방 유지들을 초청하여 큰 술독에 긴 담뱃대까지 물고 매커첸(Luther O. McCutchen, 마로덕) 선교사 인도로 예배를 드렸다고 한다. 이것은 지역의 유력자들이 자신들의 기득권 유지를 위해 교회를 설립한 경우로 그 교회의 초기 신자들은 두 설립자의 영향력 아래 있었던 것으로 보인다. 마름은 대지주의 토지 관리인이지만 지역사회에서는 위세를 갖고 있었던 사람들이기 때문이다.[11]

순천에 기독교를 전파한 벌교 무만동교회의 설립 경위도 마찬가지 양상이 나타난다. 풍수지리상 무사(武士)가 만 명(萬名) 난다 하여 이름 붙여진

---

11) 송현강, 「한말 기독교수용주도층의 존재와 그 성격」, 『한국기독교와 역사』 25, 2006, 15~16쪽.

무만동에는 17세기 후반 광산김씨의 세거(世居, 대대로 거주)가 시작되어 점차 그 마을의 유력 문중 가운데 하나가 되었다. 무만동의 기독교 수용은 광산김씨 김재조 집안이 주도하였다. 김재조는 부유하고 명망있는 지역유지였다. 그는 처음 자기 집을 제공하여 무만동교회를 시작하였고, 후에 많은 헌금을 내어 예배당 건축에 앞장 섰다. 또 교회 부설 사숙(私塾)을 세워 마을의 아이들에게 근대 교육의 기회를 제공했다. 한말 기독교 주용을 주도하는 이들의 전형적인 모습이다. 무만동에 복음이 전래된 것은 김재조의 아들 김일현이 자신의 사촌 처남 조상학에게 전도를 받았기 때문이다. 1905년 무렵 김일현은 광주 선교부 선교사들이 직영한 기독교 서점 즉 영복서점의 운영자로 있던 조상학의 전도를 받고 기독교를 받아들였다. 그는 당시 토지 관련 송사로 인해 광주 감옥에 수감 중이었다고 하는데, 조상학은 그런 김일현을 옥바라지하며 감화를 준 것으로 보인다. 그리고 다시 김일현과 조상학은 김재조의 사위(이자 김일현의 매제)였던 무만동의 정태인을 무려 3개월 동안 설득한 끝에 그를 동참시켰다. 무만동의 향반 김재조 집안이 기독교를 수용한 것이다.

조상학 역시 대곡리 향반 집안의 후예로서 유교 교육을 충실히 이수한 바 있다. 그의 가문은 조선시대 전 시기를 통해 무과에서 1명, 사마시(과거 1차 시험) 1명 등 2명의 과거 급제자를 배출하였다. 이는 같은 갈래의 순창 조씨 83명과 대비된다. 그 시대는 과환(科宦, 과거 합격을 통한 관직 진출)이 곧 양반 신분 유지의 필수 조건이었다는 점에서 그 가계의 사회적 위상이 어떠했는지를 엿볼 수 있다. 곧 무만동교회 설립 3인방은 모두 같은 반열의 중간 계급으로서 혼인 관계로 상호 연결되어 있었다. 후에 김일현은 무만동교회의 장로가 되었고, 조상학과 정태인은 평양신학교를 나와 목사 안수를 받았다.

5. 순천 기독교와 근대 교육

그런데 양사재에서 예배드리던 순천의 초기 신앙공동체는 약 1년 뒤인 1908년 그곳을 떠나 서문밖 성밑의 5칸 초가집을 사서 교회당으로 사용하였다. 지금의 순천 영동 108번지에 해당한다. 이곳은 1915년 선교사 프레스톤(John F. Preston, 변요한)의 이름으로 토지대장에 등재되었다. 그들이 양사재를 떠난 이유는 일본군 수비대가 그 인근에 주둔하면서 그곳까지 사용했기 때문이다. 새로운 초가집 예배당은 기존의 양사재와 가까운 거리에 있었다. 순천읍 신앙공동체는 이때부터 교인이 늘어나 30명가량 되었는데, 1909년 오웬 사망 후 그의 사역을 승계하여 이곳을 방문한 프레스톤은 자신의 조사(助事) 유래춘으로 하여금 순천 지역을 담당하도록 조치하였다.

프레스톤 선교사 가족(1923년) ©인돈학술원

1910년 4월 순천읍 신앙공동체는 교회 바로 맞은 편 영동 119번지의 한옥 1채를 구입하여, 학생들에게 성경과 신학문을 가르치기 시작했다. 이 학교 건물은 그 소유자가 김억평이었다. 김억평 등 순천읍 신앙공동체의 설립 주역들은 교회와 아울러 이제 근대식 학교를 시작하였던 것이다. 이는 역시 한말 기독교 수용을 주도했던 향촌의 유지들에게서 나타나는 모습의 전형으로, 문명 개화와 일제 침략의 사회정치적 상황에서 교회와 학교를 난국의 돌파구로 삼았다는 특징을 갖는다.

기독교 친화적인 지역유지들의 근대식 학교 설립 의지에 발맞추어 남장로회 선교사들 역시 교회 부설 초등학교의 중요성을 인식하고 그에 걸맞는 선교 정책을 구사하고 있었다. 선교사들은 그 학교들을 Church Primary School, Church School 또는 Other School 등으로 불렀다. 미국 본국의 교회들이 초등학교를 세워 신자의 자녀들을 교육시켰던 것처럼 선교사들은 지역의 교회들이 초등과정의 학교를 세워 운영하기를 기대하고 지원하였다. 그리하여 교회 초등학교와 선교부 구내 중등학교의 선순환 구조가 정착되기를 바랐다. 즉 읍면 단위 시골교회의 초등학생들이 지역 거점 도시에 있던 선교부의 중등학교에서 공부한 후 다시 귀향하여 지역교회와 지역사회의 중추적인 인물로 성장하기를 고대했던 것이다. 더 나아가 충직한 천황의 신민으로 교육 받는 식민지 공교육에는 희망이 없다고 생각했다. 만약 그들이 공립학교에 들어간다면 여호와 대신에 천황 숭배를 배우게 될 것이라고 선교사들은 우려했다.[12] 시간이 좀 더 흐른 1926년 현재 순천선교부 영역에는 모두 30개의 교회 부설 초등학교가 운영되고 있었고, 선교부는 1년에 매 학교 당 최대 100불(2,000만 원)을 지원하였다. 또 커리큘럼도 제공하였다. 학생 수는 보통 20~30명, 많은 곳은 100명이 넘게 재학하고 있었다.

프레스톤의 조사 유래춘은 그 이전 목포의 지역유지로 1903년 유진 벨(Eugene Bell, 배유지)의 영흥학교(영흥서당) 설립 당시 임성옥과 아울러 발기인으로 참여하였고, 또 1905년부터는 교사로서 영흥의 학생들을 직접 가

---

12) Rev. R. T. Coit, A Field of opportunity, *The Presbyterian Survey*(July 1927), 280쪽.

르친 경험을 갖고 있었다. 1910년 영동 119번지에 세워진 순천읍교회의 학교는 프레스톤과 유래춘 그리고 김억평 등의 순천 지역 기독교 유지들이 머리를 맞대고 내어놓은 합작품이었다. 그때 학생 수는 약 30명으로 어린 나이로부터 20대의 총각들까지 한데 어울려 우렁차게 책을 읽으며 신학문을 익히는 재미를 붙였다고 한다.

1913년 순천여학교 시작 ©인돈학술원

순천읍교회의 학교는 1911년 매곡동으로 이전하였다. 당시 성장하고 있던 순천읍교회는 이미 그 전해인 1910년 3월 매곡동 144-2에 20평의 기역자 예배당을 지어 이사를 완료하였다. 기존의 5칸 초가집 교회당으로는 늘어나는 교인 수를 감당할 수 없기 때문이다. 더구나 1910년 여름 순천읍교회 뒤편의 매산등 일대가 선교사들에 의해 선교부 부지로 집중 매입되면서 이제 매곡동은 기독교 타운으로서의 미래가 열려있는 공간이 되었다. 그리하여 교회를 따라 학교 역시 이전되었던 것이다. 이 시기에 교사(校舍)는 임시로 천막을 세워 그 안에서 수업이 이루어졌다고 한다. 아마 머지않아 순천선교부 직영의 초-중등학교 설립이 계획되어 있기에 별도의 새로운 건물을 신축하지는 않았던 것으로 보인다. 매곡동 천막학교는 1913년 9월 선교사들 주도의 은성학교 개교 이전까지 지속되었다. 김억평은 바로 이때 남장로회 선교사들을 도와 순천선교부의 입지가 되는 매산 언덕을 사들이는데 결정적인 기여를 하였고, 그 10년 뒤인 1920년에 장로가 되었다.

III. 강경 객주와 기독교

1. 강경 덕유정

19세기 금강 유역의 대표적 포구였던 강경은 당시 전국 3대 시장의 하나로 온 나라의 상선이 모이는 원격지 교역의 창구이자 넓은 강경평야를 배후에 가진 곡창이었다. 뿐만 아니라 일제 강점 이후에는 충남 제2의 일본인 거주지로서 식민행정의 중심지이기도 했다. 그리고 이러한 강경의 상업도시적 속성은 지역 지배계급 구성에 상당한 영향을 미쳤다. 물론 강경에는 17세기 이곳의 양반들에 의해 세워진 죽림서원(옛 황산서원), 임리정(사계 김장생의 강학소), 팔괘정(우암 송시열의 강학소) 등이 남아 있기는 하지만 양반들의 기반은 취약했던 것 같다. 그를 대신하여 강경 지역사회를 주도한 집단은 그곳의 사정(활터에 세운 정자)인 덕유정(德遊亭)을 중심으로 활동하던 사람들이었다.

18세기 무렵 세워진 것으로 보이는 덕유정은 옥녀봉과 함께 강경을 상징하는 공간으로 잘 알려져 있다. 원래 옥녀봉에 있었지만 1865년 현 위치로 이전되어 지금도 그때의 웅장한 모습을 이어가고 있다. 덕유정의 설립은 조선시대 사족들의 향사례(고을 양반들이 활솜씨를 겨루던 일) 전통에서 그 연원을 찾을 수도 있겠지만, 그보다 더 직접적인 이유는 역시 조선 후기 경제적인 부의 증가에 따라 무과(武科)가 다양한 신분층의 관직 진출 내지 신분 상승의 욕구를 충족시켜 줄 수 있는 통로로 활용되면서 궁술(활쏘기)에 대한 사회적 관심이 높아졌기 때문이다.

즉 당시 궁술은 무과의 시험 과목 가운데 가장 큰 비중을 차지했고, 또 왕조 정부는 '만과'(萬科)라 하여 한 번에 수백 명씩 대량으로 무과의 합격자를 선발하고 있었으므로, 양반이 아닌 비사족(非士族) 계층들도 궁술의 습득을 통한 무과 합격으로 신분을 상승시킬 수 있었던 것이다. 일단 만과 출신은 스스로 사대부처럼 행세를 하고 다녔고, 조정에서도 이들을 '한량' (무과 합격자)으로 대우하지 않을 수 없었다. 18세기 이후 민간 활터의 확산은 바로 이와 같은 사회 풍조를 배경으로 하고 있다.

그런데 덕유정의 수리와 운영을 위해 1828년 결성되어 그 후 오랫동안 지속된 덕유정계가 우리의 눈길을 끈다. 그 구성원들인 덕유정계 회원들이 갖고 있는 지역사회 내에서의 높은 사회적 위상과 영향력 때문이다. 즉 19세기 후반 강경 지역사회의 여론을 주도한 집단은 전통의 양반이 아니라 지주·상인 등 포구 상업의 발전에 따라 경제력을 획득한 비사족 부민층 계열의 '지역유지'들이었다. 그리고 이들의 존재와 영향력은 일제강점기인 20세기 전반까지도 확인된다. 상업적 역량을 토대로 조선 말기부터 지방사회의 유력자로 등장한 이 지역유지들은, 강경의 활터였던 덕유정의 회원 결사체 덕유정계를 매개로 사회적 영향력을 행사해 나갔던 것이다.[13]

2. 강경 덕유정계

19세기 후반 덕유정계원의 수는 100명 내외였다. 그런데 당시 계원들은 꼭 강경에만 거주한 것은 아니었다. 강경을 중심으로 그 인근의 공주와 부

---

13) 정연태, 「조선후기~해방이전 자산가형(資産家型) 지방 유력자와 사계(射契) - 포구상업 도시 강경(江景) 덕유정계(德游亭楔) 사례」, 『역사와 현실』 60, 2006, 280쪽.

여, 임천과 여산 등지에 넓게 분포하고 있었다. 그러니까 19세기 후반 강경의 호구 수를 대략 1,000가구로 본다면 전체 강경 주민의 5~6% 정도가 덕유정계에 가담한 셈이 된다. 즉 강경 사람들 가운데 소수의 인원만이 덕유정계에 가입할 수 있었던 것이다.

강경 덕유정의 〈사계좌목〉 ⓒ국궁의 보고 강경 덕유정 cafe.daum.net/archeryschool

그러면 이들은 어떤 사람들이었는가? 1884년 덕유정계원 105명 가운데 넓은 의미의 관인(官人: 관직 경력자)은 모두 47명으로 약 45%였다. 여기에는 가선대부와 통정대부 등 품관 2명, 군수 등 지방관 9명, 오위장 등 무관 19명, 선달 등 급제자 9명 등이다. 그리고 1890년에는 계원 136명 중 관인층은 모두 36명으로 26%, 1898년에는 99명 가운데 32%인 32명이 관인층으로 분류된다. 시기에 따라 정도의 차이는 있지만 전체 계원의 35% 정도가 관인층 즉 품관-지방관-무관-급제자였다고 볼 수 있다. 그리고 이들은 덕유정계의 실질적인 주도세력이었다. 개항전후와 일제강점기 덕유정의 대표인 사백 7명 중 5명이 바로 오위장 등 관인 출신이었음이 이를 웅변한다.

그런데 이들의 관직을 잘 살펴보면 몇 가지 특징적인 요소가 발견된다. 먼저 계원들의 관직 가운데는 오위장의 수가 제일 많다. 그런데 오위장은 조선후기 대표적인 납속직(納贖職, 국가에 돈을 바치고 매수한 관직)이었다. 즉 경제적인 부로 오위장의 직분을 사들였다는 것이다. 실제로 1898년 덕유정계의 임원으로 접장이었던 최제성과 장무였던 황민식은 강경의 객주(독점적 도매상인)였다. 즉 이들은 경제력을 토대로 해당 직분을 매입한 것으로 보인다. 이것은 장무·공원·접장이었던 최호주(가선대부)와 접장이었던 유도주(통정대부) 그리고 계원이었던 김관식(권관)도 마찬가지이다. 이들 세 명도 역시 강경의 객주였다.

또 오위장뿐만 아니라 무관−무과급제자의 수도 많은데 이들 대부분은 부민층 계원이 무과를 통해 관직을 취득, 신분 상승을 도모한 사례로 여겨진다. 조선후기 만과의 시행은 덕유정계 계원들이 신분을 상승시킬 수 있는 유리한 기회로 작용했을 것이다. 그리고 덕유정계원 중 지방관 경력자 역시 대부분 무직(武職)을 거쳐 그 직위에 오른 것으로 파악된다. 결국 덕유정계원 가운데 관인층들은 객주 등 경제적 능력을 갖고 있는 강경의 부민들이 납속이나 무과를 통해 관직에 진출하여 자신들의 신분을 상승시키려고 노력했던 결과의 산물이라고 볼 수 있다. 그리고 그 외의 계원들 역시 비록 관인의 반열에 도달하지는 못했지만 기본적으로 지주나 객주·상인 등 경제적인 실력자 곧 비사족 부민층이었다.

18세기 이후 한국의 지방사회 내부에서는 새로운 사회 세력이 성장하고 있었다. 그들은 사실 새로운 세력이라기보다는 향촌사회를 장악하고 있던 기존의 양반이 아닌 다양한 존재들을 말하는 것인데, 주로 기존의 사족지배체제에서 소외되었던 서얼·향리나 부민층이 이에 해당된다. 이들 향촌사회의 중간층들은 18세기 이후 사대부나 농민들보다 상대적으로 유리한 입장에서 사회경제적인 변화에 대응하면서 자신들의 안정된 기반을 마련한 다음 다시 영향력을 확대하여 사족들과 대립했던 것이다. 그런데 양반

사족의 기반이 취약했던 조선후기의 신흥 상업 도시 강경에서는 객주를 비롯한 부민층들이 경제적인 부를 원천으로 영향력을 행사하면서 신분적 지위까지 높여 덕유정계를 중심으로 지역 사회를 주도해 나갔던 것으로 볼 수 있다.14)

3. 강경 근대교육

19세기 덕유정계는 강경의 준자치기구로서 기능했다. 고을의 수호신 제사인 당산제 주관을 비롯하여 준조세 징수와 각종 민원 처리 등의 지방 행정 업무 대행, 고을 풍속 순화와 계도 그리고 향교 운영 지원 등이 덕유정계의 주도로 이루어졌다. 그리고 그들의 이러한 역할은 20세기에 들어서도 계속되었다. 덕유정계원들은 지역 최초의 근대식학교인 보명학교의 설립을 지원하였고, 강경민회와 강경청년회의 조직, 각종 궁술대회 개최를 통해 이전 시대 못지않은 영향력을 발휘하였다. 그런데 여기서 한 가지 주목할 것은 덕유정계원들의 근대성에 대한 접근 방식이다. 즉 그들은 그 스스로가 조선 후기 사회의 산물이었음에도 구체제의 전통에 연연하지 않았다. 오히려 근대의 새로운 문물 제도에 대해 저항은커녕 매우 우호적인 태도를 지녀 그 수용에 적극적이었다는 것이다.

그 사례를 하나 소개하기로 한다. 1905년 4월 강경의 유지들은 덕유정을 임시 교사(校舍)로 하여 지역 최초의 근대식 학교인 보명학교를 세웠다. 덕유정은 옥녀봉과 함께 당시 강경 한국인사회의 상징적 공간이었고, 윤경중 등 덕유정계원 22명을 포함 모두 43명이 2원(지금 20만 원)에서 133원(1,330만 원)의 기금을 출연하여 학교 설립을 지원하였다. 3년제로 출발한 보명학교는 3명의 교사가 60명의 학생들을 대상으로 지리, 역사, 산수, 이화학(理化

---

14) 송현강, 「19세기 후반~20세기 전반 강경 덕유정계의 지역 사회 활동」, 『역사와 담론』 61, 2012, 333~369쪽.

學), 경제학, 법률, 미술, 일본어 등의 근대적인 교과를 가르쳤다. 보명학교 개교연도인 1905년은 애국계몽운동의 일환으로 전국적인 사립학교 설립 움직임이 시작되던 무렵이었다. 강경의 유지들 역시 시세를 따라 근대식 학교 설립에 나섰던 것이다.

1906년 봄 강경의 유지들은 보명학교를 위해 다시 한 번 힘을 합쳤다. 재정 문제로 폐교 위기에 몰렸기 때문이다. 우선 덕유정계원 12명이 포함된 22명이 돈을 거둔데 이어, 객주들 역시 거액을 갹출하기로 결정하였다. 당시 이를 주도한 7명의 객주들 가운데 5명은 접장, 공원(公員) 등의 임원을 역임한 덕유정계의 핵심 멤버로 그 중 4명은 오위장, 권관, 감찰, 통정대부 등의 관인 경력자였다. 보명학교에 대한 객주들의 이러한 전폭적인 찬조는, 포구상업도시 강경의 지역적 특성을 잘 보여주는 것이라고 할 수 있다. 지역 유지들의 이와 같은 지원에 힘입어 보명학교는 1906년 대한제국 학부의 공식 인가를 얻어 90여 명의 학생들을 청년과와 소학과로 나누어 교육할 수 있게 되었고, 1907년에는 공립강경보통학교로 전환되었다.[15]

4. 강경 기독교

강경(감리)교회는 미국 북감리교 공주 선교부 소속 선교사들과의 관계 속에서 1907년경 시작된 것으로 보인다. 그렇다면 초창기 강경교회의 집회 장소는 어디였을까? 그곳은 바로 강경 북정의 황오장댁과 덕유정(이관하의 주선)이었다. 그 기간은 5년 정도였다. 여기서 황오장댁의 황오장은 덕유정계의 유력한 임원이었던 오위장 황민식을 가리키는 것이고, 덕유정을 예배장소로 주선했던 이관하는 덕유정의 정무(亭務)를 총괄하고 있었던 접장이었다. 강경의 객주였던 황민식은 경제적 실력을 토대로 오위장과 가선대부

---

15) 송현강, 「한말·일제강점기 강경교회의 만동학교 설립과 운영」, 『한국기독교와 역사』 31, 2009, 95~122쪽.

의 관직·품계에 오른 전형적인 비사족 부민층으로서 또한 덕유정계의 장무와 공원을 지낸 최상층 지역유지였다. 이관하 역시 객주 출신으로 덕유정계의 임원을 두루 역임한 덕유정의 상징적인 존재였다. 앞서의 보명학교설립 과정에 참여한 기부자 명단에서 두 사람의 이름을 발견하기란 그리어려운 일이 아니다. 강경교회는 이렇게 덕유정계 소속 지역 유지들의 지원을 받으며 시작되었던 것이다.

강경교회(현 강경제일감리교회)

그런데 강경교회는 조직된 지 불과 1년 만인 1908년에 만동학교를 설립하게 된다. 이때는 강경의 유지들에 의해 세워졌던 보명학교가 공립으로전환된 지 얼마 되지 않은 시점이었다. 덕유정계원들은 다시 기독교 계통사립학교인 만동학교에 대한 지원에 나섰다. 먼저 사립학교의 이름은 경영주체들의 성향이 어느 정도 반영된다는 점에서 만동학교의 교명인 "萬東"을좀 살펴볼 필요가 있다. 주지하다시피 만동은 '만절필동'(萬折必東, 황하가만 번 꺾여 결국 동쪽으로 흐르듯이 중국의 힘은 동방의 조선을 옹호한다)

의 준말로 선조의 어필(御筆)에서 유래한 것인데, 송시열 사후 명나라의 의종과 신종을 제사한 만동묘와도 관련되어 있다. 즉 만동학교의 이름은 임진왜란 때 우리를 도와준 명나라의 두 황제를 존숭한다는 조선 후기 화이론(華夷論, 중국 중심주의)의 성리학적인 가치를 담고 있다. 이는 당시 선교부 계통 학교들이 즐겨 사용했던 영명, 숭일, 신성, 영생 등의 기독교적 냄새가 나는 교명이나 또는 당시 일반 근대식 학교들의 보흥, 찬명, 창흥, 광영 같은 개화 지향적 작명과도 구별되는 독특성을 갖고 있다. 하여튼 교명 "만동"의 기원이 선교사들에게 있지 않음은 분명한 사실이다. 오히려 거기에는 이른바 개항 전후기 신분적 지위 획득을 통해 사회적 영향력을 증대시키고자 했던, 즉 양반 문화를 닮아 가고자 했던 강경 지역 비사족 부민층의 보편적인 정서가 투영되어 있다고 보는 것이 좋지 않을까 싶다. 조선후기 중간계급은 이른바 '온 나라 양반되기' 열풍의 주역이었다. 그들은 사실 '양반보다 더 양반 같은' 존재들이기도 했다.

개교 당시 만동학교 경영진 가운데 우선 눈에 띄는 인물로는 학감 박준하가 있다. 그는 덕유정계의 일원으로 지역유지를 대표하여 학교 운영에 참여한 것으로 보인다. 지금으로 치면 (사립학교) 이사장의 역할이다. 또한 사람은 상징적인 교장 윌리엄스(Frank E. C. Williams, 우리암)를 대신해서 학교를 실질적으로 이끌었던 교감 양성률이다. 그는 원래 목포항의 객주로 1907년 임성옥, 유래춘, 서기견 등과 함께 남장로회 목포 선교부의 영흥학교를 지원하였다. 그 과정에서 선교사들의 학교 경영을 눈여겨보았을 법하다. 그 후 강경으로 이주하여 인근 황산교회의 중진으로 활동하면서 만동학교의 학사 행정을 주도하였다. 이와 같이 만동학교는 초창기부터 지역유지들의 지원과 경영 참여를 통해 유지될 수 있었다. 1913년 황산교회와 통합한 강경교회는 황금정 105번지의 구 황산교회 예배당을 계속해서 사용하게 되었는데, 만동학교도 역시 그때를 전후하여 함께 그곳으로 이전했을 것으로 생각된다.

만동학교가 첫 졸업생을 배출하던 바로 그 무렵 강경교회는 다시 만동여학교를 출범시켰다. 그런데 처음 만동여학교의 교실로 사용된 장소는 바로 황산 봉우리의 팔괘정이었다. 17세기에 건립된 팔괘정은 죽림서원, 임리정과 함께 이곳 사족들의 체취가 남아 있던 공간이었다. 만동여학교의 팔괘정 사용은 향반으로서 강경 최고의 지역유지이자 덕유정계 부계장이었던 송병직의 양해하에 이루어진 것이다.

또 만동학교부속유치원은 1921년 5월 여학교에 인접한 임리정을 임시 교실로 하여 30명의 원아들(일본인 자녀 3명 포함)과 함께 시작되었다. 그것은 1916년 이후 유아교육의 중요성에 대한 선교사들의 자각이 일면서 교회나 기독교 계통의 학교들에 유치원이 함께 부설되던 흐름의 연장선상에 있다고 볼 수 있다. 그런데 유치원의 임리정 사용 역시 만동여학교의 팔괘정처럼 지역유지들의 교육 공간 사용 배려에 기인한 것이었다.

덕유정계원 가운데 잘 알려진 기독교인은 3명이다. 먼저 3천석지기 부자였던 박재신은 두동교회(전북 익산시 성당면 두동리) 설립이야기에 나오는 인물이다. 일제강점기 이곳 성당면은 군산 선교부 소속 선교사 해리슨(William B. Harrison, 하위렴)의 활동 지역이었다. 두동 마을의 초기 교인들은 인근 부곡교회에 출석하였는데, 바로 박재신의 어머니(황한라)와 아내(한재순), 고모(박씨 부인) 등이었다. 그 중 박씨 부인은 월남 이상재 선생의 막내며느리였다. 처음엔 집안 남자들이 여자들의 교회 출입을 반대했지만 박재신은 아내 한재순이 임신하게 되자 자기집 사랑채를 예배처소로 내놓아 1923년 5월 두동교회가 시작되었다. 또 교회 부설로 배영학교를 설립하기도 하였다. 박재신의 소작인들이 교회에 나오면서 1년 새 교인이 80명으로 증가하였다. 그런데 1929년 박재신의 어린 아들이 목욕물에 데어 사망한데다가 박재신이 그 교회 구연직 전도사와 불화하면서 그만 교회를 떠나고 말았다. 소작인 교인들 역시 그와 행동을 함께한 이들이 많았다. 그러자 남은 교인 20여 명이 1929년 채소밭 100여 평에 기역자로 된 24평 예배당을 건축하게 되는데, 바로 이 건물이 지금까지 문화재(전북 문화재자료 179호)로 남아 있는 것이다.

나머지 2명은 공주의 양두현과 강경의 진창옥이다. 공주읍교회 교인이었던 양두현은 논 1만 8천여 평과 밭 2천7백여 평을 바쳐 교회 자립의 기반을 제공했다고 한다. 지금 그 교회 마당에 있는 '고 양두현 지루두 기념비'(1939년 5월 건립)가 그 사실을 말해준다. 진창옥은 강경교회의 장로와 덕유정계의 임원(공원·접장·사백)을 지냈다. 옥녀봉에는 그의 지역사회 헌신을 기리는 '목촌 진창옥 선생 공적비'가 서있다.

객주 중심의 강경 덕유정계원들은 고흥의 향리들이나 순천의 향족들처럼 직접 교회에 가담하지는 않았다. 대신 그들은 강경 지역사회에 기독교가 원만하게 정착하는데 도움을 주었다. 강경의 대표적 객주였던 황민식과 이관하의 초기 예배 장소 제공 행위는 기독교와 신문물에 대한 그들의 기본적인 자세가 어떠했는지를 상징적으로 잘 보여준다. 유교 성리학의 가치에 매몰되어 있지 않았기에 근대 초기 새로운 종교나 사상의 흐름에 배타적이지 않았던 것이다. 또 덕유정계원들은 강경교회의 만동학교와 만동여학교, 만동유치원에 대한 지원을 아끼지 않았다. 요약하자면 충청-호남 지역의 기독교는 19세기의 사회적 조건이 그 배경이 되어서 지역의 중간층이 그 수용의 도관(導管) 역할을 했다고 정리할 수 있다.

2장

미국 남장로회의 토지 매입과 선교부 건설

우승완 · 남호현

I. 기독교 선교와 미국 남장로회 선교기지

1. 기독교와 남장로회의 한국 선교

한국에 전래된 기독교는 본국 선부의 지휘와 감독을 받으면서 피선교
지에서 협력한 결과물로 전개되었다. 이러한 영향으로 한국 기독교 교회는
선교사 연합공의회와 선교지역 분할 협정 등 다양한 신학과 교리적 배경을
지닌 교파형 교회로 나타났다.[1] 1892년 미국 남장로회 선교사가 내한한 이
후 1893년 공의회에서 미국 북장로회와 협정으로,[2] 한반도 서남 지역인 충
청도 일부와 전라도 지역을 맡아 장로교 인구 비율이 최고에 도달할 만큼

---

1) 한국기독교역사연구소, 『한국기독교의역사 I』, 기독교문사, 2012, 208쪽 참고.
2) 문찬연, 「미(美)북장로교 서울선교부 설립배경과 초기선교활동(1884-1910)에 관한연구」,
   평택대학교 박사학위논문, 2012, 64쪽.

빠르게 확산되었다.[3] 선교사업과 함께 교육, 의료 및 사회봉사 활동을 전개하였고 다양한 행사와 대중 집회 등을 통해 신도들에게 근대적 가치를 가르쳤다. 그리고 각종 폐습의 타파와 생활의 합리화로 정치와 사회의식 향상에 크게 기여하였다.[4]

선교기지(선교부) 구축과정에서 나타나는 각종 시설은 1876년[5] 이후 근대 도시로 변화하면서, 내재된 변화를 유도해 우리나라 도시 근대사의 한 축을 이루고 있다. 1892년 이후 미국으로부터 전래된 근대 의료와 교육, 서양 건축술 등, 전래 과정이 함축된 공간으로 지역민들의 생활문화 변화와 도시 근대화의 동인으로 작용했다.[6] 특히 기독교 문화는 개항기 이후에 당시 도시들의 근대 도시화 특성으로 대변되고 있어[7] 의미가 있다.

한국에 전래된 미국 남장로회의 정식 명칭은 미연방장로교회(PCUS: Presbyterian Church in the United States)이다. 남장로회는 미국 동남부의 농업 지역을 토대로 성장한 미국 장로회의 한 분파로서 1861년 노예 문제에 대한 견해 차이로 분열되어 창립되었다.[8]

미국 남장로회는 한국의 주요 거점 도시에 점적으로 선교기지를 설치하고 그곳을 중심으로 주변 지역에 기독교를 확산시켰다. 각각의 선교기지는 10개 내외의 행정구역으로 면적과 인구 등 규모가 비슷하고 수로나 육로의 교통 요지에 입지하여, 지역의 구심점으로 짧은 기간 주변에 많은 교회를

---

3) 송현숙, 「호남지방 미국 남장로교의 확산, 1892-1942」, 고려대학교 박사학위논문, 2011, 3쪽.

4) 이은선, 『한국 근·현대사 검인정 교과서의 기독교 관련 서술 분석과 대책』, 『한국교회사학회지』 제24집, 2009, 258쪽.

5) '99건축문화의 해 조직위원회·국립현대미술관(편), 『한국건축100년』, 피아, 1999, 20쪽 참조(시작점을 1876년 개항에 설정하고 있음).

6) 우승완·천득염, 「남장로교 목포, 순천지역 선교기지(Mission Station) 건축에 관한 고찰」, 『호남문화연구』 제63집, 전남대학교 호남학연구원, 2018, 217쪽.

7) 우승완, 「순천의 근대기 도시화에 관한 연구」, 순천대학교 박사학위논문, 2009, 4쪽.

8) 송현숙, 「호남지방 미국 남장로교의 확산, 1892-1942」, 고려대학교 박사학위논문, 2011, 21쪽.

설립할 수 있는 곳이었다.[9] 남장로회의 선교지는 충청남도의 부여, 서천, 장항, 보령 등을 비롯하여 전라북도와 제주도가 포함한 전라남도 전역이었고 이 가운데 전라북도 전주와 군산, 전라남도 목포, 광주, 순천에 각각 점적으로 선교기지를 구축하였다. 선교기지가 설립된 전주와 광주는 도청소재지,[10] 군산과 목포는 개항지, 순천은 1905년 1등 군으로 분류되는 등 각 도시가 지방의 거점이었다.[11]

선교사업은 교육과 의료 사업 등 문화적, 사회적 개화에 일조한 측면도 있었지만 선교사업의 배후에는 외세 의존의 문제를 가져오기도 하였다. 당시 외국으로부터 들어온 선교사들에게는 치외법권이 적용되고 있어서 이것을 이용하여 한국인 신도들을 관헌의 압박으로부터 보호하는 조치를 취하기도 하였다.[12] 한국에 파견된 선교사들은 중국에서와 달리 높은 존칭으로 불렸으며 그 관계는 부모와 자식과의 관계로 설명되어 그들의 권위는 실로 확고했다.[13]

2. 미국 남장로회의 선교기지 구축

남장로회 선교사들은 선교지역을 두루 답사하고 이를 토대로 선교기지 대상 도시를 선정하고, 해당 도시에 조사나 어학선생 등의 한국인 조력자를 보내 선교기지 구축에 필요한 토지나 건축물을 확보한다. 전주는 정해원, 군산은 서씨, 나주는 변창연, 광주와 순천은 김윤수 등이 각 선교기지

---

9) 송현숙, 「호남지방 미국 남장로교의 확산, 1892-1942」, 142쪽.
10) 광주광역시에 있던 전라남도 청사는 2005년 무안군으로 이전함.
11) 우승완 · 천득염, 앞의 논문, 197~198쪽.
12) 최아영, 「한말 기독교 선교 사업이 개화에 미친 영향」, 숙명여자대학교 석사학위논문, 2007, 47쪽.
13) 문백란, 「한말 미국 북장로교 선교사들의 한국인식과 선교활동」, 연세대학교 박사학위논문 2014, 60쪽.

구축에 조력한 대표적인 인물들이다. 선교
기지 구축을 위한 토지 확보는 1906년 대한
제국이 '토지가옥증명규칙(土地家屋證明規則)'
을 발표하기 전까지[14] 외국인의 토지 소유
는 금지되어 있어서, 일본인들이 한국인 거
간꾼을 고용하여 토지를 매입했던 점[15]을
고려하면 남장로회 선교사들의 토지 매입
방법[16]도 크게 다르지 않았을 것이다.

당시 선교기지에 구축된 건조물은 크게
병원, 학교, 교회, 주택 그리고 수양관을 포
함한 지원시설 등으로 구분되고 선교사들의
활동도 이들 시설에 집중되었다. 선교시설

선교지분할도(출처: 순천노회사)

은 1892년 이후 미국 남장로회로부터 전래된 근대 의료와 교육, 교회 등 서
양 건축술의 전래 과정이 함축된 공간으로 선교정책과 필요에 따라 '선교기
지 마을', '질병 공동체 마을', '수양관 마을' 등의 다양한 서양식 마을[17]로 남
아있다.

남장로회의 토지 취득 시기는 '유지재단 인가 신청에 관한 건'에서 토지
명세를 1912년(明治45年)[18]을 기준으로 이전과 이후로 구분하고 있다.[19] 토

---

14) 대한제국이 1906년 10월 '토지가옥증명규칙(土地家屋證明規則)' 발표하였으나 이후 마련
된 세칙은 한국인에게만 적용됨. 통감부가 11월 '토지건물증명규칙(土地建物證明規則)'
을 공포하고 한국 거주 외국인과 일본인에게 이 규칙을 따르도록 함(최원규, 「韓末日帝
初期土地調査와 土地法硏究」, 연세대학교 박사학위논문, 1994, 163쪽 참고).
15) 남기현, 「일제하 토지소유권의 원시취득 연구」, 성균관대학교 박사학위논문, 2019, 19쪽
참고.
16) 부동산 거래는 매주(賣主)가 계약을 체결할 때 작성한 문기(文記)나 수표(手票)외에 그
이전 거래 관계를 보여주는 문권(文券) 일체를 넘겨주는 것으로 완결(남기현, 위의 논문,
21쪽).
17) 우승완·천득염, 「남장로교 목포, 순천지역 선교기지(Mission Station) 건축에 관한 고찰」,
198쪽 참고.

지 취득 시점은 선교기지에 따라 다를 뿐만 아니라 동일한 선교기지라 하더라도 필지에 따라 구입 시기가 달랐다. 각 선교기지별로 토지 취득 시기를 살펴보면 전주는 1898~1919년까지, 군산은 1905~1916년, 목포는 1898~1911년, 광주는 1907~1918년까지 등 다년간에 걸쳐 구입되었다. 순천은 다른 남장로회 선교기지와 다르게 다수의 토지 매입 시기가 1911년에 집중되어 있다. 즉 남장로회의 토지 취득은 1924년 유지재단 인가신청을 하기까지 1898년부터 1918년까지 21년에 걸쳐 각 선교지의 필요에 따라 확보한 것으로 보인다.

3. 미국 야소교 남장로파 조선선교회 유지재단

'선교회 유지재단 신청의 건'에서 선교회 유지재단의 이사는 설립 책임자인 탈메이지(John Van Neste Talmage)[20] 선교사 외에 9명의 선교사가 각 선교기지별로 각각 2명씩 참여하고 있다. 선교사들의 명단은 선교기지가 설립된 순서에 따라 기록되어 있는데, 전주는 에버솔(Finley Monvince Eversol)과 윈(Samul Dwight Winn), 군산은 린튼(William Alderman Linton)과 메커첸(John McEachern) 선교사이다, 목포는 하퍼(Joseph Hopper)와 머피(Tomas davidson Murphy), 광주는 탈메이지(John Van Neste Talmage)와 스와인하트(Martin Luther Swinehart), 순천은 크레인(John Curtis Crane)과 코잇(Robert Thornwell Coit) 선교사가 각각 담당하고 있다. 선교회 임원 가운데 에버솔, 린튼, 하퍼, 탈메이지, 크레인 등의 임기가 1924년 6월 30일까지이고 나머지 선교사는 1925년 6월 30일로 양분되어 있다. 이처럼 각 선교 기지별로 2명씩 선정된 선교사들의 임기를 각각 달리한 것은 임기 만료에 따른 업무 공

---

18) 메이지(明治)의 통치 시기(1868년 1월 30일 ~ 1912년 7월 30일, 44년간).

19) 명치 45년 3월 31일 이전과 4월 1일 이후로 구분하고 있음.

20) 선교사들의 영문 이름은 '유지재단 인가신청에 관한 건'에 따름.

백을 우려한 장치로 보인다. 1924년을 기준으로 재단에 참여한 선교사들의 활동을 살펴보면, 전주의 에버솔은 신흥학교장과 전주서문교회 당회장을 역임했고 원은 농촌을 순회하면서 여성계몽사업과 전도사업에 참여하고 있다. 군산의 린튼은 영명학교에서 성경을 가르치면서 학교장을 역임했고 메커첸은 충남 서천 일대에서 농촌선교와 궁말교회에서 활동하고 있다. 목포의 호퍼는 영암, 해남, 강진, 장흥 등을 순회하면서 농촌 선교에 전력하였고 머피는 무안, 함평, 나주 등에서 선교에 전력하고 있다. 광주의 탈메이지는 광주숭일학교장과 광주나병원, 광주기독병원의 원목으로 활동했고 스와인하트는 남장로회의 독보적인 토목기술자로서 각 선교기지의 건조물 구축에 참여하면서 학교 운영과 주일학교 전문가로 활동하였다. 순천의 크레인과 코잇은 순천선교기지 설립과 함께 미국에서 파견되었는데 크레인은 남학교를 담당하면 전도사역에 주력하였고 코잇은 부인과 함께 입국하여 전도사역을 보조하고 건축위원으로 활동하면서 고흥지방 선교를 담당하였다.

II. 미국 남장로회의 선교기지 설치와 토지 이용

1. 전주선교기지

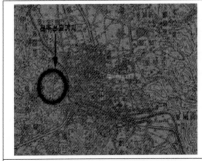

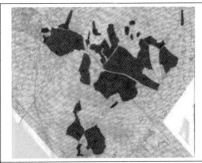

1918년 전주 시가지와 선교기지 위치	지적원도에 표기한 전주(화산)선교기지 영역

1893년 남장로회는 전주 선교를
위해 북장로회의 한국인 전도인 서
상륜과의 접촉이 무산되자 어학선
생이던 정해원을 파견한다.[21] 이후
정해원이 선교활동 이탈과 동학농
민혁명으로 1년 이상 공백기를 거치

〈표 1〉 1924년 전주선교기지 필지 현황

행정구역		필지수
전주군/전주면	본정	2
	고사정	1
전주군/이동면	화산리	52
	중산리	1
	검암리	3

나, 점차 상황이 안정되면서 은송리에 선교기지를 설치한다.[22] 하지만 1897년
선교사들이 은송리 언덕에 2동의 건물을 건축하던 중 전주 유생들의 반대
로 건물 3동을 정부 부담으로 화산으로 이진하게 되는데,[23] 구 예수병원 자
리(2019년 현재 엠마오사랑병원)의 산등성이부터 서북편 일대로 뻗은 야산
을 지나 신흥학교와 기전학교 등이 있는 전주읍성 밖 하천 건너편에 자리
하고 있다.

전주선교기지는 당시 전주군 전주면과 이동면 등 2개 면(面)에 걸친 5개
의 하부 행정구역(町, 里)[24]에 분포하고 있다. 행정구역별 분포를 살펴보면
전주면은 본정과 고사정에 3개 필지, 이동면은 화산리, 중산리, 검암리 등
3개 리(里)에 56개 필지가 집중되어있다. 특히 이동면 화산리에 52개 필지가
소재하고 있어서 선교기지가 화산리를 중심으로 구축되었음을 알 수 있다.

첫 토지 매입은 1897년으로 은송리에서 화산리로 선교시설을 이전하던
시기로 보인다. 1912년 4월 이후에 매입된 필지는 전체 면적의 2.64%이고
이 가운데 지목 '대'는 0.67%에 그치고 있어서, 화산 지역으로 이전한 초기
에 건축에 필요한 대지를 충분히 확보한 것으로 보인다.

---

21) 이남식, 「남장로교 선교사 윌리엄 M. 전킨의 한국 선교 활동 연구」, 전주대학교 박사학
　위논문, 2012, 18쪽.
22) 안대희, 「1893-1945년 全州西門外 敎會의 成長 過程과 民族 運動」, 목포대학교 석사학위
　논문, 2000, 18쪽 참고.
23) 전주서문교회 100년사편찬위원회, 『전주서문교회100년사(1893~1993)』, 1999, 98쪽.
24) 행정구역과 단위는 기록물에 사용된 행정구역과 단위를 사용함.

선교기지는 전체 59개 필지로 구성되어 있는데 필지의 평균 면적은 약 1,1104평으로 조사되었다.[25] 토지 면적이 가장 작은 필지는 지목이 '대'인 필지로 30평이었고, 가장 넓은 필지는 '임야' 4,500평이었다. 지목은 총 4종으로,

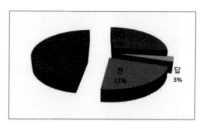

전주선교기지 지목별 구성비

'임'이 31,087평(47.69%), '대' 17,395평(26.69%), '전' 14,592평(22.39%), 답 2,107평(3.23%) 순이고 이 가운데 '임'이 거의 절반이다. 지가는 구입 당시 지목에 따라 0.17~0.22엔이었고 이후에는 약 1.8~2.4배까지 상승하는데, 지목 '대'가 가장 높은 지가 변동을 보이고 있다.

〈표 2〉 1924년 전주선교기지 지목별 면적 및 지가(면적: 평, 가격: 엔)

구분	지목	면적	지가	평당 지가	감정 가격	평당 감정가	평당지가변동율
전주군	대	17,395	3,804.55	0.22	9,120.2	0.52	240%
	답	2,107	350.49	0.17	702	0.33	200%
	전	14,592	2,965.92	0.20	5,217.8	0.36	176%
	임야	31,087			1,350	0.04	
합계		65,181			16,390	0.25	

2. 군산선교기지

1895년 3월에 전킨(William M. Junkin)과 드루가 군산을 답사하고 1년이 지난 1896년 4월에 수륙 교통의 요지로 인지되어 선교가 시작되었다. 군산은 선교기지가 설립될 당시에 양호한 수상 교통로가 확보된 곳이라는 점을 제외하면, 인구와 행정조직뿐만 아니라 각종 시설이 부족한 곳이었다. 한때 군산에서의 선교 활동은 폐쇄가 논의되기도 했지만 1987년 존치가 결정되

---

25) 단위는 기록물의 단위를 기준으로 기술함(1평=3.3㎡).

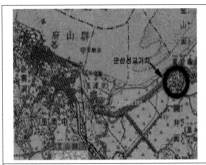

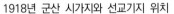

1918년 군산 시가지와 선교기지 위치	지적원도에 표기한 군산(옥구)선교기지 영역

고, 1898년 봄에 군산항 개항이 결정되지만 선교지 건축 계획은 보류된다. 이후 기선 정박소에서 2~3마일 떨어진 궁말에 선교기지 구축이 결정되고 같은 해 4월 최초의 선교

〈표 3〉 1924년 군산선교기지 필지 현황

행정구역		필지수
군산부	장재동	2
	영정	1
옥구군/개정면	구암리	44

기지 건축공사가 시작되어 12월에 어려움을 딛고 완성된다.[26] 선교 활동 일환으로 꾸려진 군산예수병원은 1909년 8월 내한한 다니엘 선교사의 후임으로 내한한 패터슨(Jacob B. Patterson)이 병원을 가장 크게 확장시켰는데 당시 남장로회 선교병원 가운데 가장 큰 규모였다.[27]

군산선교기지의 토지 분포는 군산부의 영정과 장재동의 3개 필지와 군산부와 인접한 옥구군 개정면 구암리에 속한 44개 필지로 구성되어 구암리가 선교기지의 중심이었다. 전체 47개 필지의 평균 면적은 약 536평이고 이 가운데 군산부에 속한 필지의 평균 면적은 약 491평, 옥구군에 속한 필지의 평균 면적은 약 1,104평이었다. 군산부에 위치한 필지의 지목은 '대'와 '전'만 있는데 '전'이 1,104평(74.95%), '대'가 369평(25.05%)이었다. 옥구군은 지목이

---

26) 이남식, 앞의 논문, 25쪽.

27) 방연상·송정연, 「기독교가 군산 지역에 미친 사회적 영향」, 『人文科學』 제111집, 연세대학교 인문학연구원, 2017, 78쪽.

다양하게 나타나는데 '대'가 11,511평 (48.47%), '답'4,556평(19.18%), '전'4,372평 (18.41%), '임야' 3,310평(13.94%)으로 전체 필지 가운데 '대'의 점유 비율이 가장 높았다. 그리고 가장 크기가 작은 필지는 지목 '대'의 18평이었고 가장 큰 필지는 지목이 '대'의 4,462평이었다.

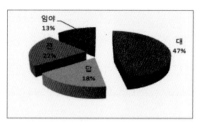

군산선교기지 지목별 구성비

군산선교기지의 토지 취득은 구암을 중심으로 1898년부터 1916년까지 연차적으로 나타나고, 선교 초기에 자리했던 군산부 지역의 필지가 1910년과 1912년에 추가로 매입되고 있다. 군산선교기지는 총 25,222평으로 군산부 행정구역의 토지가 1,473평, 옥구군 행정구역의 토지가 23,749평이다. 토지 이용을 지목별로 살펴보면 '대'가 11,880평(47.10%), '전' 5,476평으로 (21.71%), 답 4,556평(18.06%), 임야 3,3310(13.12%)로 나타나 지목이 '대'인 필지 면적이 거의 절반에 이르고 있다.

〈표 4〉 1924년 군산선교기지 지목별 면적 및 지가(면적: 평, 가격: 엔)

구분	지목	면적	지가	평당 지가	감정가격	평당 감정가	평당지가변동율
옥구군	대	11,511	2,574.60	0.22	5,184	0.45	201%
	답	4,556	1,180.26	0.26	2,362	0.52	200%
	전	4,372	663.16	0.15	1,224	0.28	185%
	임야	3,310			500	0.15	-
	소계	23,749			9,270	0.39	-
군산부	대	369	644.10	1.75	1,290	3.50	200%
	전	1,104	717.60	0.65	1,500	1.36	209%
	소계	1,473			2,790	1.89	
합계		25,222			12,060	0.48	

지가는 구입 당시 옥구군은 0.15~0.26엔, 군산부는 0.65~1.75엔이었으나 이후 1.8~2.1배 상승한다. 지가 상승은 군산부는 약 2.0~2.1배, 옥구군은 약

1.8~2.0배의 지가 상승을 보여 상대적으로 군산부에 속한 필지의 지가가 편차가 작으면서 높게 상승했다. 1912년 4월 이후에 매입된 필지는 전체 면적의 9.27%였고 지목 '대'는 전체 필지의 16.52%로 나타나 시설을 보완했던 것으로 보인다.

3. 목포선교기지

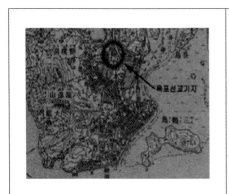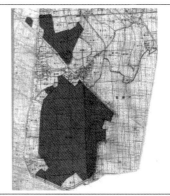

1918년 목포 시가지와 선교기지 위치	지적원도에 표기한 목포선교기지 영역

1996년 2월 유진벨(Rev. Eugene Bell)은 레이놀즈(William David Reynolds)와 함께 목포에 야산 약 2,500평을 매입한다. 그리고 1897년 신규 부지 매입이 결정되지만 높은 지가 탓에 협상을 거쳐 이듬해 계약을 완료한다. 신규로 매입한 부지에 건축을 서두르고 초가집을 구입해 거주하면서 이곳에 잇대어 예배당을 증축한다. 1898년 12월 목포선교기지의 첫 번째 선교건축물이 완성되고 11월부터 시작된 오웬(Clement Carrington Owen)의 의료선교는 목포교회로 신자를 모이도록 했다.[28] 1900년 5월에는 부지를 추가 구입해

---

28) 김종철, 「유진 벨 선교사의 목포·광주 선교활동 연구」, 전주대학교 박사학위논문, 2008, 40쪽 참고.

오웬과 스트래퍼(Fredrica Elizabeth Straeffer)를 위한 주택 건축을 착수한다.

목포선교기지의 구축 계획은 확인되지 않으나 선교기지의 위치나 각종 선교 시설의 배치에서 나름의 계

〈표 5〉 1924년 목포선교기지 필지 현황

행정구역		필지수
목포부	양동	6
	대성동	2
	호남정	1
	남교동	1
	온금동	1

획이 있었음을 알 수 있다. 선교기지는 목포를 진입하는 좁은 도로 양쪽으로 확보되고 통과도로로 양분된 부지에 분산해서 배치하고 있다. 목포선교기지의 교회는 10여 년 사이에 3회에 걸쳐 건축되고 있어서, 교인 증가에 따라 선교시설의 규모가 확장되는 좋은 본보기라고 할 수 있다. 초가집에 증축된 예배당에 이어 1903년에는 200명을 수용할 수 있는 기와지붕 교회를 건축하고, 1911년에 석조 구조의 지금의 양동교회가 완공되어 교세에 따른 선교 건축의 확장을 엿볼 수 있다.[29]

목포선교기지는 목포부의 양동, 대성동, 호남정, 남교동, 온금동 등 5개의 행정구역에 걸쳐있으며, 전체 11필지 가운데 양동이 6개 필지로 그 중심을 이루고 있다. 필지의 평균 면적은 약 1,310평이고 지목은 '대'와 '잡종'만 있

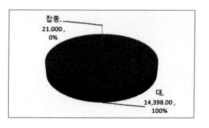

목포선교기지 지목별 구성비

다. 지목 '대'의 면적은 14,398평(99.85%), '잡종'은 21평(0.15%)으로 대부분의 필지가 '대'였다. 구입 당시 평당 지가는 '대'가 0.26엔, '잡종'은 0.40엔이었으나 이후 '대'의 평당 지가는 약 7.0배, '잡종'은 약 2.0배로 상승한다.

토지 매입은 1897년부터 1908년까지 연차적으로 나타나고 있고 처음 매입한 토지의 면적이 1만 평을 넘고 있다. 크기가 가장 작은 필지는 지목 '잡

29) 우승완·천득염, 앞의 논문, 201~202쪽.

종'인 필지의 21평이었고 가장 넓은 필지는 지목이 '대'로 10,032평으로 나타
났다. '대'의 경우 가장 작은 필지는 34평으로 조사되었다. 1912년 4월 이후
에 매입된 필지는 지목이 '대' 하나로 선교기지 전체 면적의 2.91%에 그치고
있다.

〈표 6〉 1924년 목포선교기지 지목별 면적 및 지가(면적: 평, 가격: 엔)

구분	지목	면적	지가	평당 지가	감정 가격	평당 감정가	평당 지가 변동율
목포부	대	14,398	3,703.50	0.26	25,865	1.80	698%
	잡종	21	8.40	0.40	17	0.81	202%
합계		14,419			25,882	1.79	

4. 광주선교기지

1918년 광주 시가지와 선교기지 위치	지적원도에 표기한 광주선교기지 영역

　광주선교기지 구축은 1903년 처음 언급되고 1904년 부지를 광주읍성 밖
하천 건너 구릉지에 확보하고 주택 5동의 건축을 계획한다. 이 가운데 언덕
아래에 양호한 집이 있는 곳이 유진벨의 주거지로 선정된다. 10마일 떨어
진 산에서 벌채한 목재와 기와, 벽돌을 사용한 한옥[30]의 임시 숙소가 12월

---

30) 김종철, 앞의 논문, 70쪽.

완공되자 유진벨과 오웬(Clement Carrington Owen) 가족이 목포에서 이주한다.[31] 1905년 광주선교기지의 주택공사가 끝나자 유진벨의 임시 주택을 이용해서 놀란선교사가 진료소를 운영하고 교회는 북문 안으로 옮겨 구축한다.

선교기지는 광주군 효천면의 양림리와 벽도리에 걸쳐있다. 양림리 소재 필지는 22개이고 벽도리 소재 필지는 16개로 총 38개 필지이다. 필

〈표 7〉 1924년 광주선교기지 필지 현황

행정구역		필지수
광주군/효천면	양림리	22
	벽도리	16

지별 지목은 7개 지목으로 나타나고 선교기지 전체 필지의 평균 면적은 약 2,060평이다. 지목 '전'이 42,521평(54.32%), '대' 245,401평(32.56%), '임' 5,777평 (7.38%), 답 2,643평(3.38%), '잡종' 1,226평(1.57%), '묘지' 631평(0.81%) 등인데 이 가운데 '전'이 절반 이상을 차지하고 있다. 지가는 토지 매입 당시 평당 0.05~0.52엔이었으나 이후에 2.01~0.96엔까지 약 2.0~2.4배 상승하고 있다. 대상 필지 가운데 지가 변동이 가장 큰 지목은 '답'으로 나타났다.

문서에 나타난 첫 토지 매입은 건축 공사가 완료된 이듬해인 1906년이고 이후 1920년까지 연차적으로 매입하고 있다. 크기가 가장 작은 필지는 지목

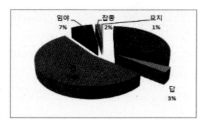

광주선교기지 지목별 구성비

'대' 19평이고 가장 넓은 필지는 지목 '전' 21,627평이었다. 지목 '대'의 경우 2,000평이 넘는 2개 필지 외에 18,228평까지 넓은 필지를 확보하고 있다. 1912년 4월 이후에 매입된 필지는 전체 필지 면적의 3.73%이고 지목 대의 경우 1.55%에 그치고 있어 이후 선교기지 토지 이용을 보완한 것으로 보인다.

---

31) 김종철, 앞의 논문, 50쪽.

구분	지목	면적	지가	평당 지가	감정 가격	평당 감정가	평당 지가 변동율
광주군	대	25,486	13,191.85	0.52	24,401	0.96	185%
	답	2,643	866.00	0.33	2,092	0.79	242%
	전	42,521	9,492.75	0.22	18,950	0.45	200%
	임야	340			100	0.29	
	임야	5,437			350	0.06	
	잡종	1,226	61.30	0.05	123	2.01	201%
	묘지	631			50	0.08	
합계		78,284			46,066	0.59	

5. 순천선교기지

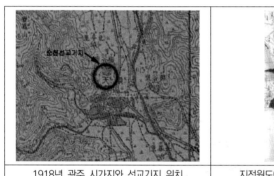

1918년 광주 시가지와 선교기지 위치	지적원도에 표기한 순천선교기지 영역

순천선교기지는 1904년에 전킨 선교사에 의해 처음 제안되었고 1909년 오웬 선교사 사망을 계기로 선교기지 개설을 요청한다. 1910년 남장로회에 서 순천이 지역 교통의 중심지가 될 것으로 예상하고 선교기지 설치를 결 정하지만 교회는 1909년에 이미 순천읍성에 설립되어[32] 교세를 확장하고 있었다. 광주 북문안교회의 김윤수와 순천의 김억평으로 하여금 순천읍성

---

32) 양사재를 이용하기 전 서문내 교인 강시섭의 사저를 이용한 것으로 추정됨.

연접지로부터 지역의 애장터[33]로 활용된 곳까지 부지를 매입케 한다. 1911년 안식년으로 귀국한 프레스톤과 프레트 선교사가 미국의 조지 와츠로부터 13명의 선교사 지원과 건축비로 1만 3천 달러를 지원 받아 본격적으로 선교기지가 구축된다. 1913년 선교사 주택 건축을 시작으로 병원, 남녀학교, 교회 등이 1916년까지 독립된 공간으로 구축된다.[34]

순천선교기지는 총 19개 필지로 순천군 순천면의 금곡리와 매곡리 등 2개 행정구역에 걸쳐있는데 금곡리 2개 필지, 매곡리 17개 필지

〈표 9〉 1924년 순천선교기지 필지 현황

행정구역		필지수
순천군/순천면	금곡리	2
	매곡리	17

이다. 지목별 면적은 '전'이 15,502평(57.10%)으로 가장 넓었고, '대'는 10,038평(36.97%), '답'은 1,609평(5.93%)이고 전체 필지의 평균 면적은 약 1,428평이었다. 지가는 구입 당시 0.3~0.16엔이었으나 이후 0.26~0.41엔으로 약 1.4~2.0배 상승했고 그 가운데 지목 '답'의 지가 변동이 가장 높은 것으로 나왔다.

토지 매입 시기는 다년이지만 1911년부터 1918년까지 상대적으로 짧고 88.06%의 토지를 1911년에 확보하고 있다.

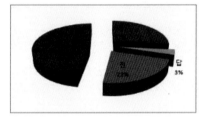

순천선교기지 지목별 구성비

1912년 4월 이후에 매입된 필지는 전체 면적의 11.94%였고 이때 시설이 계획되었을 지목 '대'는 12.26%로 나타나 선교기지 구성을 보완한 것으로 보인다. 토지 면적이 가장 작은 필지는 지목 '대'의 30평이었고 가장 넓은 필지는 지목 '전'의 5,796평으로 나타났다. 지목 '대'의 경우 4,286평이 가장 넓은 필지이지만 약 1천 평의 필지가 1개 더 보인다.

---

33) 어린 아이의 장례를 애장(兒葬)이라고 함.
34) 순천은 인적, 물적 장비를 모두 갖춘 상태에서 개설된 조선 최초이자 유일한 선교지였음. (에너벨 메이저 니스벳, 한인수 역, 『호남 선교 초기 역사』, 도서출판 경건, 1998, 123쪽)

구분	지목	면적	지가	평당 지가	감정 가격	평당 감정가	평당 지가 변동율
순천군	대	10,038	3,007.60	0.30	4,131.00	0.41	137%
	답	1,609	256.48	0.16	520.00	0.32	203%
	전	15,502	2,305.26	0.15	4,083.50	0.26	177%
합계		27,149			8,734.50	0.32	

Ⅲ. 남장로회 토지 이용의 특징

남장로회가 호남 지역에서 매입한 전체 선교기지의 토지 이용 면적은 210,255평이다. 이 가운데 목포선교기지의 토지 이용 규모가 가장 작았고 군산, 순천, 전주, 광주 순으로 선교기지 면적이 넓었다. 광역 행정구역인 '도' 단위로 살펴보면 전북은 90,403평(43%), 전남이 119,852평(57%)이다.[35] 1912년 4월 이후에 매입된 토지는 전체 선교기지 면적의 5.06%나타나고 선교기지 별 점유 비율은 전주 2.64%, 군산 9.27%, 목포 2.91%, 광주 3.73%, 순천 11.04%였다. 이때 군산과 순천이 상대적으로 넓은 토지를 확보한 것으로 나타난다.

도별 선교기지 면적은 전남이 넓었으나 도별 평균 면적은 전북 지역이 약 45,201평, 전남지역이 약 39,950평으로 전북이 더 넓었다. 전북지역은 전주선교기지가 65,181평으로 72.10% 점유하고 있고, 군산선교기지는 25,222평으로 27.90%를 점유하고 있다. 전남 지역은 광주선교기지가 78,284평으로 65.32%, 목포선교기지는 25,222평으로 12.03%, 순천선교기지는 27.149평으로 22.65%를 점유하는 것으로 나타났다. 이와 같이 토지 이용 면적은 전북 지역은 전주가, 전남 지역은 광주가 가장 넓은 것으로 나타나 각 지역의 거

---

35) 일제강점기 전남은 지금의 광주광역시와 제주특별자치도를 포함하고 있었음.

점 도시였음을 알 수 있다.

〈표 11〉 남장로회 선교기지별 토지 이용 현황(단위: 평)

구분	전라북도			전라남도				합계
	전주	군산	소계	목포	광주	순천	소계	
대	17,395	11,880	29,275	14,398	25,486	10,038	49,922	79,197
답	2,107	4,556	6,663	-	2,643	1,609	4,252	10,915
전	14,592	5,476	20,068	-	42,521	15,502	58,023	78,091
임야	31,087	3,310	34,397	-	5,777	-	5,777	40,174
잡종	-	-	-	21	1,226	-	1,247	1,247
묘지	-	-	-	-	631	-	631	631
합계	65,181	25,222	90,403	14,419	78,284	27,149	119,852	210,255

선교기지 각 필지 지목 가운데 건축이 가능한 지목인 '대'의 면적은 79,197평이다. 지목 '대'인 필지는 순천선교기지가 10,038평(12.67%)으로 가장 작았고 군산선교기지 11,880평(15.00%), 목포선교기지 14,398평(18.18%), 전주선교기지

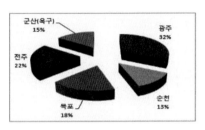

지목 '대' 기지별 구성비

17,395평(21.96%), 광주선교기지 25,486평(32.18%)으로 광주선교기지가 가장 넓었다. 특히 목포의 경우 지목이 '대'가 아닌 필지가 1개 필지(잡종, 21평) 만 나타나는데 이러한 지목 구성은 당시 가장 근대적 도시구조를 갖춘 상황이 반영된 것으로 보인다. 군산 역시 목포와 같은 '부'였으나 목포의 경우와 달랐던 것은 선교기지가 별개의 행정구역인 옥구군에 위치했던 것이 이유로 보인다.

산업화 이전이라는 점에서 지목 '전'과 '답'은 경제적 기반이라고 할 수 있는데, 전체 선교기지 가운데 89,006평으로 조사되었다. 목포는 신도시 구축이라는 여건이 반영된 탓인지 해당된 필지가 없고, 군산은 10,032평(11.27%),

전주는 16,699평(18.76%), 순천은 17,111 평(19.22%), 광주는 가장 넓은 45,164평 (50.74%)으로 절반 이상을 차지하고 있다. 전주의 경우 규모가 제일 작은 순천보다 '전'과 '답'의 규모가 작았던 것은 근대 도시로의 빠른 변화가 반영된

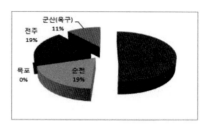

지목 '전·답' 기지별 구성비

것으로 보인다. 광주가 '전'과 '답'이 가장 넓었던 것은, 선교기지 가운데 토지 면적이 가장 넓었던 것도 있지만 당시 관할하던 광주나병원[36]의 경제적 기반이었던 영향도 있었을 것이다.

선교기지별 지목의 수는 목포선교기지가 가장 단순한 2종, 순천선교기지가 3종, 전주와 군산 선교기지가 4종이고 광주선교기지가 가장 많은 6종으로 나타난다. 이 가운데 모든 선교기지에 동일하게 등장하는 지목은 '대'이다. 특히 지목이 '임야'나 '묘지'의 경우 구입 당시의 지가 기록이 없는데, 이는 해당 토지의 활용 가치가 매우 낮아서 다른 용도의 토지 매입 과정에서 함께 정산된 것으로 보인다.

지목별 토지 매입 가격은 전주, 군산, 광주, 순천은 지목 '대', 목포는 지목 '잡종'인 경우의 지가가 가장 높았지만, 이후 감정가격에서는 모두 지목 '대'가 가장 높았다. 이 가운데 군산선교기지의 대부분이던 옥구군에 소재한 필지의 경우 '답'이 매입 당시나 감정평가 이후에도 가장 높은 지역적 특징을 보였다. 그리고 지목 '대'인 경우 매입 가격이 군산선교기지의 옥구군이 평당 0.22엔, 군산부가 1.75엔으로 약 8배의 차이가 있으나 군산부의 필지를 제외하면 0.22엔에서 0.52엔으로 약 2.3배 차이를 보이고 있다. 경제적 기반인 '전'과 '답'의 경우 '전'은 순천이 평당 0.15엔, 군산선교기지의 군산부가

---

36) 미국남장로회의 탈메이지 선교사가 광주나병원을 관리하였으나 광주나병원 일원(광주 봉선동)은 미국남장로회의 소유권이 아니어서 제외함.

0.65엔으로 4.3배의 차이를 보이고 있으나 군산부를 제외하면 0.15엔에서 0.22엔으로 약 1.5배로 나타난다. '답'은 순천이 평당 0.16엔으로 가장 낮았고 광주가 0.33엔으로 가장 높아 약 2배 차이를 보였다.

  '유지재단 인가신청에 관한 건'에서 광주선교기지가 남장로회의 한국 선교 활동의 중심지라는 점이 부각되고 있는데 이를 살펴보면, 첫째 남장로회의 법인 출원 주소지가 광주선교기지라는 점이다. 둘째 선교기지 가운데 가장 넓은 면적의 토지를 소유하고 있고 지목 종류 또한 6개로 가장 많다. 셋째 지목 '대'의 지가가 군산부를 제외하면 가장 넓은 광주가 최고 높아서 전략적으로 매입한 것으로 보인다. 넷째 호남 지역이 주요 선교활동 대상이던 남장로회 선교지역 가운데 지리적 중심지라는 점이다. 다섯째 '유지재단 인가신청에 관한 건'에서 나타나지는 않지만 남장로회 유일의 한센병원 운영이다.[37] 따라서 남장로회의 한국 선교활동은 초기에는 전주를 중심으로 움직였으나 선교회의 다양한 기능이 점차 광주에 부가된 것으로 판단된다.

---

37) 1926년 이후 지금의 '사회복지법인애양원' 일대로 이전함.

3장

순천선교부 공간 구성과 역할

SUNCHON COMPOUND 1929를 중심으로

남호현

　본 연구는 한국 근대건축에 형성된 기독교 관련 건축에 관한 것이다. 특히 기독교의 남장로계의 전파과정을 살펴보면 우선 선교부가 설치된 후에 복음선교로서 교회가 설립되며, 나중에 교육선교로서 학교가, 의료선교로서 병원이 설립된다. 이러한 과정은 국내 지방 어느 도시에도 공통적으로 나타나는 현상이다. 그러나 이러한 개개의 건축들은 개별적으로 연구대상으로 되었을 뿐 좀 더 포괄적인 접근으로서 건축을 이해하지 못하고 있는 실정이다. 즉 같은 종단의 건물들이면서, 혹은 하나의 단지 내에 각 건물들이 설립되었음에도 불구하고, 각 개별건물 간의 연관성이나 단지 내의 영역성 등을 제대로 파악하지 못하고 있는 것이다. 따라서 본 연구는 전남 순천지방의 당시 외국인선교사들이 활동했던 선교사마을 중심으로 교회구역과 교육구역, 의료구역, 주거구역 등의 배치 구성수법을 고찰하여 당시의 선교사들이 추구하고자했던 종교건축의 단지계획원리를 알아보고자 한다. 이러한 연구의 결과는 한국 근대건축의 단지계획에 있어서 초보적 단계의 기초자료를 제공한다는데 의의를 갖는다고 볼 수 있다.

본 연구의 대상은 전남 동부권의 중심지인 순천의 선교부로 한다. 순천은 호남5대 기독교 선교부중 가장 늦게 설치된 곳이지만, 이곳을 택한 이유는 다른 어느 지역보다도 설치에 필요한 재정적 지원을 충분히 받아서 건물들이 산재하여 세워지지 않고 하나의 단지를 형성하여 체계적으로 세워졌기 때문이다. 연구의 방법으로는 당시의 배치와 관련된 각종 자료들을 수합, 정리하여 약식 배치도를 구성한 다음, 각 건물들의 위치와 건물간의 관계, 도로 등을 통해서 각 영역별 공간적 특성을 파악하는 것으로 한다. 그밖에 문헌이나 자료에서 발췌할 수 없는 의심있는 부분은 당시 선교부에서 직접 관련을 맺고 활동을 했던 원로목사님들과 학교 관계자들의 증언을 통해 확인 작업을 거치는 것으로 하였다.

I. 전남 순천지방의 기독교의 전래

1. 호남 지역의 기독교의 전래[1]

개신교가 우리나라에 최초로 유입되고 서양 각국의 선교사들의 눈부신 활동으로 인해 많은 발전을 하게 되었다. 특히 1893년에는 '재한 선교사 연합회 공의회'에서 결정한 네비어스(Nevious) 선교방법에 따라 미국 남장로교회는 전라도와 충청도를 선교구역으로 배정받았다. 미국 남장로교회는 1894년 당시 전라도와 충청도의 중심지인 전주 은송리(지금의 전주 완산동)에 초가 한 채를 마련하는 것을 시작으로 전주 예수병원, 전주 신흥고등학교, 기전여학교의 설립하는 등 복음의 선교는 물론 의료와 교육의 선교에

---

1) 김수진, 「호남지방 교회의 역사」, 『한국기독교와 역사』 제3호, 103~123쪽 요약.

도 힘을 썼다. 1895년에는 군산에도 선교사들을 파송하여 교회를 통한 복음선교와 군산 영명학교와 뮐본딘여학교 등의 건립을 통한 교육선교, 군산 구암병원의 의료선교를 통해서 그 교세를 확장해 나갔다. 전남지방은 초기에는 당시의 중심지 나주에서 1897년에 선교를 시작하였지만 향교 유생들의 반발로 오래 있지 못하고 선교기지를 목포로 옮겼다. 1898년 목포에 선교사들이 들어오면서부터 교회와 선교활동이 크게 부흥하게 되는데 목포 영흥학교, 목포 정명여학교 등의 미션학교와 목포 프렌취병원의 의료기관의 건립 등을 통해서 발전해 나갔다. 전남지방의 중심지 광주에서는 1904년에 선교사들이 들어오면서 기독교가 크게 부흥하는데, 여기에도 마찬가지로 교회의 종교시설은 물론, 숭일학교, 수피아여학교 등의 교육시설과 광주병원과 나환자병원 등의 의료시설을 통해서 다양한 선교활동을 전개해 나갔다.

2. 순천지방의 기독교 전래

순천은 전남 동부권의 중심지 역할을 하는 지리적 여건으로 인해 예로부터 농수산물의 집산지로 발달한 도시이자 인근 지역의 교육, 문화, 교통의 중심지로 발달해 왔다. 또한 근대기에 있어서 순천지방 역시 미국 남장로교 선교회의 선교구역으로서 이들에 의해 선교활동이 시작되었다. 따라서 순천선교부에서는 순천, 여수, 고흥, 보성, 구례, 곡성, 광양, 여천지방과 여수 앞바다에 있는 도서지방까지 전남 동부권의 모두 선교구역을 대상으로 삼아 활동을 하였다. 순천의 기독교 전래는 호남권의 다른 도시보다 선교부가 늦게 설치되어 시작이 늦었지만 전남 남동부 일대와 인근 도서지방의 선교기지를 담당하는 중요한 역할을 가지게 되었다.

순천지방을 방문한 최초의 선교사는 레이놀즈(W. M. Reynols, 한국명: 이눌서)[2]와 드루(A. D. Drew)로서 이들은 1894년 4월 30일 호남전역의 선교답사 여행 중 순천에 들러 선교를 위한 탐색을 편 바 있다. 이어 광주 선교부에 소속된 오웬(C. C. Owen, 한국명: 오기원)3) 선교사와 벨(E. Bell, 한국명: 배유지) 선교사4)가 본격적인 순천선교에 나섰다. 특히 오웬은 순천을 비롯 고흥, 보성, 여수, 여천, 광양지방을 전도하였다. 오웬의 별세 이후 이지역의 전도자로는 프레스톤(J. F. Preston, 한국명: 변요한) 선교사5)가 담당하였다. 프레스톤은 전남의 남동부 지역과 인근 도서지방의 선교기지로 순천이 적합함을 믿고 순천선교부의 개설을 위해 노력하였다. 1909년에는 이미 순천읍교회가 설립되어 교세를 계속 확장하였다.6)

2) 레이놀즈(Reynolds, William Davis, 1867~1951)는 미국 버지니아주 태생으로 우리나라에 오기 전 초등학교 교장과 YMCA에서 활동하였다. 언더우드목사의 강연을 듣고 한국선교에 관심을 갖게 되어 한국선교사 7인의 선발대에 들었다. 호남5대도시를 순방하며 선교활동을 벌였고 평양 장로교 신학교 교수로 지내기도 하였다. 한국 초대 교회사와 호남선교에 지대한 공헌을 끼쳤다.

3) 오웬(Owen, Clement Carrington, 1867~1909)은 미국 버지니아 출생으로 신학과 의학을 전공하였다. 1898년 남장로교 의료선교사로 내한하여 벨(E. Bell)과 목포선교와 목포진료소를 개설하는 등 많은 교회를 개척하였다. 벨과 광주선교부를 시작하여 복음선교와 진료에 힘을 썼으며 1909년 과로와 폐렴으로 소천하였다.

4) 벨(Bell, Eugene, 1868~1925)은 미국 켄터키주 태생으로 1893년 남장로교 선교사로 내한하였다. 나주군에 부임하여 나주장로교회를 설립하였고 1898년 목포선교부를 개시하였다. 1904년 광주선교부 초대선교사로 전임되어 수피아여학교, 숭일학교와 광주기독교병원(제중병원) 설립에 공헌하였다. 평양 장로회신학교 교수를 겸직하였고 1925년 광주에서 오랜 격무로 병사하였다.

5) 프레스톤(Preston, John Fairman, 1875~1975)은 미국 조지아주 출생으로 1903년 내한하여 목포를 중심으로 해남, 강진 지방의 교회를 개척하였다. 1905년에는 목포영흥학교를 건축하였으며 오웬과 광주선교를 시작하였다. 오웬이 소천하자 순천선교부를 개설하여 순천 매산학교와 순천 알렉산더병원을 설립하였고, 순천성경학원에서 농촌 지역 지도자를 양성하였다.

6) 김수진, 『호남선교 100년과 그 사역자들』, 고려글방, 1992, 431쪽.

II. SUNCHON COMPOUND

1. 순천 컴파운드의 설립 배경과 재정

순천은 선교부가 우선 설립되고 후에 교회가 설립하는 식의 정상적인 수순을 밟지 않고, 교회가 1910년 이전에 먼저 설립되었고[7] 1910년 순천선교부가 나중에 설립되었다. 그러나 순천선교부 설치에 대한 제안은 이미 1904년 전킨(W. M. Junckin, 한국명: 전위렴)[8] 선교사의 발의가 있었고, 1910년에는 니스벳(J. S. Nisbet, 한국명: 유시백),[9] 프레스톤, 윌슨(R. M. Wilson, 한국명: 우일선),[10] 해리슨(W. B. Harrison, 한국명: 하위렴)[11] 등 4인의 선교사가 위원회를 조직하여 순천선교부의 타당성 여부를 인근 벌교와 비교하며 검토하여 결국 선교부 설치장소가 순천으로 결정되었다.[12]

선교회 임시위원회의 결정에 따라 그 후에 있은 정기회에서 전남 동부권의 선교사역을 맡아줄 증원부대의 파견을 19010년 요청하였고, 미국에서의

---

7) 순천교회의 출발은 순천 西門內 信徒 姜時變의 주택에서 집회를 시작하다가 1907년 향교 근처 養生齋를 빌려 임시 예배처소로 사용하면서 교회(현 순천중앙교회의 전신)를 설립하였다. 1910년에 현 매곡동 위치에 대지 20평에 T자형 목조건물을 신축하면서 순천 선교사마을에서의 예배기능을 담당하는 교회가 들어서게 된다.

8) 전킨(Junckin, William McCleary, 1865~1908)은 미국 버지니아주 태생으로 1892년 남장로교 최초의 선교사로 내한하였고, 전라도 선교답사 여행을 통해 호남 지역의 선교터전을 마련하였다.

9) 니스벳(Nisbet, John Samuel, 1869~1949)은 1906년 선교사로 내한하여 전주에서 신흥학교 책임자로 교육을 담당하였고 1911년 목포로 이주하여 영흥학교 교장으로 주로 교육기관을 중심으로 선교활동을 벌였다.

10) 윌슨(Wilson, Robert Manton, 1880~1963)은 미국 콜롬부스 출생으로 1905년 남장로교 의료 선교사로 내한하였다. 광주기독병원의 원장으로 취임하였고 광주나병원을 개원하기도 하였다. 1920년대에는 순천지방에 순회진료도 하였고 여천에 애양원을 신축하였다.

11) 해리슨(Harrison, William Butler, ? ~1928)은 1894년 선교사로 내한하여 전주와 군산에서 주로 활동하였다. 아이들, 부녀자, 병든자를 대상으로 복음을 전도하였는데 특히 장터의 전도는 성황을 이루었다고 전해진다.

12) 대한예수교장로회 순천노회, 『순천노회사』, 1992, 41쪽.

교회행정부뿐만 아니라 평신도들까지 이 사역을 열렬히 후원하여 순천선교부에 마련될 병원과 선교사 주택, 그리고 학교의 건축경비가 기부되어 재정지원을 받게 되었다.[13] 특히 조지 와츠(George Watts)[14]라는 평신도는 순천선교를 위해 매년 1만 3천 달러의 기부금을 지원하기로 약속하였고, 따라서 전남 최후의 선교거점인 순천에 전적인 지원과 유지책임을 떠맡기로 합의하였다.[15]

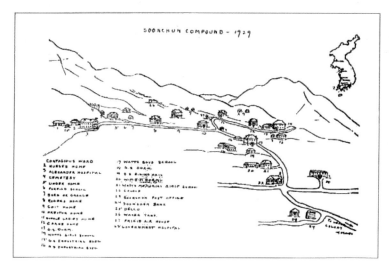

〈그림 1〉 Sunchon Compound 1929

---

13) Anabel M ㄹ ajor Nisbet 저, 한인수 역,『호남선교 초기의 역사 (1892-1919) Day in Day Out in Korea』, 1998, 121쪽.

14) 조지 와츠는 전킨 선교사의 처남인 레이번(E. R. Leyburn) 목사의 교회에 출석하던 교인으로 알려져 있다. 매산남녀학교의 원래 명칭은 각각 Watts Boys School, Watts Girls School로서 그의 이름을 기념하기 위한 것이었다.

15) 김수진, 앞의 책, 433쪽.

2. 순천 컴파운드의 입지와 기본 공간배치계획(그림1 참조)

미국인 남장로계 선교사들이 순천 지역에 선교사마을로 택한 부지는 당시 순천읍성 서문(西門) 밖 동산이었다. 이곳은 현재 난봉산의 줄기에 나즈막하게 자리 잡은 순천중앙교회, 순천기독재활원, 매산중고교, 매산여고, 애양재활직업보도소, 그밖에 아파트와 일반주택들로 이루어진 언덕위에 마을로서, 순천 시내 중심부를 한 눈에 볼 수 있는 좋은 경관을 가진 부지이다. 그러나 이곳은 당시 돌들이 많아 화장터로 사용하는 등 사람이 사용하기에는 버려진 쓸모없는 땅이었다.[16] 선교사들은 묘지나 화장터로 쓰이는 1만여 평의 언덕과 초가집 여러 채를 값싼 가격으로 구입하였는데, 여기에는 서양인들이 건물의 입지를 선택할 때 평지보다 언덕을 선호하는 관습이 낮은 경비의 구입조건과 더불어 좋은 조건으로 작용하였다고 파악된다.

순천선교부에 미국본부에서 지원한 인적자원 13명의 증원된 선교사를 파송하였고, 선교사들의 주택과 병원, 교육시설 등은 1911년부터 1925년에 걸쳐 약 20여 개 동으로 지어지게 되는데,[17] 여기에는 앞서 전술한 충분한 재정지원에 힘입어 이전의 다른 도시의 기독교 관련 건물을 별도로 취급하여 건립하는 선례와는 달리 충분한 종합계획안을 가지고 건설에 착수했을 가능성이 높다. 즉 프라이버시를 보장받는 선교사 주택군과 외부인들이 자주 왕래하는 병원시설군, 그리고 남학생과 여학생의 독립된 교육시설군 등의 기본 공간배치계획을 갖고 있음을 의미한다. 이것은 특히 애너벨 메이저 니스벳(Anabel Major Nisbet)[18] 여사의 글에서 알 수 있듯이 순천선교거

---

16) 등대선교회, 『등대의 빛』, 2000, 38쪽.

17) 현재에 당시의 건물이 남아 있는 건물수은 6개 동에 불과하다.

18) 니스벳(Nisbet, Anabel Major, 1869~1920)은 유서백(John Samuel Nisbet) 목사의 부인이며, 1906년 남편을 따라 한국에 온 후 전주, 목포지방에서 선교동역자로 활동하였다. 그녀는 『한국에서의 나날(Day In Day Out in Korea)』이란 저서를 통하여 한국에서의 현장사역을 통해 있었던 여러 사건들을 정리하여 미국의 신도들에게 한국선교의 상황을 소개하였다.

점은 필요한 인적, 물적 장비를 모두 갖춘 상태에서 개설된 조선 최초이자 유일한 선교거점으로 기록될 것[19])이라고 밝히고 있어서, 순천의 선교사 마을은 건립 시작부터 일종의 마스터플랜의 성격을 가지고 있었던 것으로 미루어 짐작할 수 있다.

3. 순천 컴파운드의 건설

1911년부터 시작된 건축공사는 프레스톤 목사와 스와인하트(M. L. Swinehart, 한국명: 서로득)[20]) 목사가 서로 교대로 순천을 방문하여 감독을 하며 진행하였다.[21]) 특히 스와인하트는 1911년부터 1927년 사이 광주 지역의 양촌(현 양림동) 일대의 미 남장로교의 양관에 거의 손을 대고 있었던 것으로 알려지고 있다.[22])

순천선교부 개설에 관한 선교사들의 보고편지 중에서 코잇(R. T. Coit, 한국명: 고라복)[23]) 목사가 1911년 미국 남장로교 선교본부에 띄었던 편지를 살펴보면 건설공사에 따르는 재료의 조달방법과 시공인부들의 구성 등이 잘 나타나 있어 당시의 건설현장을 이해하는데 중요한 단서를 제공해 주고 있다. 우선 석공의 구성을 살펴보면 한국인, 중국인, 일본인으로 짜여져 있고 이들 중 가장 낮은 임금을 받는 이들은 한국인들로 되어 있다. 양식건축

---

19) Anabel Major Nisbet, 앞의 책, 123쪽.

20) 스와인하트(Swinehart, Martin Luther, ? ~1957)는 미국에서 철도국장과 사범학교 교장을 역임하였고 광주선교부에서 교육사업과 교회건축에 종사하였다. 광주에 중흥학교, 서흥학교, 숙명학원, 배영학교 등을 설립했으며, 1931년 기독교서회 빌딩과, 1935년 이화학당 교사를 신축하였다.

21) 등대선교회, 앞의 책, 39쪽.

22) 김정동, 「한국근대건축에 있어서 서양건축의 전이와 그 영향에 관한 연구」, 홍익대 박사 논문, 1990, 270~271쪽.

23) 코잇(Coit, Robert Thornwell, ? ~1932)은 1907년 남장로교 선교사로 내한하여 광주선교부 소속으로 프레스톤과 같이 순천 지역을 담당하고 순천선교부를 개설에 노력하였다. 1913년 순천으로 이주하여 고흥, 보성지방을 담당하며 복음전도와 교회를 설립하였다.

대부분의 외관을 형성하는 석재의 공급은 중국이 아닌 순천 주변 가까운 곳의 풍부하게 널려 있는 아름답고 질 좋은 돌을 운반하여 건축하였다.[24] 그밖의 재료로는 타일과 벽돌, 목재가 있는데 타일과 벽돌은 건설현장 주변에서 직접 구워 만들어 조달하였고, 목재는 산에서 무너뜨린 나무를 강을 통해 배로 현장까지 운반한 것으로 되어 있다. 회분 역시 30마일이나 떨어진 다른 곳에서 150파운드의 회분을 한국인 인부의 등에 매고 걸어 오는 운반방법을 택했다. 그밖에 국내에서 구할 수 없는 시멘트와 미국산 목재, 기타 건축재와 페인트 등은 미국에서 직접 배로 운반하여 건축재료를 조달하였다.[25]

4. 순천 컴파운드의 시설체계(표1 참조)

ㅇ 선교사 주택

현존하는 선교사 주택은 프레스톤 목사사택(현 매산여고 도서실), 코잇 목사사택(현 애양원 직원사택), 로저스[26](J. M. Rogers, 한국명: 로제서) 의사사택(현 매산여고 음악실) 등 모두 3동만이 남아 있다. 이 중 새로운 선교부 부지에 첫 번째로 들어선 건물은 1913년에 완공된 프레스톤 목사사택과 코잇 목사사택이

〈그림 2〉 변요한 목사사택(현재 애양원직원사택)과 고라복 목사사택(현재 매산여고 도서실) 전경

---

24) Anabel Major Nisbet, 앞의 책, 122쪽.

25) 『등대의 빛』 제16호, 등대선교회, 2000. 1, 27쪽.

26) 로저스(Rogers, James McLean, 1892~1967)는 1917년 남장로교 의료선교사로 내한하여 순천 알렉산더병원의 원장으로 취임하였고 신사참배 문제로 일제에 의해 강제출국 당할 때까지 순천에서 활동하였다.

<표 1> 순천선교부의 시설체계

배치구역	시설		현존유무 (건립연대)	내용 및 변천과정
도입부	순천교회		소실	현 순천중앙교회의 전신
	와츠기념관		유(1925)	성경학교를 거쳐 현재는 순천기독진료소
	음악당		소실	
의료구역	안력산병원		소실	매산고 강당으로 이용하다가 소실. 현재는 기숙사
	전염병 환자실		소실	
	간호사 기숙사		소실	
교육구역	남학교	학교	유(1916)	현 매산중학교 매산관
		공장	소실	
		기숙사	소실	매산고 후생관으로 이용되다가 소실
	여학교	학교	소실	현 아파트단지로 재개발
		공장	소실	
		기숙사	소실	매산중학교 교실로 이용되다가 소실
주거구역	선교사 주택	변요한	유(1913)	현 매산여고 도서실
		고라복	유(1913)	현 애양재활직업보도소 직원사택
		로저스	유(1915-20)	현 매산여고 음악실
		구례인	소실	
		원가리	소실	
	외국인학교		유(1915-20)	현 애양재활직업보도소 예배당 및 회의실
	여자독신자집		소실	
기타구역	창고		소실	
	물탱크		유	도로 확장공사때 물탱크 발견
	묘지		소실	

었다.[27](그림2 참조) 이 두 건물들의 평면과 외형을 살펴보면 광주에 있는 선교사 주택(장로회호남신학교기숙사)과 매우 흡사함을 알 수 있다.(그림 3,4 참조) 이것은 스와인하트가 광주에서 기거하면서 건축활동을 벌이던 중 순천선교부의 건축감독을 하면서 같은 유형의 건물을 지었을 가능성이 높다.

---

27) Anabel Major Nisbet, 앞의 책, 122쪽.

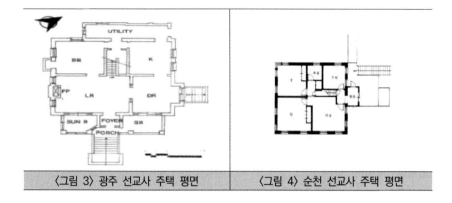

| 〈그림 3〉 광주 선교사 주택 평면 | 〈그림 4〉 순천 선교사 주택 평면 |

○ 교육시설

한편 교육사업의 일환으로 1913년에 공사가 시작된 매산남학교(Watts Boy School, 현 매산중학교 매산관)는 1916년에 건축물을 완성하였다.(그림5 참조) 남학교에 앞서 1915년에 준공된 매산여학교(Watts Girls School)는 현재 소실되어 아파트가 들어서 있다.(그림6 참조) 이 두 학교는 각각 하나씩의 부속건물로 공장과 기숙사가 남녀학교 근처에 세워졌는데, 이것은 학교의 방침이 학비조달과 기술교육을 통해 사회에 봉사하는 기술인으로 유성하기 위한 것이었다. 따라서 남학생 공장에서는 제재소로서의 놋쇠제조, 토끼사육법등을 가르쳤고, 여학생 공장에서는 직포, 염색, 재봉, 자수, 양잠 등을 실습실로 사용하였다.[28] 학교선교는 크레인(J. C. Crane, 한국명: 구례인)[29] 선교사와 듀푸이(L. Dupuy, 한국명: 두애란)[30] 선교사가 담당하였다. (그림7,8 참조)

---

28) 순천시사편찬위원회, 『순천시사, 문화예술편』, 1997, 92~97쪽.
29) 크레인(Crane, John Curtis)은 미국 미시시피에서 출생하여 1913년 내한, 순천선교부에 파송되었다. 순천 매산학교를 설립하였고 평양 장로회신학교 교수로 재직하였다. 순천에서는 특히 문서활동 중심의 선교사업을 벌이기도 하였다.
30) 듀푸이(Dupuy, Lavalette, 1883~1964)는 미국 노스캐롤라이나에서 출생하여 1912년 교육선교사로 내한하였다. 순천 매산여학교를 개설하였고 군산으로 이전하여 멜볼딘여학교 교장을 역임하였다. 군산에서 농촌전도하여 많은 교회지도자를 배출하였다.

| 〈그림 5〉 남학교 (현재 매산중학교 매산관) | 〈그림 6〉 여학교 (현재 소실) |

| 〈그림 7〉 남학교 기숙사 (현재 소실됨) | 〈그림 8〉 여학교 기숙사 (현재 소실됨) |

ㅇ 병원시설

순천 의료선교의 개척자는 티몬스(H. L. Timmons, 한국명: 김로라)[31] 의사와 그리어(A. L. Greer, 한국명: 기안나)[32] 간호원으로서, 처음 이들의 진료는 1913년 건축사업 감독을 위해 사무실용으로 만든 6자 x 7자 크기의 조그만 판자집에서 부터였다.[33] 그 후 1915년 미국 선교부의 지원으로 35개의 침대를 갖춘 당시로서는 최신식의 현대식 건물의 병원을 완공하고 안력산 병원(Alexander Hospital)을 개원하였다.(그림9 참조) 이 병원은 호남의 5개

---

31) 티몬스(Timmons, Henry Loyola, 1878~1975)는 미국 사우스캐롤라이나 출생으로 의학대학을 졸업한 후 1912년 선교사로 내한, 1913년 전남 순천에 주재하면서 진료소를 통해 의료사업을 전개하였다.
32) 그리어(Greer, Anna Lou)는 1912년 남장로교 선교사로 내한하여 광주, 순천, 군산 등에서 선교활동을 하였다.
33) 대한예수교장로회 순천노회, 앞의 책, 51쪽.

선교부(전주, 군산, 목포, 광주, 순천) 소속 병원 중 가장 큰 성과를 올리며 발전하였다.[34] 후에 병원은 매산고등학교 강당으로 활용되다가 현재는 소실되어 사진 외에 그 흔적을 찾아 볼 수 없다. 당시 병원의 근처에는 전염병 환자실과 간호원 기숙사 등이 같이 놓여 있어 전체 선교부 부지 내에서도 독립된 의료시설 구역을 차지하고 있었다.

〈그림 9〉 안력산병원 (현재 소실됨)

III. Sunchon Compound의 배치구성수법과 공간적 특성

순천선교부에 들어선 건물들의 대략적 스케치는 1929년에 프레스톤 목사가 매곡동 일대를 그린 그림 자료가 남아 있다.[35] 이것은 미국 남장로계 선교본부에 보고하는 Annual Report의 일종으로서, 1910년에 시작하여 20년에 걸쳐 완료한 많은 시설물들의 대략적인 배치를 이해할 수 있다. 본 연구는 이 자료를 통해서 약식 배치도를 구성해 보았다. 즉 매산학교에서 보관하고 있던 당시의 건물관리대장을 입수하여 해방 전 1920~30년대에 작성된 폐쇄지적도의 지번과 비교하여 소실된 건물의 위치를 파악할 수 있었다.

---

34) 김수진, 앞의 책, 435쪽.
35) 등대선교회, 앞의 책, 29쪽.

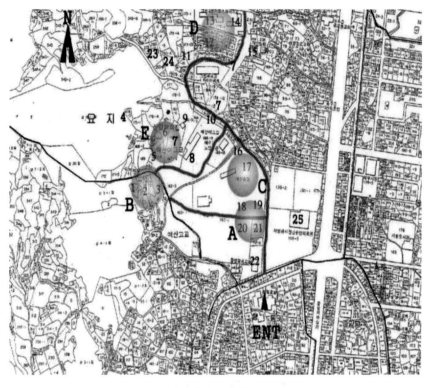

1 전염병 환자실
2 간호사 기숙사
3. 안력산병원 (강당)
4 묘지
5 원가리 목사 주택
6 회국인 학교 (예배당)
7 곡물창고, 차고, 마굿간
8 로저스 의사 주택(매산여고 음악실)
9 고라복 목사 주택(애양원 직원 사택)
10 변요한 목사 주택(매산여고 도서실)
11. 여자 독신자집
12 구례인 목사 주택
13 여학생 기숙사
14 여학교
15 여학생 공장

16 남학생 공장
17 남학교(매산 중 도사관)
18 남자 기숙사
19 음악실
20 (왓트 기념)남자시숙사
21 성격학교 왓트기념관(순천 기독 진료소)
22 순천중앙교회 예배당
23 물탱크
24 냉장실
25 순천 도립 병원(현재 순천의료원)
A구역 - 도입부
B구역 - 의료 공간
C구역 - 남학생 교육 공간
D구역 - 여학생 교육 공간
E구역 - 주거 공간

〈그림 10〉 SUNCHON COMPOUND의 배치개념도

지번이 파악되지 않은 소수의 다른 건물들과 도로 등은 등대선교회의 안기창 목사님과 매산재단 관계자들의 철저한 고증을 거쳐 작성되었다.(그림10 참조)

ㅇ 도입부

이 마을의 입구에는 순천교회가 서 있다.(그림11 참조) 이것은 선교사들뿐만 아니라 일반인들의 신도들의 접근성을 고려한 당연한 결과라고 할 수 있다. 교회를 지나 언덕을 따라 올라가면 와츠기념관과 음악당이 있다.(그림12,13 참조) 와츠기념관은 이 선교부의 재정지원을 했던 와츠를 기념하는 기능을 갖는 대외적 홍보 역할을 했기 때문에 선교부 입구에 놓여진 것이다. 이 기념관은 워낙 넓었기 때문에 선교사들의 숙식 기능을 동시에 갖는 주택의 역할도 했고, 선교사들이 모임을 갖는 회의장의 기능도 함께 했다. 단지 내에서 가장 늦게 건립되었고(1925년), 보통성경학교를 거쳐 고등성경학교로 이용되기도 했다. 음악당은 찬송가는 물론 서구의 음악을 한인들에게 널리 보급하고자 설립된 것으로 학생들은 물론 이웃주민들과 가까운 마을의 입구쪽으로 배치를 하였다.

<그림 11> 당시 순천교회
(소실되고 현재 순천중앙교회)

<그림 12> 와츠기념관
(현재 순천기독진료소)

<그림 13> 음악당
(현재 소실됨)

○ 의료시설구역

현대식 시설을 갖추며 당시 순천에서 가장 높은 건물로 파악된 안력산병원은 입구의 왓츠기념관을 지나 바로 좌측의 연결된 도로에 의해 마을의 공간과 완전히 독립된 구역에 자리 잡았다. 이것 역시 외부인들의 출입이 많음에 따라 단지 내 교육시설과 주거시설의 프라이버시를 침해하지 않기 위하여 배려된 것으로 볼 수 있다. 병원의 좌측으로 간호사들의 기숙사가 있고, 전염병환자실이 있어서 외부와 최대한의 격리를 꾀했다. 이 3동 중 병원이 가장 바깥에 위치하여 외부인들의 동선을 이루는 도로와 단지 내 선교사들의 내부동선을 이루는 도로가 서로 만남으로 동선의 효율성을 도모했다. 현재 의료구역의 3동은 모두 소실되어 없어지고 매산고 기숙사, 일반주택들로 되어 있다.

○ 교육시설구역

왓츠기념관에서 언덕을 계속 올라오면 남학교(현 매산중학교 매산관)가 놓여 있다. 남학생기숙사는 2동이 단지입구 쪽으로 배치되어 있고, 남학생 공장은 학교건물 뒤로 놓여 있다. 이러한 남학생 구역은 단지의 가장 깊숙한 곳에 위치한 여학생 교육구역과 많이 떨어져 있으며, 위치를 단지의 출입구 쪽으로 잡았다. 이것은 서양의 남녀 혼용시설의 자유분방한 교육분위기를 따랐기보다는 우리의 전통적 사상에 따른 남녀 분리의 엄격한 기준을 따랐다고 볼 수 있다. 특히 남학생 구역을 바깥으로 배치한 것은 전통주택에서 보이는 사랑채와 안채와의 관계에서 비롯된 것으로 파악할 수 있다.[36] 따라서 남학생과 여학생구역은 서로 언덕 정상을 경계로 완전히 구

---

36) 학교가 정식으로 인가받기 전, 임시건물에서 있었던 남녀학생에 관한 여러 에피소드 중에서 전통적 사고방식을 가진 순천의 양반을 비롯한 일반인들의 시각과 선교사들의 대책 등은 새로운 건물을 지으면서 이러한 남녀 공간의 분리와 배치수법을 가능케 한다고 볼 수 있다(에피소드에 관한 내용은 김동철, 「매산100년을 돌아보며」, 『매산인』 제9호, 1999.9, 9쪽을 참조할 것).

분된 영역에 있었으므로 학생 간의 교류는 활발히 이루어지지 못하도록 계획하였다. 남녀학교의 부속건물로 각각 공장과 기숙사를 인접하여 배치하였다. 교육시설 중 현재 남아 있는 것은 남학교뿐이다.

ㅇ 주거시설 구역

Sunchon Compound에 표현된 선교사들의 주택은 총 5개 동으로서 이중 현재 남아 있는 것은 3개 동에 불과하다. 프레스톤(변요한) 목사사택(현 매산여고 도서실), 코잇(고라복) 목사사택(현 애양원 직원사택), 로저스(로제서) 의사사택(현 매산여고 음악실), 크레인(구례인) 목사사택(소실), 엉거(J. K. Unger, 한국명: 원가리)[37] 목사사택(소실) 등이 그것이다.(그림14 참조) 현재 남아있는 3개의 선교사 사택들은 내부공간을 약간 변경시킨 것을 제외한다면, 거의 원형의 모습을 가지고 있다고 보여진다. 특히 외관은 원래의 상태대로 보수의 흔적만 있을 뿐 근대건축의 흐름을 파악할 수 있는 중요한 자료로 파악된다.

〈그림 14〉 로제서 의사사택 (현재 매산여고 음악실)	변요한 목사사택 (애양원)	와츠기념관 (현 순천기독진료소)

---

37) 엉거(Unger,James Kelly, 1883~1965)는 1921년 미국 남장로계 선교사로 내한하여 전남 광주선교부에 부임하였다. 1925년 여수 애양원으로 전임되어 순천선교부에 소속되면서 순천 매산남학교에서 성경교사로 있었다.

그 밖에 외국인선교사들의 자녀들의 교육을 위한 외국인학교(현재 애양원 예배당 및 회의실)가 주거구역 안 한중간에 포함되어 있어서 내국인이 이용하는 기타 타 구역과 구별을 하였다. 또한 여자독신자의 집(소실, Single Ladies Home)은 아직 결혼을 하지 않은 병원의 간호사와 학교의 여교사, 그리고 교회의 여선교사들을 위한 주거시설이었다. 특히 여자독신자의 집의 경우 단지 내 가장 깊숙한 곳에 있는 여학생들의 교육구역과 근접한 곳에 위치하여 여성의 영역성을 확보하고 있음을 알 수 있다. 엉거[38]주택과 로저스주택의 경우 의료선교사라는 점 때문에 그 주택의 위치가 병원과 가장 가까운 곳에 두어 병원에서의 응급환자를 빨리 볼 수 있도록 배려하였다.

이러한 주거구역 안에 있는 선교사 주택들과 기타시설들은 전체 선교부에서 가장 조용하고 중심적인 위치에 놓여 있는데, 특히 중심시내를 내려다 볼 수 있는 가장 전망이 좋은 곳에 주택들이 있어서, 조용하고 경치 좋은 언덕위의 집을 선호하는 서양인들의 습성을 그대로 반영하고 있음을 알 수 있다.

○ 기타시설

기타시설로서 선교부에는 5~6개의 창고가 있어서 이곳은 창고의 기능뿐만 아니라 안기창 목사의 증언에 따르면 말을 키우는 마굿간의 역할도 했던 것으로 보여진다. 특히 말은 당시의 교통수단이었을 뿐 아니라 오락용으로 승마 등의 스포츠도 즐겼던 것으로 파악된다. 그밖에 물탱크는 최근 도로 확장 공사를 하면서 엄청난 크기의 당시 물탱크가 발견되었는데, 이것은 중력에 의해 각 주택을 비롯한 각종 시설에 연결되어 샤워실과 화장실 등에 이용되었다고 전해진다. 특히 물탱크는 선교사들이 일제에 의해

---

38) 엉거는 광주 나병원과 여수 애양원 그리고 순천 애양원에서 의사로 시무하여 교육자로서뿐만 아니라 의료선교사로도 활동하였다.

강제 출국을 당한 후, 내국인들이 시내 저지대까지 파이프로 연결하여 계속 이용되었다고 한다. 또한 뒷산 깊숙한 곳에 빙고실을 두었는데 이것은 얼음보관실로서 겨울 내 얼었던 얼음을 오랫동안 보관할 수 있도록 장치를 하였다.

이와 같이 위에서 살펴 본 바와 같이 순천의 선교부 마을은 충분한 재정적 지원 덕분으로 일종의 종합마스터플랜의 성격을 가지고 진행된 대규모 프로젝트 사업이었다. 이것은 미국 남장로계 선교본부에 보고된 바와 같이 한국 최초이자 유일한 선교거점으로 기록될 만큼 건축적 중요성을 가지고 있는 것이다.

선교부 건설에 참여한 공사감독으로는 프레스톤과 스와인하트 등과 같은 외국인선교사들이었으며 시공인부들은 대부분 한국인들이었지만 여기에는 중국인과 일본인의 석공들도 소수 참여하였다. 외장을 형성하는 대부분의 석재는 순천주변의 돌을 직접 운반하여 사용하였고, 타일과 벽돌 등은 현장에서 가마를 만들어 직접 구어서 사용하였다. 국내에서 구할 수 없는 시멘트와 미국산 목재 등은 배를 통해 미국에서 직접 수입하여 사용하였다.

선교부는 크게 도입부와 의료구역, 교육구역, 주거구역 등으로 분류된다. 각 구역은 독특한 공간영역을 가지고 있으며, 천연의 자연지세를 훼손시키지 않고 자연스럽게 이용하여 배치하였다. 도입부에는 외부 일반인들의 접근이 용이한 교회와 기념관 등을 설치하여 기독교 전도와 홍보의 기능을 하는 시설들을 배치하였다. 의료구역은 단지 내 다른 영역과 동선이 겹치지 않도록 마을출입구에서 한쪽으로 배치하여 독립된 영역을 확보하였다. 교육구역은 다시 남학생과 여학생구역으로 나누어 배치하되, 구릉을 경계로 서로 교류를 할 수 없도록 계획하였다. 특히 선교부 출입구인 바깥쪽으로 남학교를 배치하고, 선교부의 가장 깊숙한 안쪽에 여학교를 배치함으로

써 한국전통주택건축의 계획수법에서 보이는 배치법에 영향을 받았다고 볼 수 있는 것이다. 주거구역에 있는 외국인 선교사 주택들은 선교부의 중심적인 위치에 있고 또한 부지 내에서 가장 훌륭한 조망을 갖고 있는 곳이기도 한데, 이것은 서양인들이 언덕위의 집을 선호한다는 그들의 풍습에 따른 것으로 파악된다.

이상과 같은 결과를 얻은 본 연구는 향후 기존 선교사 주택들의 평면의 유형과 외장에서 보이는 근대건축적 특징을 확대연구해야 할 것으로 보인다. 특히 순천을 포함한 광주, 목포, 군산, 전주 등의 호남 5대도시의 선교사들의 활동과 이에 따른 기독교건축의 특성을 비교하여 건축간 상호 영향관계나 건축가들의 활동내역 등을 정리하여 연구하는 것이 앞으로의 과제로 삼아야 할 것이다.

제2부

전남 동부 의료선교와 문화유산

4장

로저스 선교사 활동과 로저스 가옥

임희모

I. 로저스 가옥이 주는 사회문화적 의미 찾기

본 글은 1917년 외과전문의 의료선교사로 내한하여 1940년 11월 16일 일제의 탄압과 미국정부의 철수권고에 따라 한국을 떠난 로저스(James McLean Rogers, MD, 1892~1967) 의사와 가족이 거주한 주택을 근대시기의 국가등록 문화재로 등록하여 보존하기 위한 제안서이다. 이를 위한 본 글은 크게 2방향에서 연구가 되어야 할 것이다. 우선 외형적이고 물리적 공간인 건축물로서 주택인데, 이는 건축전문가가 연구해야 할 사항이다.

다른 방향의 연구는, 이 주택 공간에서 살았던 로저스와 그의 가족들이 가정을 이루고 꿈을 실현한 사회적 공동체적 삶을 연구하는 것이다. 여기에서 로저스라는 한 사람의 인간이 환자들과 동역자들과 관계를 맺고 만든 그의 역사적 정신적 유산들을 정리할 필요가 있다. 즉 본 글은 주택이라는 건축물에 담긴 로저스의 삶의 총체적 내용으로서 오늘날 한국에 전수해야 할 그의 역사적, 의료적, 사회문화적, 정신적 가치를 정리하고 이에 대한 보존 필요성을 논하려는 것이다. 이를 위하여 본 글은 우선 그의 인적사항을 정리하고, 뒤이어 그의 의료 활동의 특징을 분석하고, 이들의 의료적 사회적 가치와 이들의 보전 필요성을 언급할 것이다.

II. 로저스의 인적사항: 의료교육과 의사자격증 취득과 한국 초기 적응

제임스 로저스는 1892년 2월 14일 미국 앨라배마(Alabama)에서 태어나 데이비슨(Davidson) 대학에서 1913년 6월에 과학사(B.S.) 학위를 받았고, 버지니아대학교 의과대학(Medical College of Virginia)을 1917년에 졸업(Doctor of Medicine, M.D.) 하였다. 그는 북 캐럴라이나의 샬럿병원(Hospital in Charlotte)에서 프레슬리 박사(Dr. George W. Presley)의 지도로 레지던트 과정을 마쳐 미국대학외과학회 정회원(F.A.C.S., Fellow of the American College of Surgeons)으로 등록되었다.[1]

한편 로저스는 1917년 6월 12일 로스(Mary Dunn Ross, 1894년 10월 18일생, N. C.의 Charlotte 출신)와 결혼하였다. 로저스부인은 퀸스대학(Queens College)에서 문학사(B.A.)학위를 취득했다. 이들 부부는 2남 1녀의 자녀를 두었고, 그의 장모(Mrs. J. H Ross)가 딸을 방문하여 같이 지냈으나 1927년 4월 5일 사망하여 한국 땅에 묻혔다.

로저스 부부는 1917년 10월 31일에 순천에 도착하였다. 그는 일제의 의료법에 따라 의사면허를 얻기 위해 1918년 9~12월에 일본에서 준비하고 합격했고, 1918년부터 안력산병원의 의료책임을 맡았고, 1920년 한국어 1년차 구두시험과 1921년 필기시험에 합격하여 한국선교회의 정회원이 되었다.

---

1) James McLean Rogers, M. D.; "Mrs. Mary Dunn Ross Rogers; Mrs. J. M. Rogers," *Biographical Information* (Montreat, PHC).

로저스 부인은 1921년에 스프루(Sprue, 만성장흡수부전증)에 걸려 병가와 1922년 안식년을 얻어 1921년 9월에 남편과 함께 미국으로 떠났다. 한편 한국선교회는 로저스에게 스프루 연구를 의뢰했는데 그는 1922년 뉴저지의 저명한 의사 2명과 함께 안식년 기간에 연구하였다. 1923년 2월에 조기 복귀한 그는 이를 1923년 연례회의와 의료위원회에 발표하였다. 로저스 부인은 막내 제임스가 성장하자 1930년부터 와츠여학교(The Watts School for Girls, 후에 순천매산여학교)에서 영어를 가르치고 1931년부터 여학생들의 산업 활동을 도왔다. 일제의 탄압과 미국정부의 철수요구에 따라 로저스부부도 안력산병원을 역사 속으로 남기고 1940년 11월 16일 한국을 떠났다.

III. 안력산병원 원장인 로저스 외과전문의사의 삶

1. 근대시기 로저스의 가옥은 새로운 문명과 문물을 한국인들과 한국사회에 전해주었다

순천 시내에서 바라볼 때 일반 평지보다 약간 높은 위치인 매산 언덕에 우뚝 서있는 선교마을(mission compound)의 2층 양옥벽돌집은 1913~50년 시기 순천시민들에게 큰 호기심을 유발하였다. 당시 한국인들이 거주하는 집은 대개 8자x8자(2,4m x 2,4m) 크기와 넓이로 아주 협소하였고 집의 천정은 낮고 볏짚으로 지붕을 덮고 흙으로 바른 사방 벽으로 둘러싸여 있는 구조이다. 출입문은 1개가 있고 작은 창문 1개가 있었다.

이러한 상황에서 선교사들이 거주하는 2층 벽돌 양옥집은 한국인들에게 커다란 구경거리였고 새로운 문명과 문화를 전해주었다. 하루에 500명도 몰려들어 이 집과 내부와 가구들을 구경하려고 줄을 서서 기다렸다. 이들을 적당한 수로 나누어 한국인 안내자가 기독교 복음을 짧게 전하고 집의 구조와 가구들을 자세하게 설명하고 안내하였다. 이렇듯이 선교사들의 가옥은 호기심 많은 순천 사람들에게 새로운 문명과 문물과 사상(기독교복음)을 접하게 하였다.

안력산병원 바로 옆에 세워진 의사 로저스의 주택도 한국인들에게 근대적 문명전달 역할을 했을 것이다. 2층 벽돌집에서 거주한 로저스는 근대적 병원에서 근무하면서 새로운 의술과 기독교 복음(정신)을 한국인에게 전하고 의료계몽을 통해 새로운 삶의 비전을 보여주었다.

2. 로저스는 안력산병원의 설립정신을 잘 알았고 한국인들을 섬김으로써 존경을 받았다

이 병원은 1902~03년 2개월 동안 군산에서 의료선교사로 활동했던 알렉산더 (Alexander J. A. Alexander)가 건축기금을 1914년에 후원하였다. 이 기금으로 티몬스(Henry L. Timmons) 의사가 정성을 다하여 건축한 이 병원은 30병상의 최신식 병원으로 1916년 3월 1일 공식적으로 개원하였고,[2] 이 병원은 알렉산더기념병원 즉 안력산병원으로 알려졌다. 한옥병원에 이어 이번에 안력산병원을 완공한 티몬스는 너무 많은 에너지를 쏟았고 스프루 병에 걸려 본국으로 11월에 돌아갔고, 1918년부터 로저스가 병원책임을 맡았다.

안력산병원 건축에는 그리스도의 섬김 정신과 환자치료와 생명살림의 정신이 배어있다. 기부자 알렉산더의 섬김의 정신, 건축자 티몬스의 희생(스프루 병 감염)과 환자치료와 생명살림, 또한 한국선교회가 행한 티몬스의 회복을 위한 휴가보내기 등은 아름다운 섬김과 생명살림의 정신을 꽃피운 역사적 사건을 만들었다. 이를 간직한 안력산병원은 순천에 터를 둔 근

---

2) 「슌텬에[순천] 미슌병원 락셩[낙성]」, 『기독신보』, 1916년 3월 22일; H. L. Timmons, "The Opening of Alexander Hospital, Soonchun, Korea", *The Missionary Survey*, July 1916. p.502.

대적 기독병원으로서 가난한 자들을 그리스도의 복음으로 섬기고 근대적 의료기술과 자비 정신으로 환자를 치료하고 생명을 회복하려는 선교병원의 역할을 행하였다. 로저스는 이러한 안력산병원 건축 과정에서 형성된 사람 섬김과 환자치료와 생명살림의 정신을 잃지 않았다. 그는 1920년에 안력산병원을 새로운 개념의 선교병원으로 발전시키려는 비전을 가졌다.

3. 로저스의 안력산병원은 자선적 무료 치료 비전을 구상하고 실현하였다

주민들의 극심한 가난 상황에서 순천선교부 선교사들에게 자주 질병이 찾아들었다. 코잇 가족의 사망은 널리 알려졌고, 순천의 첫 의사인 티몬스도 1916년 11월 스프루로 인해 병가를 냈고, 1918년 가을부터 인플루엔자가 유행했고, 1920년 8월부터 콜레라와 천연두가 전국적으로 유행하였고, 로저스 부인도 스프루 병으로 반평생을 심하게 앓았다.[3] 이러한 가난과 질병 상황에서 로저스는 다음과 같은 의료 정책을 확정하였다.[4]

"우리는 병원비를 지불할 돈이 없는 가난한 내원환자 누구도 돌려보내서는 안 되는 규정을 만들었다. 재정사정이 좋지 않음에도 불구하고 우리는 무료 환자로 여길 수 있는 수많은 사람들을 치료한다. 한국의 일용근로자들은 정말이지 하루 벌어 겨우 하루를 생존한다. 좀 더 나쁜 경우, 이들은 병이 들면 수입이 끊기고 그러면 이들은 굶주리고 병이 들어 [병원 문턱도 밟아보지 못하고] 죽는다. 집은커녕 방 한 칸도 없이 심하게 중병을 앓는 수많은 한국인들을 우리가 치료한다. 병원 접근을 할 수 없다면 이 불행한 사람들은 길바닥에 나앉아서 [운이 좋으면] 살아나거나 아니면 죽는다. 좀 더 운이 좋은 사람은, 차가운 방에 누어서 더 이상

---

3) J. M. Rogers, *Report of J. M. Rogers, M. D. to Soonchun Station, c[C]overing r[R]eport for Alexander Hospital, for 1920-1921.* p.1.

4) J. M. Rogers, *Extracts from Report of to Soonchun Station, c[C]overing r[R]eport for Alexander Hospital, for 1920-1921.* Received at Nashville, Tennessee, August, 1921. p.1.

먹을 음식도 없고 온기를 유지할 수도 없지만 [병원에서 진료를 받는] 경우다." (밑줄은 필자가 강조한 것임)

로저스의 자선적 의료병원 운영은 가난한 농촌사회의 질병상황에서 기획되었다. 그는 다른 선교병원과 구별되는 내원환자들의 60% 이상에게 자선적 무료 치료를 하였다.

4. 로저스는 선교병원으로서 안력산병원의 주체적 자립을 실현하였다

무료 진료 비율이 60%가 되는 상황에서 로저스의 안력산병원은 1927년까지 적자 상태가 심하였다. 이 정책을 시행하는 과정에서 1924년 안력산의료공동체가 분열되기도 했다.[5] 한국인 저임금 보조간호사들이 동맹파업을 2일 동안 일으켰으나 곧 중재되었다. 병원당국의 공동체적 접근과 저임금 한국인들의 개인적 접근 사이에 갈등이 일어났고 파업에 이르렀다. 그러나 이를 계기로 안력산병원 공동체는 한걸음 더 발전하였다.

1928년도 안력산병원은 적자에서 벗어났다. 수입과 지출을 보고한 자료를 검토하면,[6] 1) 병원부문에서 1,091명이 13,275일을 입원했고, 이 중 61%인 8,084일을 자선적 무료 치료를 했다. 병원은 하루 평균 35센트를 받아 5,181.35달러의 수익을 올렸다. 489명의 환자는 전신마취수술을 했고, 신생아 42명이 출생했고, 환자 중에서 59명이 사망하였다. 2) 진료소 부문에서는 4,145명에게 10,820회의 진료를 했고 이 중 52%인 5,426회는 자선 진료였고 총액 2,949.63달러의 수익을 올렸다. 3) 병원과 진료소의 결합 부문인 국부마취수술 환자는 1,218명으로 1,945달러의 수익을 얻었다. 한국선교회는

---

5) 임희모, 「제임스 로저스(James Rogers, M.D.)의 자선적 의료선교 연구」, 『장신논단』 54-1, 2022.3, 178~179쪽.

6) J. M. Rogers, *Annual Report for Alexander Hospital Soonchun, Chosen, Korea.* [1927.4.1.-1928.3.31.]

308,56달러를 지원했는데 이는 총수입의 3% 정도가 된다. 병원과 진료소 수익을 더하면 총수익금은 10,390,74달러였다.

한편 지출내역은 봉급(한국인의사, 보조인, 간호사) 4,673,92달러, 약품 2,341,73달러, 식비 1,309,45달러, 잡비 831,98달러, 연료비 1,150,45달러로 총 지출액 10,307,98달러였다. 1928년 순천선교부의 수입과 지출의 차익은 77달러였고 이는 다음 해 예산으로 이월되었다.

5. 로저스는 안력산병원을 확장하고 인술을 펼쳐 국내·외적으로 명성을 떨쳤다

1927년부터 몰려드는 환자들을 수용하기 위하여 1930년 로저스는 안력산병원에 임시가건물을 설치했고, 이듬해부터 병원 증축(80~100병상)을 시작했고 1933년에 완료하였다. 60% 이상 무료로 치료함으로써 빈민 병자를 환영하는 안력산병원의 자선적 무료 치료가 널리 알려지자 국내언론들이 이를 대서특필하기 시작하였다.

대표적인 기사 몇 개를 살피면 다음과 같다. "安力山病院 增築과 三醫師의 功績: 朝鮮無産者의 도움이 만타,"『中央日報』(1932년 12월 30일자); "安力山病院 無料診察,"『동아일보』(1933년 11월 11일); "無産者의 醫療機關, 順天安力山病院, 20년來 多大한 功績을 싸흔[쌓은] 三醫師 獻身的 努力,"『朝鮮中央日報』(1935년 4월 11일자); 一記者, "順天安力山病院과 切獻 많은 四醫師,"『湖南評論』(1935년 12호), 46 등이다. 여기에 언급되는 의사 3인 혹은 4인은 로저스 의사를 비롯하여 그가 가르쳐 동역자가 된 정민기, 윤병서, 김용섭 등이다.

또한 외국의 의사들이 안력산병원의 명성을 듣고 로저스를 방문했다. 1927년에 보멜도르프(G. R. Womeldorf)라는 의사가 안력산병원을 방문하였고,[7] 1939년 여름에는 런던의 의사인 프라이스(Willard Price) 박사가 로저스

의사와 동행하여 순천에서 70마일(112Km) 떨어진 오지마을의 환자 치료를 관찰하고 로저스의 탁월한 의료시술 능력을 놀라워했다.[8]

6. 로저스는 한국인들을 의사로 교육·훈련하여 의료인재들을 지역사회로 배출했다

로저스 원장은 안력산병원에서 필요한 의사, 의료보조인, 간호사 및 직원 등을 자체적으로 교육하여 활용하였다. 특히 한국인 의사 3명은 유명하였다. 정민기는 1913년 티몬스의 어학선생으로 병원과 연을 맺어 병원 내에서 의학과 의술을 배워 의사가 되었다. 로저스는 그를 의료조사로 그리고 의사로 교육하고 훈련하여 진료소 의사로 배치하였다. 정민기는 무료로 혹은 값싸게 진료하고 약을 처방하는 한국인 의사로 소문이 나면서 한국인들의 신망을 얻었다. 이로 인하여 그는 안력산병원의 의사라는 신분으로 순천유치원 원장으로 활동하였다.[9] 특히 그의 병원근무25주년을 맞아 로저스와 순천 지역유지들이 1938년 2월 3일 순천중앙교회당에서 성대하게 잔치를 베풀었다. 로저스가 사회를 보았고, 유지들이 서로 경쟁적으로 축사를 했고, 그의 공적을 기리는 기념비를 세우기 위한 발기인회가 조직되었다. 이 잔치는 순천에서 처음 보는 큰 잔치였다고 보도했다.[10]

1930년에 합류한 윤병서는 안력산병원이 확장되고 무산자 병원으로 명성을 떨칠 때 거론된 의사 3인 중 1인이다.(로저스, 정민기, 윤병서) 뒤늦게 합류한 김용식은 세브란스 의전 학생이던 때부터 로저스에게서 훈련을 받았

---

7) G. R. Womeldorf, "The 'Jesus Hospital' at Soonchun", *The Presbyterian Survey*, Oct. 1927. pp.613-614.

8) Willard Price, "A Doctor of Korea", *The Presbyterian Survey*, Oct. 1940. pp.465-467.

9) 「順天幼稚園擴張(순천유치원확장)」, 『동아일보』 1934년 04월 11일.

10) 「鄭醫師記念式(정의사기념식)」, 『동아일보』, 1938년 02월 08일.

고 무산자병원의 의사 4인에 언급되었다. 김용식은 세전 졸업자로서 안력산병원에서 6년간 훈련을 받았고 벌교에서 순천병원을 개업하여 혜성처럼 떠오른 지역유명인사가 되었다.[11] 1939년에는 장로인 김씨와 임씨 성의 두 신입의사들이 로저스와 동역하였다.[12]

7. 로저스는 근대의료를 행하고 의료계몽을 실시하여 지역의 고질적 의료관행을 바꾸었다

1922년 한국농촌 사회의 질병치료에 대한 로저스의 보고에 의하면, 정신병 여인에게 붙은 악령을 쫓아내기 위하여 그녀의 두 손을 묶고 엄지를 뜨거운 다리미로 지지다가 나중에는 손가락을 몇 개 잘린 여성 환자, 소화불량에 걸린 환자에게 민간치료사가 쟁기 날의 조각 등 쇠 종류의 부스러기 등을 먹여 위에서 3파운드2온스(=1.42Kg) 무게의 쇠 조각들을 꺼낸 환자, 침술사가 소독하지 않은 대침을 골절된 발목에 찔렀는데 관절이 오염되고 썩어 결국 무릎 위를 절단하여 생명을 구한 14살 소년, 1살이 되지 않은 아이가 순무 조각을 삼켜 복통으로 울자 침을 놓았는데 잘못하여 왼쪽 눈동자가 찔린 사례 등이다.[13]

1940년에 로저스는 영국에서 방문한 의사 프라이스(Willard Price) 박사와 함께 무당의 축귀 현장을 참관하였다.[14] 마을주민이 아파서 무당을 찾아가면 무당은 의례히 굿을 하고 축귀 행위를 했다. 무당이 환자를 고치지 못하자 로저스가 나서서 주민들과 무당이 지켜보는 가운데 환자를 진찰하여 치료하고 몇 사람은 병원으로 데려와 수술하였다. 정신병자, 위가 팽창한 환

---

11) 「各(각)◇界(계)◇의◇重(중)◇鎭(진)」, 『조선일보』 1937년 08월 05일.

12) James M. Rogers, *Dear Friends. Alexander Hospital Soonchun*, Nov. 18, 1939.

13) J. M Rogers, "Medical Work in Korea", *The Missionary Survey*, Aug. 1922. pp.596-598.

14) Willard Price, "A Doctor of Korea", pp.465-467.

자, 독사에 물린 남자, 산모의 아이출산, 눈동자를 침으로 2번이나 찔려 왼쪽 눈에 주먹크기의 고름이 든 아이환자, 뜸 치료 중 몸에 화상을 입은 소녀를 치료하였다.

여기에서 로저스는 무당에 의존하여 병을 고치려는 전통적이고 인습적인 치료방식의 무지와 위험성에 대하여 주민들을 깨우치고 합리적인 근대적 의료방식을 선보이고 실행하였다. 그는 병원에서나 농촌에서나 환자와 주민들에게 늘 의료 계몽을 행하였다.

8. 로저스는 안력산병원을 통하여 지역사회의 여러 복지활동을 지원하였다

가난한 환자들을 안력산병원은 무료로 먹이고 재우고 치료하는 의료 사회복지기관의 역할을 하였다. 당시 복지라는 말을 사용하지는 않았지만 안력산병원은 병든 응급환자를 구제하고 지역사람들의 행복을 높이는 삶을 살게 하는 활동과 시설로서 오늘날 병원복지기관이었다.

로저스는 안력산병원 혹은 의사들과 직원들을 통해 지역사회의 기관이나 활동을 돕는 등 복지활동을 지원하였다. 대표적 예가 순천유치원과 관련한 아동복지 활동인데 안력산병원의 의사인 정민기가 원장으로 피선되었다. 이를 통해 안력산병원은 아동들의 건강검진을 무료로 실시했고 건강한 삶을 살도록 지원하였다. 이와 같이 안력산병원은 지역사회의 현안 문제인 주민들의 행복을 위하여 무료로 치료하고 보건과 위생의 질을 높이는 복지활동을 하였다.

황두연은 신앙생활의 여명기에 로저스의 안력산병원 서무과장과 순천유치원의 회계를 맡았다. 그는 로저스가 가난한 자와 병든 자를 언제나 환영했고 병든 자가 고침을 받고 돌아 갈 때 돈이 없다고 하면 자기 차로 데려다 주기도 하고 돈을 주어 보냈다고 증언했다.[15] 황두연은 순천중앙교회 장로와 순천기독청년회 회장을 역임하였고, 1940년 신사참배 반대에 앞장

섰고, 해방이후 제헌의원으로 정치활동도 하였다.

김영진 전도사는 1919년부터 안력산병원의 종사자들의 근무시작 전 예배를 인도하고 설교를 했고, 환자들을 심방하고 기도하였다. 그는 원래 부유한 서울 상인으로서 딸만 둘을 낳은 본처 이외에 아들을 얻기 위하여 첩을 두었다. 그러나 기독교 복음을 접하고 신실한 기독교인으로 살기 위하여 첩을 내보내고 본처와 살았다. 그의 신앙을 높이 평가한 한국선교회는 그를 전도자로 특별대우하고 연봉을 지급하였다. 그는 당시 유교적 봉건사회의 인습을 깨뜨린 높은 윤리와 정신을 지니고 근대사회를 지향하여 모범적 가정생활을 영위하였다.

9. 로저스는 한국인들을 사랑하고 존중하였고, 한국인들은 그를 '작은 예수'라고 불렀다

로저스는 근본적으로 인간을 사랑하고 존중하는 마음을 가졌고 서구 선교사들이 곧잘 빠져들었던 자민족·자문화중심주의에서 벗어나 있었다. 그는 병든 환자들을 사랑으로 섬겼고 사람의 주검도 함부로 취급해서는 안 된다는 생각을 가졌다. 1926년에 폐렴에 걸린 어느 무희가 병원에서 사망하자, 일꾼들이 그녀의 주검을 죽은 개를 묻듯이 땅속에 파묻자 로저스는 영혼을 가진 인간을 그렇게 취급해서는 안 된다고 하면서 무척 안타까워했다.[16] 로저스는 자기 왼팔의 상완골 파괴로 생긴 흐물흐물한 팔을 이용하여 기괴한 행동을 스스럼없이 드러내는 놀이를 통해 한국인들과 어린들에게 즐거움을 주었다. 또한 그는 당시 험한 도로 상태에서 자동차로 2시간 이상이 걸리는 70마일(112Km)이 넘는 오지에 환자가 있어도 기꺼이 그를

---

15) 황두연, 『자기 십자가를 지고 따르라』, 목회자료사, 1994, 33~35쪽.

16) J. M. Rogers, *Report for Alexander Hospital, Soonchun, Chosen, for 1926-27*, Nashville. Tenn. August. 1927. p.2.

병원으로 이송하고 치료하였다.

　로저스는 한국인들과 깊게 공감하였다. 긍휼지심으로 그는 그리스도를 전하고 사람을 구제하는 일에 헌신하였다. 그에게 의료사역은 그리스도를 전하는 행위였다. 한국인들은 그를 '작은 예수'로 불렀는데, 그의 삶에서 예수 그리스도의 섬김의 모습을 보았던 것이다. 로저스의 인간존중 정신은 의사 정민기의 근무25주년기념행사를 성대하게 주관함에서도 드러난다. 자기가 훈련하여 길러낸 제자인 한국인의사를 치켜세운 정신은 남을 귀하게 섬기는 그의 인간성에서 나왔다. 그는 가난한 환자들을 수술할 때 첫사랑의 마음으로 행하였다.[17]

　로저스의 빈자 사랑의 덕성과 공감능력과 인간존중, 간호사 그리어(Anna L. Greer, 1917~1927)의 세심한 병원관리, 썸(Thelma B. Thumm, 1930~31)의 열정, 휴슨(Georgiana F. Hewson, 1931~1940)의 간호사 훈련, 이들에 더하여 한국인 종사자들 모두가 협력하는 정신이 어우러져 자선적 안력산병원의 섬김의 성공 스토리가 이루어진 것이다.

Ⅳ. 로저스 가옥의 역사적 유산의 가치와 보전의 중요성

　로저스 원장의 삶이 이루어진 물리적 공간으로서 그의 주택은 한국인과 가난한 환자 사랑과 무료 치료로 인하여 보존 가치를 충분히 가지고 있다. 크게 3부분에서 고찰할 수 있다.

　첫째, 로저스 가옥은 근대시기에 건축된 주거용 건물로서 스스로 역사적, 문화적, 건축학적 가치를 지닌다. 둘째, 이 건물의 자체 존립목적이 실현되었다. 이는 주택의 주인인 로저스가 설립정신을 이해하여 한국인 섬김과

---

17) J. F. Preston, "A Close-up View of the Medical Missionary", *Korea Mission Field*, July 1936. p.141.

환자치료와 생명살림을 수행하였고, 또한 주체적 자립정신을 실질적으로 행하였고, 설립자가 국내외적으로 명성을 떨쳐 존재목적을 확산하였다. 셋째, 이 주택의 로저스는 전남 동부 지역의 의료발전을 위하여 우수한 의료인재들을 배출하였고, 인습적인 의료악습을 폐지하는 의료계몽을 실천하였고, 사회복지 활동에 참여하였다.

결론으로 순천 지역사회와 의료 발전을 위하여 로저스는 그의 인품과 덕성을 통해 한국인 존중과 가난하고 병든 자를 사랑함으로써 로저스 가옥의 역사적 가치를 국가등록 문화재 차원으로 높였고, 만인의 행복을 위하여 이를 보전하고 널리 홍보할 가치가 충분하다.

5장

인휴 선교사와 순천결핵요양원

송현강

I. 순천결핵요양원의 내력

1. 남장로회의 전남 지역 의료선교

전남 의료 선교의 기원은 버지니아의대 출신의 클레멘트 오웬(Clement C. Owen)이었다. 1898년 11월 목포에 도착한 그는 이듬해인 1899년 여름 진료소를 열고 본격적으로 환자들을 맞았다. 오웬의 의료사역은 목포교회 성장의 기폭제가 되었다. 예를 들어 당시 40세 전후의 김윤수는 연로한 어머니의 아픈 손을 치료하고자 오웬의 진료소에 왔다가 전도를 받았다. 얼마후에 그는 세례를 받고 싶다고 말했다. 그러나 그가 술도가를 운영하고 있는 것이 문제가 되었다. 그래서 학습도 받지 못하고 대기하라는 권유를 받았다. 하지만 그는 낙심하지 않고 술도가를 처분한 후 학습반에 들어와 결국 세 번의 시도 끝에 세례를 받았다. 김윤수의 부인과 어머니, 장모도 동반 개종하여 기독교가정의 모범이 되었고, 이후 광주교회의 장로로 시무하였다.1) 이렇듯 1910년 이전 전라도의 서양 의료 사업은 남장로회의 독점적 영역이었다. 지역민들은 근대 의학의 필요성을 느끼고 있었다.

이후 목포에는 놀런(Joseph W. Nolan),2) 버드먼(Ferdinand H. Birdman),3) 포사이드(Wiley H. Forsythe), 하딩(Maynard C. Harding), 리딩햄(Roy S. Leadingham), 길머(William P. Gilmer), 홀리스터(William Hollister) 등이 부임하였는데, 그 중 포사이드는 목포의 길거리를 오르내리며 한 손으로는 전도지를, 다른 한 손으로는 약을 나누어 주어 한국인들의 전설이 되었다. 1914년 목포진료소는 화재로 전소되어 약과 장비를 건지지 못했고, 환자들은 구출되었으나 직원 1명이 사망하였다. 그 2년 뒤인 1916년 목포병원은 새로운 건물을 지었다.4)

광주에서의 의료사역은 1905년 가을 놀런에 의해 시작되어,5) 1907년 윌슨(Robert M. Wilson)이 이를 계승하였다.6) 1909년 적당한 진료소 건물이 세워졌지만 밀려드는 환자들로 인해 금세 포화 상태가 되었다. 수술한 환자들이 더러운 마루에 방치되었고, 감염의 위험이 잇따랐다. 그럼에도 윌슨은 1910년 9,900명의 환자를 진료하고, 175명을 수술하였다. 1912년 건축된 윌슨의 광주병원은 3층 벽돌건물로 50개의 병상을 갖춘 최신식 의료시설이었다.7)

---

1) George T. Brown, *Mission to Korea*, Board of World Missions Presbyterian Church U. S, 1962, 49.

2) M. C. Wiley to Mrs. Daniel, Jan. 26, 1905, *Personal Reports of Presbyterian Church U. S. in Korea Missionary* 4, 한국교회사문헌연구원, 1993.

3) Mrs. Daniel to Mother, Feb. 16, 1908, *Personal Reports of Presbyterian Church U. S. in Korea Missionary* 4.

4) George T. Brown, *Mission to Korea*, 103.

5) Mrs. Daniel to Mother, May 17, 1906, *Personal Reports of Presbyterian Church U. S. in Korea Missionary* 4.

6) Daniel to Mother, May 24, 1908, *Personal Reports of Presbyterian Church U. S. in Korea Missionary* 4.

윌슨은 소화불량으로 고통받고 있는 무당을 수술하여 10인치가 넘는 막대기를 빼내기도 했다.[8] 당시 그의 하루 진료활동을 보면 아침 8시 간호사들과 기도, 8시 30분 병동에서 직원들과 기도, 식당과 시설 점검, 신축 건물 방문 이후 오전에 환자 진료, 점심식사 후 수술실에서 갑상선 종양, 두경부 종양, 안과 질환에 대한 수술 진행 등으로 바쁘게 이어졌다.[9]

이 시기 치과의사인 레비(James K. Levie)는 광주병원의 진가를 더했다. 그전까지 전문적 치과 시술은 서울이나 일본에서만 받을 수 있었기 때문이다. 특히 선교사들이 그의 치과 의료의 최대 수혜자였다. 레비는 첫 해에만 선교사의 충치 58개를 뽑았다. 여자사경회 기간은 참가 여성들에게 있어서 발치의 기회가 되었다. 간호사 프리차드(Margaret F. Prichard)는 레비가 두 시간 만에 189개의 이를 뺐다고 증언한다. 이에 그치지 않고 레비는 광주의 다른 선교사들의 지역 순회 일정에 동반하여 시골을 다니며 '발치 여행'(tooth-pulling tours)을 했다.[10]

1933년 10월 광주병원의 본관 건물이 화재로 모두 불에 탔다. 프리차드, 레비, 브랜드(Louis C. Brand)와 직원들은 환자들을 옮기고 장비를 구하기 위해 밤늦게까지 애를 썼다. 그러나 거의 모든 약품과 중요한 의료 장비, 절반의 침대가 소실되었다. 하지만 다음날 저녁부터 브랜드는 화재 현장에서 건져낸 도구와 자가제작한 램프를 켜고 응급수술을 집도하였다. 광주의 교인들은 재건축을 위한 모금에 착수하였다. 또 여기에 선교본부에서 보내온 돈과 보험금을 합한 2,000불로 곧 새로운 병원 건물 공사에 착수하였다. 브랜드의 꿈은 광주병원을 결핵 환자의 요양시설로 만드는 것이었다. 그래서 여러 개의 병동이 결핵환자를 위해 만들어졌다. 브랜드는 1938년 3월 1일

---

7) George T. Brown, *Mission to Korea*, 71쪽.
8) George T. Brown, *Mission to Korea*, 102쪽.
9) George T. Brown, *Mission to Korea*, 127~128쪽.
10) George T. Brown, *Mission to Korea*, 128쪽.

사망하였다.[11]

순천에서의 의료사업은 의사 티몬스(Henry L. Timmons)와 간호사 그리어(Anna L. Greer)에 의해 작은 집에서 출발하였다. 거기서 6개월 동안 아픈 이들과 고통받는 자들이 진료를 받았다. 좁은 공간이었지만 티몬스는 온갖 수술을 다했다. 진료소에 들어오는 새로운 환자들은 수술 받고 누워있는 이들을 사이사이로 피해 들어올 수밖에 없었다. 이런 상황에서도 처음 7개월 동안 3,814명이 진료를, 67명이 수술을 받았다. 35개의 입원실을 가진 순천알렉산더병원은 1915년 완공되었다.[12]

1930년대 순천병원은 의사 로저스(James M. Rogers)의 사역에 힘입어 한국에서 두 번째로 큰 선교의료기관이 되었다. 1940년 순천을 방문한 영국인 프라이스(Willard Price)는 위대한 외과의사 로저스를 '특이한 사람'으로 기억한다. 그때 로저스는 도움을 요청하는 전갈을 받고 밤중에 침수되어 위험한 길을 70마일이나 달려가서 환자를 수술했다. 그리고 그 수술은 성공적이었다.[13]

2. 순천결핵요양원 설립과 운영

순천결핵요양원의 모체인 순천결핵병원은 위의 순천알렉산더병원의 추억 그리고 광주기독병원의 지원과 영향력의 연장선 위에 서있다. 순천선교부는 미국 남장로회가 1913년 전남 동부 지역 선교를 위해 설치한 43,000평 면적의 대규모 선교기지로, 그 구내에는 선교사 사택과 병원 건물, 여학교와 남학교, 기숙사, 예배당이 집중 조성되어 있었다.[14]

---

11) George T. Brown, *Mission to Korea*, 145~146쪽.

12) George T. Brown, *Mission to Korea*, 101~102쪽.

13) George T. Brown, *Mission to Korea*, 145쪽.

14) Rev. Donald W. Richardson, D. D., "In Memorium Robert Thornwell Coit, D. D.," 1932, 757쪽.

1952년 12월 선교본부로부터 선교사 지명을 받은 로이스 린튼 부부는, 1954년 4월 입국하여 그해 5월에 열린 선교부 연례회의에서 순천의 사역자로 임명받았다. 순천은 이렇게 그들 앞으로 다가왔고, 그 인연은 평생 계속되었다.[15] 부임 직후 휴는 순천 동부 지역 순회전도와 고등성경학교 강사로 활동을 시작하였고, 로이스는 한국어를 공부하면서 순천중앙교회 지원에 나섰다.[16]

한편 1951년 내한한 의료선교사 코딩턴(Herbert A. Codington)에 의해 다시 시작된 광주기독병원은, 일제강점기 브랜드 원장의 결핵사업 중시 정책을 계승하여 이를 더욱 강화한다는 선교전략을 채택하였다. 결핵은 1953년 현재 한국인들의 생명을 앗아가는 제1위의 질병이었다. 전체 사망자 36만 명 가운데 약 8만 명(22%)이 그로 인해 목숨을 잃었다. 이에 대응하여 1955년 기독병원은 결핵환자들만을 위한 전문병동을 새로 지으면서 본격적인 결핵퇴치에 나섰다. 그리하여 병상 수를 200석(기존 75석)으로 늘렸고, 간호사용 기숙사 건축과 대형 엑스레이기기의 신속한 도입도 추진되었다. 1961년 병원이 환자를 돌본 날수는 62,071일이었는데, 그중 28,000일은 완전히 무료였고, 30,000일은 일부 면제였다.[17] 그리고 이토록 선 굵게 시작한 코딩턴의 결핵사업은 곧 순천의 로이스 린튼을 움직이게끔 만들었다.

1960년 광주기독병원에서 진료받던 순천의 결핵환자 몇 사람이 연락 두절인 채로 내원하지 않게 되었다. 병원 측은 로이스 린튼 부부에게 그들을 수소문해달라는 부탁을 받게 되었다. 당시 로이스는 순천 지역의 순회전도자로 활동하던 휴를 따라서 지역 곳곳을 다니고 있었으므로 병원의 요청은 그리 어려운 일은 아니었다. 그래서 추적한 결과 산골짜기의 23살 젊은 결핵 환자는 이미 중증의 악화된 상태에 놓여 있었다. 교통비가 없었기에 광

---

15) *Minutes of Annual Meeting of the Southern Presbyterian Mission*, 1954.

16) *Minutes of Annual Meeting of the Southern Presbyterian Mission*, 1960, 1961.

17) George T. Brown, *Mission to Korea*, 215~216쪽.

주로 갈 엄두를 내지 못한 채 그저 하염없이 신음하고 있었던 것이다. 그의 가족 역시 구호는커녕 자신들도 결핵에 전염되어 연쇄적인 고통을 받고 있었다. 그런데 이러한 사례가 또 있을까 싶어 자세히 점검해보니 유사한 경우가 속출하였다. 몇 해 전 로이스의 아들 세 명도 결핵에 걸려 모두 고생하지 않았던가. 우선 순천 지역의 결핵환자들을 광주기독병원과 지속적으로 이어줄 연락 담당자가 필요했다. 그 일을 자원해서 맡은 이가 바로 로이스였다. 자신 외에 그 어떤 다른 대안이 없었다. 일평생에 걸친 그의 결핵 구호사업이 시작되는 순간이었다. 그리고 1년이 지난 1961년부터는 순천의 선교 구내에 방1칸을 마련하여 그곳에 모인 환자들을 관리하기 시작했다. 즉 광주의 담당 의료진 방문일에 맞추어 환자들을 모이게 한 다음 진료가 끝나면 다시 귀가를 돕는 일을 계속하였던 것이다. 이른바 집합진료였다. 그때 광주기독병원의 역점사업 가운데 하나가 바로 가정방문을 통한 결핵 치료였기에 가능한 일이었다.[18]

순천 선교사 로이스의 이와 같은 임시적 결핵환자 지원 사역이 제도화의 길을 걷게 된 계기는 1962년의 임인년 대홍수로 인한 심각한 재난 상황 때문이었다. 8월 27일 이른 저녁에 시작된 폭우는 다음날 새벽부터 순천 곳곳을 침수시키면서 물난리의 참담함으로 급변하였다. 더구나 도시 북쪽의 산정저수지가 터져 엄청난 양의 물이 동의동 일대를 지나 시가지를 덮쳤다. 시내의 2/3가량이 물에 잠긴 채 그날에만 30명이 숨졌다. 수마로 인해 가족 대부분이 사망한 집도 나왔다. 최종 집계는 더욱 비참하였다. 이 홍수로 224명이 숨졌고, 13,964명이 삶의 터전을 졸지에 잃고 이재민이 되었다. 근대 순천에서 유례를 찾아볼 수 없는 기억하기 싫은 최악의 재난이었다. 수재민들은 두 달 동안 고생하다가 11월 초에 가서야 그들을 위해 마련된 벽

---

18) 김형균, 「순천지역 의료선교에 대한 연구—선교사 인애자의 결핵사업을 중심으로」, 장로회신학대학교 신학대학원 석사학위 논문, 2010, 31쪽.

돌집에 거처를 마련할 수 있었다. 남장로회 선교본부와 기독교세계봉사회(Christian World Service)의 구호 물품이 순천에 답지한 것도 바로 이때의 일이었다.[19]

임인년 순천 대홍수는 결핵사업에 대한 로이스의 자세를 한층 진일보시켰다. 홍수 뒤에 순천의 이재민들 사이에서 결핵이 급속도로 번져 상황이 걷잡을 수 없이 절박해졌기 때문이다. 이제 결핵환자들을 모아놓고 단순히 진료를 주선하는 정도의 접근으로는 해결될 수 없는 지경에 이르렀던 것이다. 로이스는 자신을 간절히 찾는 지역사회의 요청에 응답해야만 했다. 자신들의 문명적 이기를 적절히 사용하여 지금 힘들고 어려운 한국인들의 부담과 고통을 덜어주는 구제 사역은 그 선교 활동의 지극히 고전적이고 1차적인 영역에 속하는 일이었다. 1895년 6월 만주의 일본 군대에서 시작된 콜레라(을미콜레라)가 의주, 평양, 원산 그리고 서울을 강타하여 수천 명의 사망자가 발생했을 때, 콜레라위원회를 조직하고 동대문과 서대문에 피병원을 세워 최초의 근대적인 방역과 구호활동의 중심에 섰던 이들은 바로 선교사 집단이었다. 로이스 부부의 대선배 선교사라고 할 수 있는 남장로회의 전킨과 의사 알레산드로 드류(Alessandro D. Drew, 1894년 내한)는 바로 이때 한여름의 더위를 피해 관악산 자락의 한 사찰(삼성산 삼막사)에서 지내던 중 다른 선교사들의 긴급 연락을 받고 서울 도심으로 달려가 전염병 확산 방지에 동참했던 것이다. 8월 8일 하루 동안 서울의 두 곳에서만 22명과 50명이 목숨을 잃는 등 상황이 자못 심각했던 시기였다. 전킨은 후에 조선의 국왕 고종으로부터 구호 활동의 공로를 인정받아 자신의 이름이 새겨진 선물(잉크스탠드와 적십자 장식 방석)을 하사받았다.[20] 휴 린튼은 선교부의 전승을 통해 이러한 사실들을 잘 알고 있었으리라 짐작된다. 피선교

19) 보이열(Elmer P. Boyer),『한국 오지에 내 삶을 불태우며』, 개혁주의신행협회, 2004, 103쪽.
20) W. M. Junkin, Korean Notes, *The Missionary*(May. 1896), 224쪽.

지를 문명화시키려는 기독교의 힘이 계속해서 한국인들의 가능성을 추동할 것이라는 초기 선교사들의 확신이 그의 행위를 통해서도 여전히 지속되고 있음을 본다. '조선의 가장 큰 비극은 질병'이라는 선교 초기 담론은, 그 유형을 조금 달리했을 뿐 최소한 1960년대까지 유효한 선교사들의 과업이었다. 그리고 그것의 핵심은 서구 의료체계의 확산에 있었다.[21] 로이스 린튼 부부의 눈에 비친 1960년대의 한국인들 – 순천의 지역민들은 아직 조금 더 기독교화되고 근대화될 필요성과 당위성을 갖추고 있었다.

임인 대홍수 이후 먼저 급증한 결핵환자들을 수용하기 위한 공간이 필요했다. 로이스는 우선 선교 구내에 있는 약 30평의 건물 1채를 확보했다. 그리고 1963년 선교부는 순천에서의 결핵 구호 사업의 필요성을 간파하고, 로이스를 책임자로 지명하여 그 운영을 맡긴 후 제반 사항을 지원하기로 결정하였다.[22] 이는 당시 순천 외래환자진료소라고 불렸던 순천결핵병원의 공식적인 출발점이었다.

이렇게 시작된 순천결핵병원은 그 2년 뒤인 1965년 중증환자들의 입원가료를 위해 순천시 조례동에 부설 결핵요양원을 별도로 설립하였다. 결핵이 심한 이들에게는 투약과 아울러 입원을 통한 장기 관찰과 치료가 절실했기 때문이다. 부지 매입 후 순차적으로 건물이 세워졌고, 전문적인 설비를 들여 결핵의 집중 치료가 진행되었다. 또 무주택 결핵환자들을 위한 주거지 마련에 미국 노스캐롤라이나주 샬럿의 브라운 부인(Mrs. Bass Brown)이 120불을 보내주어 도움이 되었다.[23] 1969년 예산안을 보면 선교부는 요양원에 모두 400불을 책정하여 지원하였음을 알 수 있다.[24]

---

21) 전석원, 「1884~1910년의 급성전염병에 대한 개신교 의료선교사업 – 개항기 조선인의 질병관, 의료체계에 대한 의료선교의 계몽주의적 접근 –」, 『한국기독교와 역사』 37, 2012, 254~255쪽.

22) *Minutes of Annual Meeting of the Southern Presbyterian Mission*, 1963.

23) *Minutes of Annual Meeting of the Southern Presbyterian Mission*, 1966.

24) *Minutes of Annual Meeting of the Southern Presbyterian Mission*, 1970.

1974년 순천결핵병원은 선교부와의 공식적인 관계를 청산하고 남장로회 재단법인에서 분리되어 독립적인 기관으로 새출발하였다. 물론 그 이전인 1972년 선교부는 조례동의 기존 부지를 순천기독결핵재활원재단(순천결핵병원)에 양도하는 조치를 취하였다.[25] 하지만 선교부와 광주기독병원은 순천결핵병원에 대한 신뢰를 바탕으로 그 혜택과 원조를 멈추지 않았다.[26] 그리하여 1975년의 경우 결핵요양원에 수용된 이는 모두 70명에 달했다.[27] 순천기독결핵재활원은 지난 2019년 '로이스기독재활원'으로 그 명칭을 변경하여 현재 운영되고 있다.[28]

〈사진 1〉 로이스기독재활원 현재 모습   〈사진 2〉 재활원 구내 휴 린튼 묘지

---

25) *Minutes of Annual Meeting of the Southern Presbyterian Mission*, 1972, 1973.

26) Betty Linton, "Soonchun Christian Clinic," *Presbyterian Church U.S., Reports for Information Korea Mission*, 1974.

27) Betty Linton, "Soonchun T.B. Rehabilitation Center," *Presbyterian Church U.S., Reports for Information Korea Mission*, 1975.

28) 재단법인 로이스기독재활원 홈페이지 참조.

II. 순천결핵요양원의 선교적 가치

1. 남장로회의 한국선교와 근대복음주의 전통

1830년부터 약 30년 동안 미국 기독교는 노예문제를 두고 남부와 북부가 찬반으로 양분되어 심각하게 대립했다. 드디어 1844년 침례교가 남북으로 분열되었고, 1845년 감리교가 그 뒤를 따랐다. 그리고 장로교 역시 남북전쟁을 전후로 하여 남장로회(PCUS)와 북장로회(PCUSA)로 나뉘어져 독립된 길을 걸어가게 되었다. 남장로회의 신학적 입장은 북장로교와의 분열 과정을 통해 매우 선명하게 드러났다. 즉 그 교단은 노예제도가 성경이 제시하는 원칙에서 벗어나지 않는다고 보았다. 구약을 보면 족장들은 곧 노예 소유주였다는 것이다. 그리고 아프리카계 사람들은 기본적으로 노예제도에 걸맞는 인종적 특성을 지니고 있으므로 유럽계의 백인에게 지배받는 것이 정당하다는 논리였다. 노예제도 지속을 위한 남장로회의 차별주의적 태도는 남북전쟁 이후에도 크게 흔들림 없이 견지되었다.[29]

남북전쟁 전후의 미국 사회는 경제적 처지에 따라서 부유층과 빈곤층의 격차가 벌어지는 가운데 중산층의 약진이 두드러지게 나타나고 있었다. 그리고 이들 중산층의 생활 태도와 행위양식은 미국 문화의 표준적인 형태로 위력있게 확산되었다. 경제의 발전에 따라 자영업자와 전문직, 무역업자, 기업가 등 새로운 형태의 직업군이 생겨나 사회를 주도하기 시작했다. 19세기 중반 미국 남부의 극적인 성장은 놀라운 것이었다. 사탕수수와 면화 같은 환금 작물 무역은 플랜테이션에 기반한 농업경제의 생산성을 동반 성장시켰고, 이에 따라 남부는 국제 통상의 전진기지로 떠올랐다. 면화경제의 호황으로 재산을 축적한 상당수의 소농들이 중산층으로 상승하면서 이제

---

29) 류대영, 「미국 남장로교의 역사와 전통」, 『프런티어』 2, 2008, 19~20쪽.

그들의 문화가 남부 전체로 퍼져 갔던 것이다.[30]

그런데 남장로회 선교사들을 조금 더 분명히 이해하기 위해서는 이러한 미국 남부 장로교의 지역적 특성과 사회계급적 중산층의 출현에 더하여, 19세기 미국 기독교의 전반적인 대중화 경향을 아울러 살펴볼 필요가 있다. 2차 대부흥운동의 일부였던 초기 신흥 대중운동은 각 지역으로 확산되면서 미국 기독교의 미래를 결정지었다. 그것은 서로를 호명하며 기도하기, 여성 기도와 간증, 가정 심방, 장기간의 야간 집회, 복음성가의 확산, 개인의 체험과 회심에 대한 강조, 교회에서 독립된 자원단체의 등장, 전통에서의 이탈, 강력한 실천의 행동주의적 자세 같은 제반 요소들을 포함하고 있었다.[31] 그런데 이러한 부흥운동의 수용 정도에 따라 미국 교회의 판도가 요동쳤고, 그 결과 미국 내 거의 모든 교파가 부흥운동의 영향력 하에 놓이게 되었다.[32] 바로 19세기 미국의 근대복음주의이다. 이 흐름은 동 시대 미국 복음화와 대규모 사회개혁 그리고 선교운동을 촉진한 강력한 기제였다.

1891년 10월 미국 테네시주 내쉬빌(Nashville)에서는 '해외선교를 위한 신학교 동맹'(the Inter-Seminary Alliance for Foreign Missions) 연차 총회가 개최되었다. 이는 장래의 목회자들에게 선교에 대한 책임감을 불어넣기 위해 1880년 시작된 초교파 조직으로 감리교와 장로교의 대표적인 신학교들이 주축을 이루고 있었다. 즉 선교사 지망생들을 모집하여 그들을 각 교단 선교부에 연결해 주는 일종의 선교운동기관이었다. 그 자리에는 호러스 언더우드(Horace G. Underwood)와 윤치호가 강사 자격으로 참석하였는데, 이들의 한국 선교 호소를 듣고 있던 신학생 가운데는 남장로회 계통 버지니아

---

30) 앨런 브랭클리, 황혜성 등 역, 『있는 그대로의 미국사-The Unfinished Nation』, 휴머니스트, 2005, 507~522쪽.

31) 이재근, 「매코믹신학교 출신 선교사와 한국 복음주의 장로교회의 형성, 1888-1939」, 『한국기독교와 역사』 35, 2011, 11~12쪽.

32) 류대영, 『초기 미국 선교사 연구』, 한국기독교역사연구소, 2001, 95쪽.

유니온신학교의 레이놀즈와 캐머런 존슨(Cameron Johnson) 그리고 매코믹 신학교의 테이트가 있었다.33) 곧 이것은 당시 남장로회의 신학생들이 한편으로는 남부의 인종주의적 사회 속에서 그 특유의 보수적 가치관의 영향을 받고 있었겠지만, 또 다른 한편으로는 그 참여 자체가 해외 선교운동 등 19세기의 근대복음주의의 제반 특징들을 공유하고 있었다는 뜻이 된다. 초기 남장로회 선교사들을 진정 이해하기 위해서는 '남부의 시각'과 아울러 한층 더 깊은 기반으로서 그들에게 미친 19세기 미국 복음주의 기독교의 전반적 흐름의 영향력도 고려해야 한다는 것이다.

레이놀즈는 1892년 다른 6명의 선교사들과 함께 내한하여 선교활동을 펼쳤다. 그런데 1905년 복음주의선교부공의회를 조직하면서 전개된 그의 활약은 당시 남장로회 선교사들의 선교적 입장을 잘 보여준다. 먼저 그해 6월 서울에서 열린 북감리교선교부 연례회의에는 장로교 등 다른 교파 선교부 소속 선교사들도 초청되어 동석하고 있었다. 1903년의 원산부흥운동을 기점으로 하여 감리교와 장로교 사이에 협력에 대한 기운이 무르익던 시점이었다. 6월 26일 월요일 저녁 선교사 벙커(Dalzell A. Bunker)의 집에서는 북감리교 해리스(Merriman C. Harris) 감독 주재로 재경 선교사들의 비공식 간담회가 진행되었다. 그런데 이 자리에서 남장로회 선교사 레이놀즈는 한국에 단일한 개신교회(one Protestant Christian Church)가 필요하다는 것을 전제로, '대한예수교회'(The Church of Christ in Korea)의 설립을 추진하자는 동의안을 제출했다. 그러자 북장로교 의료선교사 에비슨(Oliver R. Avison)이 재청을 표했고, 참석자 전원이 기립하여 만장일치로 그의 의견이 채택되었다. 레이놀즈는 감리교와 장로교 또는 북장로교와 남장로회 등 교파와 교단을 초월하여 하나의 연합교회를 추구하고 있었던 것이다. 이어서 각 선

---

33) Biographical Sketch of William Davis Reynolds, Jr, *Personal Reports of Presbyterian Church U. S. in Korea Missionary* 9.

교부 간에 전도와 교육 그리고 의료사업에서도 협력하자는 결정이 나왔고, 찬송가와 교회신문도 그렇게 하기로 하였다. 또 스크랜튼(William B. Scranton) 은 감리교와 장로교의 연합위원회를 통해 그해 9월 복음주의선교부공의회를 구성하자는 동의안을 제출하였다.[34] 물론 레이놀즈가 주장했던 하나의 교회로서의 '대한예수교회'는 결국 설립이 좌절되었지만, 이 과정에서 잘 드러나듯이 당시 내한 선교사들 사이에서는 교파와 교단을 초월한 어떤 복음적 공감대가 형성되어 있었으며, 그것은 다시 19세기적인 미국 근대복음주의의 전통에서 비롯되었음을 능히 짐작할 수 있다. 더구나 그때 선교사들은 북부와 남부를 막론하고 당대 산업화된 미국의 주류 사회에서 배출된 중산층 출신의 젊은이들이었다는 점이다. 남부 출신의 젊은 선교사들에게 영향을 미친 요소는, 첫째 그 지역을 지배하고 있던 빅토리아적 보수성에 더하여, 둘째 19세기 영어권 세계를 휩쓴 부흥운동, 선교운동, 대중적 행동주의 유형의 근대복음주의 신앙이었다.[35] 레이놀즈가 북감리교나 북장로교 등 다른 복음주의 개신교 선교부와 적극적으로 협력을 꾀했던 이유는 바로 후자가 갖고 있는 복음적 공감대의 강한 영향력 때문이었다. 그것은 피선교지의 특수한 상황에서 더욱 두드러지게 힘을 발휘했다. 그들은 한국을 복음화시키고, 한국인을 문명의 세계로 인도해야 한다는 명백한 사명에 동의하고 있었다.

초기 선교사들은 당시 기본적으로 미국인이었다. 그래서 19세기 미국의 번영과 팽창은 해외 선교운동과 표리의 관계를 이룬다. 당대에 세계를 복음화시켜야 한다는 주장은 미국이 세계의 운명을 좌우해야 한다는 믿음의 연장선상에 놓여 있다.[36] 전자가 거룩한 것(聖)의 영역이라면 후자는 세속

---

34) *Official Minutes of the First Personal Session Korea Mission Confrrence Methodist Episcopal Church*, 1905, 20~21쪽.

35) 류대영, 『미국 종교사 연구』, 청년사, 2007, 315쪽; 이재근, 「매코믹신학교 출신 선교사와 한국 복음주의 장로교회의 형성, 1888-1939」, 32쪽.

적인 것(俗)이라는 차이일 뿐이다. 선교사들의 19세기 근대복음주의 전통은 종교적인 차원에서 끝나는 것이 아니라 그것과 미국 자본주의 문명 전체의 성취를 결부시켜 세상의 운명을 바꾸어 놓는다는 것으로까지 진화하였다.[37]

그들에게 있어 종교와 문명은 떼려야 뗄 수 없는 동전의 양면과도 같은 관계였다. 한국인들이 기독교를 받아들인다면 그것이 바로 문명화로 가는 첫 걸음이었다. 기독교는 한국인들의 가능성을 완성시키는 힘이자 기회이기도 했다. 17세기 청교도들이 미국사회를 바꾸어 놓았듯이 이제 그 후예인 자신들에 의해 피선교지 한국에 변화의 바람이 불 것이다. 선교사들의 후광인 미국의 자본주의 문명이 한국인들로 하여금 그 문화와 종교를 받아들이는 촉매가 된다.[38]

2. 로이스 린튼 부부 – 전통의 계승

휴 린튼은 1926년 2월 윌리엄의 셋째 아들로 군산선교부에서 출생했다. 당시 린튼 가족은 패터슨(Jacob B. Patterson, 1924년 사임)의 주택에서 살고 있었다. 그리고 그가 태어난 지 6개월 뒤인 1926년 초가을 린튼네는 마차를 타고 군산에서 전주로 이사했다. 선교부가 전주의 신흥학교를 지정학교로 만들기 위해 부친 윌리엄을 그곳으로 보냈기 때문이다. 그들이 입주한 집은 테이트 부부(1925년 퇴임)가 생활하던 곳으로 호남 선교와 관련하여 유서 깊은 공간이기도 했다.

린튼 가족은 1928년 여름부터 2년 동안 안식년으로 미국에 체류했다. 부친 윌리엄의 신학수업(컬럼비아신학교) 때문이었다. 아마 휴는 이때 너무

---

36) 류대영, 『초기 미국 선교사 연구』, 152쪽.
37) 류대영, 『초기 미국 선교사 연구』, 145쪽.
38) 류대영, 『초기 미국 선교사 연구』, 214쪽.

어려서 기억에 남는 장면이 거의 없었을 것이다. 1930년 전주로 돌아온 린튼네는 이제 선교부 구내 에버솔(Finley M. Eversole)이 살던 집에서 생활하기 시작했다. 1912년 부임한 에버솔은 신흥학교에서 20년 가까이 사역한 후 바로 그해에 선교사직에서 은퇴하였다. 휴의 유년시절 추억은 신흥학교 교장 사택으로 알려진 바로 그 집에서 만들어졌다. 휴는 1930년 4살 때부터 12살이 되던 1938년까지 이 집에서 살았다. 1939년 두 번째 안식년에서 돌아온 후에는 1940년 11월 태평양전쟁으로 선교사들의 대규모 철수가 있기 전까지 1년 이상 다른 형제들과 같이 평양외국인학교에 재학한 것으로 보인다.[39]

전주선교부 건설 공사는 1900년부터 시작되었다. 이곳은 인조 때(1624년) 세운 화산서원이 있었고, 숙종 때(1700년)에는 전라감사 김시걸이 희현당을 세우고 양반 자제들을 가르쳤던 곳이다. 그 구내에는 1901년 해리슨(William B. Harrison)에 의해 첫 주택이 지어진 이래 테이트와 잉골드(Martha B. Ingold, 1902년), 매커첸(Luther O. McCutchec, 1905년)의 집이 잇달아 건축되었다. 또 신흥학교(1901년)와 기전여학교(1902년) 그리고 예수병원(1902년)이 들어섰다. 신흥학교는 1909년의 양옥 건물에 이어 1928년에는 리챠드슨관 (Richardson Hall)을 지었고, 예수병원은 1912년 2층 벽돌 건물을 완성하였다. 14만여 평의 넓은 선교 구내 안에 정원과 학교 시설까지 갖춘 전주선교부 조성 사업은 대체로 1920년 완료되었다.[40]

유년기 휴의 선교부 구내 생활은 어떠했을까? 당시 청소년기 주한 선교사의 자녀들에게는 평양외국인학교라고 하는 중등과정의 교육시설이 마련되어 있었다.[41] 하지만 그보다 나이가 어린 초등과정 적령기 아이들에게는

---

39) Charlotte B. Linton, Life of William A. Linton, *Personal Reports of Presbyterian Church U. S. in Korea Missionary 6.*

40) 송현강 외, 『믿음의 흔적을 찾아 – 한국의 기독교 유적』, 한국기독교역사연구소, 2011, 208쪽.

부모 주도 재택학습의 경우가 일반적이었다. 즉 외부 사역으로 바쁜 성인 선교사들에 비해 선교 구내의 아이들은 또래집단 경험이 없는 상태에서 일종의 '사회적 고립' 상태에 놓이게 된다.[42] 그런데 선교부는 그 구성원과 그들의 행동거지에 있어서 거의 단일한 선교 지상(至上)의 과업 공동체였다. 양친을 포함해서 눈만 뜨면 모두가 선교를 이야기했다. 이를 대체할 다른 분위기나 다양성은 협소할 수밖에 없었다. 선교부 구내 아이들의 부친은 한국인들에게 존경을 받고 있는 목회자, 교장, 의사가 대부분이었다.[43] 결국 아이들 중 누구에게는 그것이 매력적인 일로 다가왔을 법하다.

1940년 11월 선교현장에서 철수한 부모를 따라 미국으로 돌아간 휴 린튼은 그곳에서 중등교육을 마치고 다시 어스킨대학(Erskin College)과 어스킨 신학대학원(Erskin Theological Seminary)에서 공부를 계속했다. 이 두 학교를 세운 미국 ARPC(Associate Reformed Presbyterian Church, 연합개혁장로교회) 교단은 신대륙으로 이주한 스코틀랜드교회의 분리주의자들을 기원으로 하는데, '웨스트민스터 표준'(Westminster Standard)에 대한 높은 충성도를 그 특징으로 한다.[44] 웨스트민스터 신앙고백과 요리문답(Catechisms)은 영국의 시민전쟁(1642~1649) 당시 비국교주의적 중산층에 기반 한 잉글랜드 의회가 주도하여 구성한 웨스트민스터 회의(Westminster Assembly)가 만든 신학, 예배, 교회정치의 표준이었다. 그런데 웨스트민스터 표준에 대한 충성도는 출신 배경에 따라 각기 달랐다. 스코틀랜드 계열은 웨스트민스터 표준을 철저하게 수용해야 한다는 입장이었고, 잉글랜드를 비롯한 비스코틀랜드 계열은 그와 같은 입장에 반대했다. 스코틀랜드 전통을 중요시하는 사람들

41) Charlotte B. Linton, Life of William A. Linton.
42) Mrs. Daniel to Cousin Mary, Apr. 26, 1908, Personal Reports of Presbyterian Church U. S. in Korea Missionary 4.
43) Edward H. Junkin, Some Recollections of Mary Moreland Junkin(known as TOYA), Personal Reports of Presbyterian Church U. S. in Korea Missionary 7.
44) ARPC 홈페이지(arpchurch.org).

은 웨스트민스터 표준을 포함하여 전통을 고수하려는 경향을 보였고, 시대와 상황에 맞춰서 미국적 장로교회를 만들어 가려는 사람들은 신학, 예배, 정치에서 보다 개방적이고 유연한 자세를 보였다.[45]

ARPC는 1835년 사우스캐롤라이나의 듀웨스트(Due West)에 아카데미(Academy, 중등학교)를 세웠고, 그 4년 뒤인 1839년에는 이를 모체로 하여 어스킨대학을 출범시켰다. 이때 교명은 그들의 정신적 지도자였던 에비니저 어스킨(Evenezer Eeskin) 목사의 이름에서 가져온 것이다. 그리고 아카데미 설립 2년 뒤인 1837년 그들은 별도로 어스킨신학교를 설립하였고, 또 1859년에는 여성 지도력 양성을 위해 듀웨스트여자대학을 시작하였다. 그런데 어스킨대학은 1925년 신학교와 여자대학을 합병하면서 규모를 키웠는데, 이때 신학교는 신학대학원으로 개편되었다.[46] 휴의 동생 토마스(Thomas D. Linton)도 바로 이 신학대학원에서 공부한 바 있다. 미국 내에 이 두 형제가 선택할 수 있는 다른 신학교 여러 개가 있었음에도 불구하고 굳이 어스킨을 택한 것은 당시 린튼 가문의 신앙적 분위기의 어떠함을 보여주는 중요한 증거가 된다. 19세기 미국 근대복음주의의 중요한 가치였던 사회개혁과 복음전파, 교회의 순결과 성결한 삶에 대한 열정을 견지하려는 태도가 그의 대학 및 신학교 선택을 통해 엿보인 것이라고 할 수 있다. 휴의 사회개혁적 행동주의는 부친 윌리엄을 학습하며 형성되었고, 대학과 신학교 시절을 통해 강화되었다고 본다. 1927년 플로리다주 마이애미에서 태어난 로이스 린튼 역시 어스킨대학에서 저널리즘을 전공하고, 1947년 휴와 결혼한 후 어스킨신학교에서 함께 공부한 바 있다.[47]

노예제도의 폐지를 둘러싼 갈등으로 분열을 겪었던 미국 남장로회와 북

---

45) 류대영, 「미국 남장로교의 역사와 전통」, 15~16쪽.
46) 어스킨대학 홈페이지(seminary.erskine.edu).
47) Biographical Information, *Personal Reports of Presbyterian Church U. S. in Korea Missionary* 1.

장로교는 그 100년 뒤인 1960년대 통합을 전제로 협상을 벌이기 시작하여, 1970년대에 이르러서는 거의 완성의 수준에 이르렀다. 하지만 남장로회 내에는 북장로교와의 결합에 찬성하지 않는 분명한 흐름이 존재하고 있었다. 북장로교의 신학적인 진보성에 회의를 품고 그 협상을 탐탁지 않게 여겼던 그들은 결국 1973년 12월 남장로회에서 이탈하여 새로운 교단 즉 PCA (Presbyterian Church in America, 미국장로교회)를 조직하였다. 거기에는 260개 교회에 41,000명의 신자들이 속해 있었다.[48] 출범 초기의 PCA가 웨스트민스터표준에 대한 충성을 새삼 다짐한 것은 그리 우연한 일이 아니다. 그것은 전통의 재확인과 재천명(再闡明)의 과정이었다. 휴 린튼은 바로 이러한 PCA의 이념에 적극 동조하여 이적을 결정하고 남장로회를 탈퇴하였다. 자신의 선교정체성과 관련하여 전통의 계승자로서의 그의 일관된 면모가 드러난다. 남장로회 선교부는 휴의 입장을 충분히 존중하고 그에 대한 계속적인 지원을 약속했다.[49] 휴 린튼 부부는 1975년 순천선교부를 떠나 조례동 결핵요양원 구내의 사택으로 이주했다.

---

48) PCA 홈페이지(pcanet.org).
49) "Report of the Special Hugh Linton Committee," *Presbyterian Church U.S., Reports for Information Korea Mission, 1974.*

6장

인애자 선교사와 '로이스 보양원'

우승완

I. 순천기독결핵재활원

순천기독결핵재활원은 미국남장로회 순천선교부에서 관리하던 시설의 일부이다. 광복 이후 미국남장로회의 조직 변화에 따라 시설 관리 주체별로 관리와 소유를 분리하면서 독립된 시설이다. 1973년 12월 20일 '재단법인 순천기독결핵재활원 유지재단'(보건사회부 허가 제1호)으로 설립되었고, 2019년 8월 1일 '재

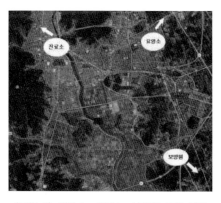

〈그림 1〉 진료소, 요양소, 보양원 위치 안내

단법인 로이스기독재활원 유지재단'으로 명칭변경허가(보건복지부 제34호)를 득하여 운영 중에 있다.[1]

〈그림 2〉 조례동 요양소	〈그림 3〉 매곡동 진료소	〈그림 4〉 호두리 보양원 표지판

순천기독결핵재활원은 진료소 1개소와 요양소, 보양원 등의 집단 치료시설 2개소 등 총 3개의 공간으로 운영되었다. 시설의 명칭에서 드러나지는 않지만 요양소와 보양원은 사회적 격리시설이다. 이 가운데 요양소는 치료가 가능한 환자를 수용하였고 보양원은 치료가 어려운 환자들이 자활하던 곳이다. 순천기독결핵재활원 소개 자료에 **진료소(clinic)는** 접근성이 뛰어난 시내에 위치하여 조기 진단과 치료, X-ray, 결핵균 검사, 약물 치료기관으로 소개하고 있다. **요양소(Rest home)는** 조례동의 **순천 광양 간 국도변** 위치하여 입원이나 결핵 치료 교육이 필요한 환자를 대상으로 하는 전문요양 병동이다. 남, 여 병동 각 1동씩 1인 1실, 2인 1실로 60개의 병상으로 운영되었다. **보양원(Lois village)은** 결핵 치료 후 후유증으로 사회적 보호가 필요하거나 경제 활동이 어려운 환자들을 대상으로 하였다. 단독주택 형식의 병동으로 경제적 부담 없이 생활할 수 있고 가축 사육과 작물 재배 등이 가능하여 사회 복귀를 준비하는 곳으로 안내하고 있다.

순천기독결핵재활원은 1970년대 중반에 활동이 거의 마무리된 한미재단과(American Korean Foundation)[2] 사회복지와 보건 분야에 집중한 기독교세

---

1) 로이스기독재활원유지재단(http://stoptbkorea.com 2023.11.05.) 참조.
2) 이소라, 「1952-55년 한미재단의 활동과 그 역사적 성격」, 서울대 대학원 석사학위 논문, 2015, 6쪽.

계봉사회(Church World Service; CWS)[3]의 활동이 반영된 미국의 대한원조가 출발이다. 여기에 노르웨이 정부의 지원이 더해진 다국적 원조의 실증 공간으로 구호와 재건사업의 공간으로 남아 있는 시설이다. 1960년 결핵 퇴치를 위해 방문 사업을 시작으로 2019년 명칭을 변경하여 목적사업을 '질병치료와 요양·구호'로 전환하여 또 다른 활동을 위하여 2023년 5월 현재 시설을 새롭게 정비 중이다. 순천기독결핵재활원의 성장과 변화를 살펴보기 위해 공간의 변화나 관리의 변화에 따라 보면 태동기, 정착기, 성장기, 전환기로 구분할 수 있다. 태동기는 1960~1969년으로 '순천결핵재활센타'가 착공 전까지, 정착기는 1971~1978년으로 노루웨이가 지원한 '순천결핵재활센타'를 가 운영되던 시기이다. 성장기는 1979년 이후 1999년 북한 결핵사업 지원 전까지, 전환기는 2000년 이후 2023년 노인의료복지시설(보양원 인휴) 건축까지로 살펴볼 수 있다.

1. 순천결핵재활원의 태동

순천 결핵사업을 상징하는 순천기독진료소가 사용하고 있는 건물 명칭은 조지와츠 기념관으로 한국 기독교 선교역사 박물관과 함께 사용하고 있다. 조지와츠 기념관은 순천선교부 설립을 위해 재정을 지원했던 조지 와츠(George Watts)를 기념해서 붙여진 이름이다. 조지와츠 기념관은 선교부 활동이 한창인 1920년대에 건축되어 성경학교, 미군정사무소, 순천노회 등이 시기를 달리하며 사용된 미국 남장로회 선교 건축물이다.

1965년 지금의 순천기독진료소로 옮기기까지 1963년에는 매곡동 253-9번지의 선교부 관리사(29평)에서 진료한다. 1964년에 결핵 진료소를 운용 중 건물 화재로 시설을 옮기고, 1965년 안식년 후 돌아와서 건물을 양철 지붕

---

3) 이소라, 앞의 논문, 42~48쪽.

과 시멘트로 보수하여 결핵 진료소를 운영하였다. 1985년 진료소 부속건물을 철거하고 56평을 벽돌조로 증축하면서 진료소 내부를 전면 수리한다.

여성숙[4] 의사는 노르웨이의 지원으로 기독재활센터가 건립되기 이전까지 정기적으로 순천을 방문하여 결핵 진료에 참여한 전문 의료인이다. 여성숙이 결핵과 인연을 맺은 것은 1952년 전주예수병원에서 인턴 수련 중 애양원과 결핵 전문병원 광주제중병원에 한 달씩 파견되면서이다. 1954년부터 제중병원에서 7년 반을 의사로 근무하는 동안 국내 유일한 여성 흉곽내과 전문의이자 결핵 전문의로 근무한다. 목포 프렌치병원 건물에서 병원을 운영하던 친구의 부탁으로 1962년 1월부터 목포의원을 운영한 것으로 밝히고 있어서, 그 이전에는 광주 기독병원에서 의사가 파견된 것으로 보인다. 여성숙 의사는 당시 폐병은 불치병으로 폐결핵

〈그림 5〉 조지와츠 기념관의 기능 변화(순천기독교진료소 현판식부터 기독교세계봉사회와 순천노회 사무소 운영 시기를 거쳐 순천기독교진료소만 남겨질 때까지)

환자들은 대부분 집을 나와 암보다 더 고통스럽고 고독한 병이었고, 빨리 죽지도 않고 고생은 고생대로 하고 재산을 다 탕진한 뒤에 죽는다고 했다.[5]

광주기독병원은 의료 선교사인 코딩턴(고허번, Herburt A. Codington Jr.,

---

4) 정경진, 「여성숙 백년의 꿈, 결핵환자들의 어머니」, 재)전남여성플라자, 2018. 여성숙 (1918~현재)은 고려대학교 의과대학 전신인 경성여자의학전문학교를 졸업하고 1952.3 전주예수병원 수련, 1954.8 광주제중병원 근무, 1962.1 목포의원(프렌치병원) 진료 시작.
5) 정경진, 위의 책, 39~43쪽.

1920~2003)에 의해 1951년 광주제중병원으로 재개원하였다. 전국 유일의 결핵 전문병원이었고 병동 하나를 무료 결핵 환자 병동으로 따로 운영하고 있었다. 코딩턴 선교사는 결핵 환자들을 돌보며 나누는 삶을 실천하여 광주시민들로부터 '광주의 성자'라는 별칭으로 불리기도 하였다. 광주, 전남 지역 여러

〈그림 6〉 1965년 이전의 진료소와 여성숙 의사

곳에 요양원 설립을 주도하고 지원하여 어려운 환자들의 퇴원 이후의 삶까지도 배려하였다.[6]

2. 순천기독결핵재활원의 정착

순천기독결핵재활원의 물리적 시스템이 완성된 것은 1972년이다. 1972년 3월 7일 '순천결핵재활센타'라는 명칭으로 순천시 조례동 산 18번지에 신축 낙성되었다. 당시 낙성식은 인휴 목사 사회로 진행되었다. 내빈으로 보사부장관 이경호, 노르웨이 총영사[7] 박관석, 전남도지사 김재식, 순천시장 김남섭, 한

〈그림 7〉 1972년 낙성식 장면 (강연대 김형모 박사)

국 기독교 교회 협의회 총무 목사 김관석, 노르웨이 교회 봉사단 목사 에리아스버거, 예수교장로회 순천노회장 장로 김종하 등이 참석하였고 결핵 치

---

6) http://www.kch.or.kr/sub01/sub0104_2.html(2023.5.29.)

7) 6.25 중 외과병원단 파견. 1959.3 외교관계 수립. 주 스웨덴 대사가 겸직.

료에 특화된 광주기독병원[8] 이사장이 열쇠 증정한다.

낙성식 안내장의 연혁에서 1960년 광주기독병원장에게 100여 명의 가정 방문을 의뢰 한데서 시작되었다고 밝히고 있다. 당시 환자들은 가정 형편이 어려워 치료비도 없고 광주에 갈 여비도 없어서 광주기독병원장에게 의뢰하여 사택에 의사를 데려와 진찰하기 시작하였다. 목포에서 여성숙 원장은 특별히 한 달에 1~2회씩 2일간 진찰하고 치료하였다. 환자 증가로 1주에 1회 금요일에 진찰을 하였다. 환자들로 사택이 협소하여 별도의 집에서 환자를 진찰하였는데, 세계기독교봉사회의 원조로 환자들은 더욱 증가하였다. 1965년 7월 매곡동 144번지 현 진료소로 옮겨서 진료하기 시작한다.

조례동 18번지 임야를 구입 10평 규모의 주택 형태의 병동 3동 건축하여 '환자 요양소'란 이름으로 요양할 수 있게 하고 이후 2동을 추가로 건축하여 최대 32명의 환자를 수용하였다. 진료소에서 투약하는 환자가 약 1,000명인데 요양할 환자는 많고 집이 없어서 고민하던 중, 1970년 9월 노르웨이 의

〈그림 8〉 1952년 동두천에 주둔 중인 노르메쉬
(원본 출처: 노르웨이참전용사협회, 주한 노르웨이 대사관)

---

8) 1965년 의사 수련병원 인가, 1970년 11월 11일 미국 남장로교 한국선교회 유지재단에서 재단을 분리해 재단법인 광주기독병원으로 명칭 변경.

사 함브로(Dr. Catherine Hambro)의 지원으로 220평 건물 착공하여 1972년 1월 완공하여 80명의 환우들이 요양할 수 있는 입원실과 식당, 목욕실을 구비하였다.[9]

노르웨이는 한국전쟁 중 1951년 6월부터 1954년 10월까지 의료진을 파견해 이동외과병원(NORMASH)을 운영한다. 노르웨이 이동외과병원은 3년 3개월 동안 활동한 의료기관인데 의사 80명, 치과의사 5명, 간호사 33명 등 연인원 623명을 파견했다. 이동외과병원 의료진의 근무 기간은 6개월 단위 교대로 정해져 있었으나, 다수 의료진은 복무기간을 연장해 1~2년 동안 근무하며 서울 민간병원을 지원했다. 병원 의료진은 1953년 7월 정전협정 체결 이후에는 민간인 치료에 전념했다. 이동외과병원은 참전 기간 크고 작은 수술을 총 9600차례 실시하는 등 하루 평균 8차례의 수술을 했다. 치열한 전투 시기에는 하루 최다 64차례의 수술을 했다. 노르웨이 정부는 병원을 철수시킨 이후에도 스웨덴, 덴마크 정부와 긴밀히 협조해 국립의료원의 설립과 운영 등에 참여해 대한민국의 의료발전에 크게 기여한다. 전쟁이 끝난 뒤에도 노르웨이, 스웨덴, 덴마크 등 스칸디나비아 3개국은 국립중앙의료원을 건립한 것은 물론 1968년 철수하기 전까지 노르웨이 간호사 58명은 의료원 간호사와 간호 강사로 근무하기도 했다.

그리고 미국 남장로회 의료 선교사로 애양원에서 토플(Stanley Craig Topple) 선교사의 부인으로 미아(Mia)라고 불리는 안 마리 아문젠(Ane Marie Amundsen) 의사는 노르웨이 선교회에서 노르웨이 정부의 아동구호기금의 재정지원을 받아 한국의 나환자 어린이들을 돕기 위해 1960년 파견하였다.[10] 1961년 9월 그녀는 애양원의 상황을 조사하기 위해 처음 순천 방문하였고, 1962년 1월 토플과 결혼한 미아는 소아과 전문의였지만 나환자 안과와 피

---

9) 조례동 결핵요양원 건물의 머릿돌에 새김.
10) 여수애양병원, 『합력하여 선을 이루다』, 여수애양병원, 2009, 19~20쪽.

부질환까지 담당하였다.

3. 결핵 공동체의 성장과 시설의 전환

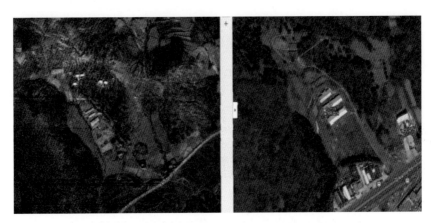

〈그림 9〉 조례동 요양원 1969년 항공사진과 2009년 위성사진 비교
(1969년 2월 25일 촬영된 항공 사진에 관리동과 현재 사택으로 사용하고 있는 건물 5개 동으로 또렷이 보임. 2023년 2월 현재 창고와 정비소로 사용된 건물이 함께 보이나 축사로 사용된 건물은 확인되지 않는다. 이 외에도 건물로 추정되는 부분이 보임)

    조례동에 요양소 병동이 처음 건축된 것은 1963년이다. 조례동 산 19-1번지에 병동 3동을 먼저 건축하고 이후 2동을 추가하여 총 5동을 건축한다. 1968년 노르웨이 의사 캐서린 함브로가 환자 76명[11]을 수용할 요양소 건물 2동의 건축비 부담을 약속한다.[12] 캐서린 함브로는 결핵재활원의 공사비와 건축 자재를 함께 보내고 공사 기간은 2년으로 예정한다. 건축 자재를 함께 보낸 것은 한국전쟁 중 외과 병원단을 보내고 국립중앙의료원의 운영 지원 경험에서 한국 실정을 반영한 것으로 보인다. 노르웨이가 지원한 220평 규

---

11) 1966년의 결핵요양원 환자 수 50~60명을 고려한 것으로 보임.
12) 김형균, 「순천지역 의료선교에 대한 연구: 선교사 인애자의 결핵사업을 중심으로」, 장로회신학대학교 신학대학원 석사학위논문, 2010, 49쪽.

모의 건물은 1년 5개월의 공기로 건축을 완료한다.

1972년 '순천결핵재활센타'를 완공한 이후 1974년 기존 환자용 병동을 사택으로 개조하기로 하고 1974년 원장 사택으로 사용한다. 1979년 결핵요양원 박공부분을 2층으로 사용하기 위해 미국에서 수리비를 모금한다. 1988년 순천기독교박물관 옆 나대지를 매각하여 식당을 재건축한다. 2006년 (주)부영의 이중근 회장이 요양원 내부 공사비를 후원하고 한국전력에서 전력 설비를 부담키로 해 2007년 4월 요양원 2개 동을 리모델링한다.

여수의 제15육군병원이 구호병원으로 명칭을 바꿔 무의탁 결핵 중환자를 돌보던 중 시설 폐쇄에 따른 돌봄사업 필요로 해룡면 호두리에 보양원을 설립한다. 1964년 해룡면 호두리 산42번지에 세계구호기구 및 독지가들의 도움을 받아 병동 5동을 건립하여 무의탁 결핵 환자를 수용하여 회복될 때까지 치료 및 생활을 책임졌다. 1966년 집 없고 완치할 수 없는 환자들을 위한 예산 청구에서 18명 이상의 환자들을 위한 두 개 이상의 쉼터(rest homes)는 2개 동을 의미하는 것으로 생각된다. 결핵재활센터 준공 무렵 보양원에는 한 30명 정도 있었다고 한다.[13]

현재의 보양원 건축물의 병동이 건축된 것은 1969년 이후이다. 1969년 호두리에 병동 12동을 건축하여 '보양원'이라 칭하고 시설이 허용하는 대로 수용하는 것으로 계획되지만, 1969년 2월 25일 촬영된 항공사진에는 병동으로 추정되는 건물은 4동으로 나타나 같은 해 겨울이 지난 3월 이후에 건축된 것으로 보인다.

1978년에 1962년 보양원 매입 당시 건축물 3동을 철거하고 다시 건축하고 1979년에는 병실 4개 동과 교회를 건축한다. 2008년 GS칼텍스 재단 후원으로 보양원 건물 3동을 전면 리모델링하여 현재에 이르고 있다.

---

13) 김형균, 위의 논문, 2010.

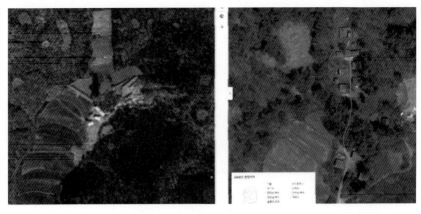

〈그림 10〉 호두리 로이스 보양원 1969년 항공사진과 2011년 위성사진 비교
(1969년 2월에 촬영된 항공사진에 현재의 시설은 나타나지 않음. 초입의 여자병동 자리에
4개 동의 건물이 보임)

II. 로이스 보양원의 공간 구조

순천선교부에서 운영한 질병 공동체마을의 시작은 사회복지법인 애양원의 전신인 애양원이다. 애양원은 의료 선교사 윌슨이 광주 나병원을 율촌면에 옮겨서 설립한 한센인 공동체 마을이지만 일반인들의 출입이 제한된 폐쇄 공동체였다. 순천선교부는 애양원 운영에서 질병은 관리에 의해 충분히 통제될 수 있음을 경험하였다.

애양원 시설의 직간접적인 경험은 조례동 결핵 요양원과 호두리 로이스 보양원의 건축과 공간 관리에 영향을 미쳤다.[14] 1972년 '순천결핵재활센타' 건립 이전까지의 조례동 결핵요양원 병동, 호두리 로이스 보양원의 병동 건축과 관리에서 축적된 경험이 스며들었다고 생각한다. 특히 1968년에 조

---

14) 1968년 완공한 여수 애양병원의 구 본관 건축 감독으로 인휴 선교사(Hugh MacIntyre Linton: 1926~1984)가 참여함.

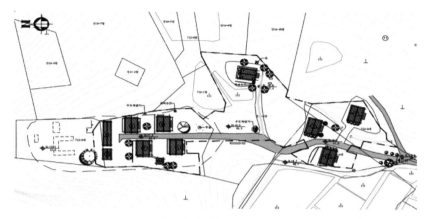

〈그림 11〉 로이스 보양원 배치도
남자병사(좌측), 교회(중앙 단일 건물), 여자병동(우측)

례동 결핵요양원에 건축된 병동은 애양원 여자 병동 평면과 동일한 공간 구획으로 건축되었다. 부엌을 공유하는 병동 계획과 부엌을 사이에 두고 양쪽에 환자들이 생활할 수 있는 방을 배치한 것은 동일하다. 그리고 건축 재료는 건축 당시의 시대적 여건에 따라 석재와 흙벽돌 등 서로 다르지만 온돌이라는 한국의 주거 문화가 반영된 것은 동일하다.

1. 호두리 로이스 보양원

해룡면 호두리에 소재한 보양원은 순천에서 여수 애양원 가는 중간쯤 되는 곳에 있다. 순천에서는 해룡면사무소를 통과하여 고개길 우측의 레미콘 공장 진입부를 지나면 신호등이 있는 사거리가 나타난다. 여순로에서 용전길과 호두구상길이 분기되는 교차로에서 약간 떨어진 우성적재함(특장)이라는 공장을 끼고 돌 듯이 좌회전으로 마을길에 들어서 T자형 사거리에서 좌회전으로 들어가면 보양원 입구가 나타난다. 순천과 여수 어느 방향에서 진입하든지 4차선 여순로 도로에서는 로이스 보양원이 바로 시야에 들어오지는 않는다.

호두리 보양원은 남북으로 길게 형성된 부지에 12동의 건물이 마을을 이루고 있는데, 결핵이라는 특수성이 반영된 질병 공동체 마을이다. 호두리의 질병 공동체 마을은 크게는 남쪽과 북쪽에 이격된 2개의 병동군 그리고 교회와 공동 작업장으로 구성되어있다. 마을 출입구에서 콘크리트 포장도로를 따라 들어가면 최근에 신축된 듯한 건물군을

〈그림 12〉 좌측 하단 건물군은 1969년 2월의 보양원 병동. 우측 상단 건물군은 1969년 2월 이후 병동

만나고 비스듬하게 꺾인 길을 따라가면 커다란 은행나무와 풍차(윈드펌프 또는 윈드밀15))가 있는 마당과 마주한다. 그리고 바로 연접해서 슬레이트 지붕의 건물들이 나타나고 포장도로 끝에 다다르면 황토벽돌과 시멘트벽돌을 사용한 건물을 장벽처럼 마주하게 된다. 황토벽돌 건물의 좁은 사이를 지나면 시멘

〈그림 13〉 호두리의 윈드펌프 전경 (2023년)

트 구조물이 나타나고 다시 짧은 구간의 포장도로 뒤로 단을 두고 경사진 나대지가 보인다. 12동의 호두리 질병 공동체는 전술하였듯이 몇몇 그룹으로 나누어 볼 수 있는데 여자 병동군(이하 남병사), 남자 병동군(이하 북병사), 전이 공간과 교회, 기타 시설 등으로 구분할 수 있다. 특히 여자 병사와 남자 병사는 각각 독립된 외부 화장실을 갖추고 있다. 마을길은 복도를 사이에 두고 병원시설을 양쪽으로 배치한 것처럼 길을 사이에 두고 좌우로

---

15) Windpumps: 1854년 미국 코네티컷 기계공 다니엘 할러데이에 의해 발명된 물을 길어 올리는 용도의 풍차.

배치하여 접근성 고려한 배치로 보이고, 남, 여 공용 화장실은 각각 마을 길에서 멀리 이격시켜 위생과 사생활 침해를 고민을 반영한 결과로 짐작된다.

2. 여자 병동(남병사)

여자병동은 출입구를 지나면서 나타나는 건물군으로 신축한 듯 깨끗이 정비된 병동들과 별동으로 독립된 화장실이 각각 독립된 건물로 4개 동이 배치되어 있다. 여자 병동은 콘크리트로 포장된 진입로를 따라 들어가면 좌측에 1동, 우측에 2동이 앞뒤로 배치되어 있는데 우측 1개 동이 좌측 병동보다 약간 전진 배치 되어있다. 우측 병동 맨 뒤에 오른쪽 절개지 코너에 독립된 화장실이 자리하고 있다. 여자 병동 부지는 우측의 산자락이 끝나는 경사지를 절개하여 평평한 대지로 조성되었다. 각 병동은 독립된 담장은 없으나 나름의 영역이 확보된 마당과 뒤안이 있다.

1969년 2월에 촬영된 항공사진에는 현재 남쪽의 여자 병동 일대에만 병동이 집중되어 지금의 마을 배치와는 다르다. 하지만 당시 사진에 지금 마을이 들어선 부지가 정비된 모습으로 나타나 있어 나름의 사업계획에 따라 구축된 것으로 보인다.

〈그림 14〉 여자 병동 정면(2023년)

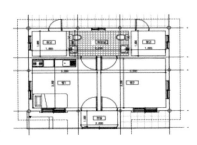

〈그림 15〉 여자병동 평면도

각 병동은 현장에서 철근콘크리트 부재를 제작하고 양생하여 현장에서 조립 구조로 시공한 프리캐스트 콘크리트 구조에 조적조로 마감한 주택 모습이다. 평면은 전면 중앙에 돌출된 주출입구를 사이에 두고 2개의 방이 마주보고 있다. 한쪽 방은 거실 기능이 부여되고 다른 방은 침실 기능이 부여되어 있다. 각 방은 남북으로 양분되어 있는데 남쪽에는 방이 설치되고 북쪽 배면에 화장실과 창고가 설치되어있다. 배면 중앙에 설치된 화장실은 양쪽 방과 통하는 독립된 출입구를 두고 공용으로 사용하는 구조이다. 화장실 양쪽에 배치된 창고는 외부에서 출입하도록 독립된 여닫이문이 배면에 각각 설치되어 있다.

지붕은 맞배지붕으로 평면은 정면 중앙이 돌출되어 T형 평면이다. 처마에 정연하게 돌출된 콘크리트 구조물은 처마도리와 종도리에 한단만 걸린 삼량가 한옥에 걸린 서까래 같다.

입면은 외부에 노출된 콘크리트 기둥에 의해 3등분 되고 측면은 중앙 기둥에 의해 양분되어 있다. 콘크리트 기둥으로 한옥과 비교한다면 정면 3칸 측면 2칸의 구조이다. 측면은 노출된 기둥과 기둥 사이에 설치된 콘크리트 수평 부재가 노출되어 중목구조 건축물의 느낌을 갖게 한다.

3. 남자 병동(북병사)

1) 적벽돌 병동

남자 병동은 7개 동으로 구성되어 있는데 마을을 남북으로 관통하는 도로를 따라 남쪽 여자 병사와 동일하게 프리캐스트 공법으로 건축되었다. 여자 병동 리모델링 이전의 모습으로 1978년 호두리 병동 건축의 원형이다. 도로 좌측에 병동 2동, 우측에 2동이 각각 측면을 엇비슷하게 마주 보는 형태로 배치되어 있다. 좌측 병동에는 우측 병동과 달리 두 개의 병동 사이에 독립된 옥외 화장실이 뒤쪽 병동에 치우쳐 자리하고 있다. 그리고 맨 뒤쪽

에 황토와 시멘트의 이질 재료의 조적
조로 마감된 방과 마루로 양분된 병동
2동 인접하여 나란히 배치되어 마을길
을 가로막듯이 건축되었다.

〈그림 16〉 신축 공사중인 병동

남자 병동에 진입하면 전면에 배치된
4개 동은 여자 병사와 같이, 현장에서
철근콘크리트 부재를 제작하고 양생하
여 현장에서 조립 구조로 시공한 프리
캐스트 콘크리트 구조의 주택이다. 평면은 정면 중앙에 마루를 두고 2개의
방이 마주보는 구조로 공동주택 평면 구조에서 일컬어지는 3bay 구조이다.
프리캐스트 콘크리트 구조의 3개 병동 측면 1면에 차후에 부가된 보일러실
을 제외하면 병동마다 3개의 공간이 남쪽에 방, 북쪽에 주방으로 구획된 것
은 동일하다. 중앙의 방은 공간 구성은 양 측면과 동일하고 전면에서 쌍여
닫이문으로 진입하는 구조이나 전면에 배치된 마루만큼 방의 규모가 작다.
양쪽 측면의 방은 중앙에 배치된 마루에서 측면에 설치된 여닫이문을 사용
하여 진입하는 구조이다.

〈그림 17〉 남자 병동 현장 조사 전경(2023년)

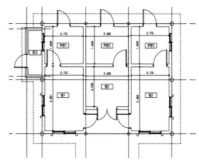

〈그림 18〉 남자병동 평면도

좌측 맨 앞에 배치된 1개 병동은 정면은 중앙에 마루를 가진 정면과 외형은 동일하지만 평면 구조는 확연히 다르다. 가운데 마루에서 전면으로 진입하는 중앙에 위치한 방이 배면에 주방을 두고 있는 것만 동일하고 좌우 공간은 다르다. 좌측 방은 배면까지 하나의 공간으로 구성되어 있고 우측은 목욕시설로 꾸며져 있다. 목욕시설은 남쪽 전면에 전실을 두고 목욕시설을 사이에 두고 배면에 도로 쪽에 출입구를 둔 독립된 창고는 보일러 설치를 고려한 것으로 보인다. 특히 독특한 평면 구조와 남녀 병동 중간에 배치된 점, 좌측 방에 비품으로 놓인 책상 등은 관리 기능이 부여된 것으로 보인다.

지붕은 맞배지붕으로 지붕 평면은 정면 중앙이 돌출되어 T형 평면으로 여자 병사와 동일하다. 처마에 정연하게 돌출된 콘크리트 구조물은 처마도리와 종도리에 한단만 걸린 삼량가 한옥에 걸린 서까래 같다.

입면은 외부에 노출된 콘크리트 기둥에 의해 3등분 되고 측면은 중앙 기둥에 의해 양분되어 있다. 콘크리트 기둥으로 한옥과 비교한다면 여자 병동과 동일한 정면 3칸 측면 2칸의 구조이다. 측면은 노출된 기둥과 기둥 사이에 설치된 콘크리트 수평 부재가 노출되어 중목구조의 느낌을 갖게 한다. 지붕과 입면은 여자 병사와 재료만 다르고 동일 구조의 건물이다. 지붕 재료와 조적 재료에서 여자 병사의 리모델링 전의 모습임을 확실히 알 수 있다. 창호는 틀을 돌출시켜 2중 창호로 마감되어 있다.

2) 흑벽돌 병동

1969년 항공사진에 북병사 자리에 시설물은 보이지 않고 직사각형 형태로 대지가 정비된 모습입니다. 옛 사진에서 1969년 지금의 남녀 병동 자리에 12동의 병동을 건축한 것으로 나타난다. 그 이후에 촬영된 사진은 지금의 남자 병사 자리 일대에 정면 길이가 다른 건축물이 가로로 3동씩 총 18동의 건물 모습이 보인다. 병동 정면에 한미재단이라는 표기와 함께 년도 숫자

가 1969로 표기되어 완공 시기를 나타
낸 것으로 보인다.

현재 남자 병동 북쪽 끝에 흙벽돌과
시멘트벽돌을 혼용하여 마감한 2동의
건물이 당시 한미재단의 후원으로 건축
된 병동이다. 한미재단 후원 병동 평면
은 2개의 방이 어긋난 반듯한 직사각형
평면이다. 정면에 노출된 마루를 통해

〈그림 19〉 1969년 한미재단 지원 표식

서 각 방으로 진입히고 배면에 나루와 사선으로 배치된 부엌은 마루와 같
이 공유 시설이다. 각 방에는 주출입구와 부엌을 출입하는 부출입구, 창문
이 각 1개소씩 설치되어 있다.

지붕은 직사각형 평면에 동일하게 돌출시킨 맞배지붕이다. 콘크리트 마
루와 부엌은 규모가 한옥에서 전면과 배면에 퇴를 낸 느낌이다. 콘크리트
기초 위에 흙벽돌을 쌓아 올리고 상부 지붕 경사에 따라 콘크리트로 제작
된 중도리 위에 지붕재를 마감하고 있다.

〈그림 20〉 흙벽돌 병동 정면(2023년)

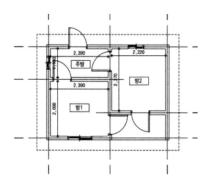

〈그림 21〉 흙벽돌 병동 평면도

4. 전이지대와 공동체 교회

호두리 질병 공동체마을의 북병사의
마당과 남병사 사이에 있고, 동서로는
마을길을 중심으로 서쪽 끝 저지대에
저수지와 동쪽 언덕에 위치한 교회가
위치한 공간이다. 전이 지대는 경사지
를 피해 휘어서 들어가는 진입로와 저
수지 사이의 공간을 제외하면 대부분은
숲으로 이루어져 두 개의 마을을 분리
시키고 있다.

〈그림 22〉 1979년 교회 건축공사

북병사 마당을 양분하는 콘크리트 포장도로 동쪽에 접한 은행나무는 마
당 가운데 마을 상징목처럼 우뚝 서있다. 큰 은행나무 옆에 높이의 자웅을
겨루듯이 서 있는 미국 서부영화에서 옥외 시설물로 자주 등장하는 윈드밀
은 이국적인 공간을 연출하고 있다. 윈드밀을 지나 경사진 길을 오르면 전
면에 휴식 공간을 둔 교회와 만난다. 교회 부지는 경사지를 절개해 평탄화
작업 후 건축물 대지로 조성하였다. 교회 종탑은 교회 우측 절개지 상부 가
장 높은 곳에 자리하여 질병 공동체마을에서 어느 곳에서도 볼 수 있다.

교회는 1979년에 건축된 병동과 같이 프리캐스트 콘크리트 공법으로 건
축되었다. 병동과 다른 점은 외벽 마감재로 시멘트블록을 주 재료로 사용
하였다. 교회 평면은 직사각형의 단일 공간에 배면 보일실과 케노피와 함
께 개방된 신발장이 부가된 평면 구조이다. 지붕은 병동 지붕의 경사와는
달리 급한 경사도의 맞배 지붕이다. 직사각형 평면의 짧은 변의 박공부를
정면으로 사용하고 중앙에 쌍여닫이문을 설치하고 출입문 외부에 돌출된
케노피와 함께 양쪽에 신발장이 설치되어있다. 그리고 상부 박공부에 유리
블럭으로 십자가를 설치해 자연 채광으로 의장적인 면을 높였다. 좌우 측

면은 프리케스토 콘크리트 기둥에 의해 4등분된 동일한 모양이 반복되는 구조이다. 창호는 기둥과 기둥 사이에 콘크리트 기둥으로 구획된 사이에 창호가 설치되어있다. 배면에는 좌측면에 치우쳐 보일러실을 외부로 부가시켜 확보하고 나머지 공간에 외여닫이문으로 독립된 출입구를 두고 있다.

특히 교회 건축에서 높이와 경사도를 고려하면 그동안 순천선교부가 왕시루봉 휴양지 건축과 순천기독결핵재활원의 병동 건축에서 터득한 프리캐스트 콘크리트 기술력이 함축된 결과물이라고 여겨진다.

〈그림 23〉 호두리 공동체 교회(2023년)

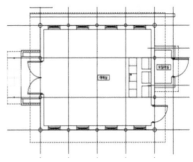
〈그림 24〉 호두리 공동체 교회 평면도

III. 프리캐스트 콘크리트 공법 적용

1. 로이스 보양원의 프리캐스트 콘크리트

프리캐스트 콘크리트(Precast Concrete)는 '미리 콘크리트를 붓는다'는 의미를 갖고 있다. 건축물의 주요 구조인 기둥, 보, 벽, 바닥 등을 구성하는 콘크리트 부재를 미리 운반 가능한 모양과 크기로 공장 또는 현장에서 제작하는 공사 방법이다.

로이스 보양원에서 사용된 프리캐스트 콘크리트 공법은 당시 순천선교부의 인휴 선교사가 형틀을 차량에 싣고 다녔다는 점에서, 현장에 거푸집을 설치해 콘크리트를 타설하는 현장 타설 공법을 사용한 것으로 보인다. 표준화와 접합부 등이 약점이었겠지만 목조 건물 보다는 관리와 내구성 면에서 뛰어난

〈그림 25〉 남자 병동 정면(2023년)

콘크리트로, 품질 안정화와 공사 기간 단축이라는 장점은 인휴 선교사의 건축 경험에서 초기 재료비 부담을 극복하고 남았을 것이다.

미국 남장로회가 선교를 담당하는 도시(또는 마을) 수 이상으로 다양한 건축 여건을 건축물 수만큼 많은 용도의 조합으로 만족도를 높인 것으로 보인다. 현장에서 제작된 거푸집을 사용한 콘크리트 타설은 숙련된 기술자가 붓는다고 해도 일정한 품질을 얻기에 한계가 있었을 것이다. 특히 일본의 태평양전쟁과 한국전쟁 이후 황폐한 삼림자원으로부터 가설자재인 거푸집용 목재를 구하는 것은 어려웠을 것이다. 일종의 조립식 공법인 만큼 현장에서 미리 콘크리트 부재를 만들어 이를 조립만 하면 되므로 날씨에 구애받지 않고 계획에 맞춰 공사를 진행할 수 있는 것도 유리하였다. 즉 요즘 공동주택 공사와 같이 평면상 상·하부가 동일한 구조물에서 사용하는 폼을 철재로 제작하여 여러 번 반복사용하는 것과 크게 다르지 않다.

특히 지붕 부재로 사용한 콘크리트 부재는 최적화된 단면적 분포와 보다

〈그림 26〉 콘크리트벽 조립 시공 사례
(https://www.alibaba.com/showroom
/concrete-wall-fence.html 2023.11.04.)

합리적인 강도 대 중량비를 갖는 경제적인 단면 및 구조용 재료로 사용되었다. 그리고 투입된 자재 대부분이 재사용이 가능한 점은 시행착오의 부담을 반감시켰을 것이다.

2. 주요 구조부의 특징

〈그림 27〉 여자 병동 배면의 기둥 및 지붕 구조

적벽돌을 벽체로 사용한 남·여 병동, 교회 등은 철근콘크리트 부재로 뼈대가 되는 기둥과 보 등의 골조를 세운 다음 지붕, 벽, 바닥 등의 공간을 구획하는 요소들을 골조에 연결시키고 있는 가구식 구조이다. 콘크리트로 만들어진 기둥과 기둥 사이를 적벽돌로 채우고, 지붕은 콘크리트 기둥이나 콘크리트 도리 위에 바로 콘크리트 서까래를 얹어 서까래가 지붕을 지지하고 있다.

기초부분은 확인할 수 없으나 사전에 현장에서 제작된 콘크리트 골조로 기둥을 세우고 기둥과 기둥 사이는 제작된 테두리보를 조립한 것으로 보인다.

서까래는 한옥의 지붕 구조와 같이 전면과 배면의 것이 엇갈리게 배치되어 있고 엇갈린 서까래를 볼트가 결합하고 있다. 서까래 하부의 천장 장선은 봉강이 대신하고 있고 서까래와 도리가 만나는 부분은 시멘트 몰탈을 채워 고정하고 있다. 특히 콘크리트 서까래는 철재로 제작된 마룻대(ridge board)를 사용하고 콘크리트 서까래 하부의 천장 장선은 봉강(원형강)을 사용하여 부재의 조립이나 재사용에 용이했을 것이다.

서까래는 I-형강의 단면 형상으로 상면에 정착구가 설치된 것으로 보아 강봉을 인장한 후 고정시킨 것이다. 특히 상면에 장착구를 설치한 것으로 보아 콘크리트 구조의 한계와 단점을 보완한 것으로 프리스트레스 콘크리트(PSC, PreStressed Concret) 공법이 사용되었다. 즉 콘크리트에 강봉을 넣고 양단에서 강력하게 잡아당겨 고정시킴으로써 콘크리트에 항상 압축력이 작용하게 만들어 휨에 강하고 사용하중에 의한 균열을 억제하고 있다.

제3부

전남 동부 기독교 건축과 생활공간

7장

순천 안력산병원 · 격리병동과 지역 생활

임희모

Ⅰ. 안력산병원 격리병동의 보존의 필요성

본 글은 순천에 자리를 잡고 전남 동부 지역을 중심으로 활동하고 그 범위가 넓어져 경남 서부 지역의 일부 주민들에게까지 의료혜택을 베푼 순천 안력산병원과 격리병동을 국가등록문화재로 등록하기 위하여 역사적 자료들을 수집하고 이 병원의 활동 등을 기능적인 관점에서 분석하려고 한다. 이를 위하여 먼저 순천 지역의 사회경제적, 의료문화적 배경, 뒤이어 초기 선교병원 건축과 활동, 안력산병원 건축과 활동을 분석하면서 이에 추가로 건축된 격리병동과 활용을 다루고, 끝으로 본 글을 논의한다.1) 본 글은 안력산병원 격리병동에 대한 건축학적 분석은 하지 않는다.

---

1) 이 글은 앞에서 서술한 임희모, 「로저스 선교사 활동과 로저스 가옥」, pp. 105-117과 상관을 갖는다.

II. 1893~1916년: 전남 동부 지역의 사회경제적, 의료 문화적 상황과 초기 선교병원의 활동

1. 사회경제적 상황

1910년 일제의 강점 이후 전국적으로 실시된 지주소작제로 인구의 8할 이상의 농민들이 수탈당하였다. 전라남도는 농업인구의 2%에 미치지 못한 지주가 전체 경지의 55%, 논의 65%를 소유함으로써 소작 농가는 전체의 80%에 이르렀다. 순천 지역의 농민들은 대부분 소작농으로 일용할 양식도 마련하기가 쉽지 않았다. 이들은 견디다 못하여 1922년에 소작농 1,600명이 지세 및 공과금의 지주부담, 소작권 이동 반대, 소작료 4할을 요구하며 대(對)지주투쟁을 벌였다. 이로 인하여 1924년 전라남·북도 노동·농민단체인 전라노농연맹이 발족되었다.[2] 이들 소작농민들은 농촌에서 일자리를 찾아 떠돌거나 날품팔이 빈민, 나중에는 도시빈민이나 걸인으로 전락하였다.

2. 전통적 의료문화적 상황

로저스(James M. Rogers, M.D.) 의료선교사가 의료 상황을 보고한 내용을[3] 요약하면, 1910~1920년 당시 전남 순천과 동부 지역에는 대개 3종류의 질병 치료사가 존재했다. 첫째, 질병의 근원을 악령의 작용으로 이해하여 축귀 굿을 하여 귀신과 악령을 쫓아내려는 무당, 둘째, 음식물을 먹었으나

2) 무등역사연구회, 『광주·전남의 역사』, 태학사, 2010:3쇄, 234~237쪽.
3) J. M. Rogers, "Medical Work in Korea", *The Missionary Survey*, August 1922, pp.596-598; 임희모, 「제임스 로저스 의료선교사(James McLean Rogers M.D.) 연구」, 임희모, 『미국 남장로교 한국선교회의 여성·의료 선교사』, 동연, 2022, 165~193쪽.

소화를 잘 시키지 못하는 환자에게 소화력을 높이기 위하여 튼튼한 위를 갖게 하려고 각종 쇠 부스러기와 보습을 작게 쪼개어 먹이는 등 무지하고 비합리적인 민간인들의 치료 행위, 셋째, 살균 문제와 미숙한 시침과 뜸뜨기 등 제대로 실력을 갖추지 못한 침술사 등이다. 이들의 치료처방을 따르다 보면 적지 않은 환자들이 병이 심하게 악화되거나 치료시기를 놓쳐 치료가 어려워진다. 이들이 병원에 도착할 때는 대부분은 이미 절망적인 상태에 놓여 있었다. 이러한 의료문화 상황에서 근대시기 안력산병원이 의료활동을 행하였다.

3. 순천선교부의 초기 의료 상황

의료선교의 확장 단계를 보면 먼저 선교사는 자신과 가족을 위하여 의과대학을 다니거나 의학지식을 습득한다. 그리고 동료선교사를 위하여, 선교회를 위하여, 그 다음에 지역 현장의 병자를 위하여, 마지막으로 지역사회의 의료발전을 위하여 의료선교를 행한다. 이와 같은 방식으로 선교회는 선교사들의 건강과 안전을 유지하고 팀워크로서 의료선교를 행한다.

한국선교회는 복음전도 선교사 중심으로 1913년 순천선교부를 급히 조성함으로써 의료 환경을 미처 구축하지 못하였다.[4] 이로 인하여 선교마을의

---

4) 한국에 1892년 11월에 도착한 레이놀즈(W. D. Reynolds Jr.)가 선교부 후보지를 물색하기 위하여 1894년 3월 전라도 지역을 탐방할 때 보름 전에 입국한 의사선교사 드루(A. D. Drew, M.D.)와 동행하였다. 그러나 드루는 목포를 거쳐 4월 28일 흥양(고흥)까지 왔으나 발이 부르터서 곧장 서울로 되돌아갔다. 레이놀즈는 4월 30일 순천과 5월 1일 좌수영(여수)을 거쳐 부산을 통해 서울로 돌아갔는데, 선교부 후보지로 좌수영(여수)을 극찬하였다. 이를 확인하기 위하여 1896년 9월 벨(E. Bell) 선교사는 한국입국 7개월인 해리슨(W. B. Harrison)을 동반했다. 그는 자신을 지키려고 루이빌의과대학에서 1년간 의학을 공부했는데, 좌수영에서 한국인들에게 약을 건네고 치료를 하였다. 의학지식을 가진 자로서 전남 동부 지역을 방문한 최초의 선교사는 드루와 해리슨이었다. 의료선교사들은 자신과 동료선교사를 위하여, 선교현장의 병자들과 그리고 지역사회의 의료 발전을 위하여 활동하였다.

첫 입주자인 코잇(R. T. Coit) 선교사 가족은 도착 후 곧 두 아들이 이질에 걸려 연이어 사망하고 부인은 사경을 헤맸다. 이후 의사선교사 티몬스(H. L. Timmons, M.D.)와 광주의 그리어(A. L. Greer) 간호사가 공식적으로 발령을 받고 1913년 9월 순천 진료소(가로세로 각 10피트, 약 9.3㎡=2.8평) 업무를 개시했다. 이 진료소는 비좁고 시설이 미비하여 1914년 3월 새로운 한옥 병원(가로세로 18피트x28피트= 46.3㎡=14.3평)을 짓고 소규모의 의료 활동을 행하였다.

III. 안력산병원 건축과 지역사회 의료사역과 복지 활동

1. 1916년 안력산병원 건축과 시설

군산선교부 소속으로 1902년 12월부터 1903년 2월초까지 활동한 의료선교사 알렉산더(Alexander J. A. Alexander, M.D.)가 1914년 병원건축기금을 보내와 티몬스 의사가 1916년 3월 1일 30병상과 온돌방 5개(?)의 안력산병원을 세우고 개원하였다. 그러나 이 병원은 최신식 병원이라고 자랑스럽게 알려졌으나 시설 내부에 대해서는 알려진바 거의 없다.

1927년 보멜도르프(G. R. Womeldorf)의 병원방문을 환영하면서 로저스가 직접 병실을 돌며 병명을 소개했는데 이를 대략 간추리면 다음과 같다.[5] 2층의 첫 침대 방에 3명의 환자, 다음 방은 소년 병실, 다음은 침대 환자, 그리고 다른 방은 침대 척추 결핵 환자, 다음 방은 여자들, 또 다른 방은 일본여성이 쓰는 병실이다. 계단을 통한 아래에, 1층의 첫 방은 불교승려, 다음 방은 다리 절단 환자, 다음 방은 위궤양 환자, 다음 방은 몇몇 외과 수술

---

5) G. R. Womeldorf, "The 'Jesus Hospital' at Soonchun", The Missionary Survey, Oct. 1927, pp.613-614.

환자들, 마지막 방은 외과 절단으로 구더기가 끓는 환자가 입원 중이다. 격리병동에는 폐종양 악취 환자와, 디프테리아에 걸린 3살 어린이가 입원 중이다. 1930년 증축 전의 안력산병원은 지상 3층의 건물로, 2층에 침대를 갖춘 병실, 1층에는 온돌방과 사무실 등이 있었다. 여기 온돌방에서 최소 20명의 무료 환자들이 편안한 마음으로 자유롭게 치료를 받으며 지냈을 것이다.

2. 초기 순천선교병원 진료와 안력산병원 건축과 의료실적6)

〈표 1〉 안력산병원 의료실적(단위: 명)

	한국의사	보조인	의학생	병원 수술				진료 합계	총합계 = 진료+치료일
				환자	치료일	국부마취	전신마취		
1914	-	3	1	-	-	67	23	3,814	3,814
1915	-	3	0	-	-	49	22	3,888	3,888
1916	1	6	1	97	1,480	118	44	5,501	6,981
1917	1	13	1	384	5,824	99	110	6,122	11,946
1918	1	13	1	-	3,399	89	97	7,023	10,422
1920	-	20	2	595	7,341	242	222	6,195	13,534
1928	1	32	-	1,091	3,275	408	489	10,820	24,095
1933	2	24	-	1,925	28,241	1,196	520	22,541	50,782

표 1은 1916년 통계를 기점으로 그 이전과 그 이후의 통계 차이를 보여준다. 또한 자선적 의료선교정책이 시행된 1920년 이후 많은 환자들이 병원을 찾았다. 1928년 이 병원은 적자운영을 벗어나 흑자병원으로 변신하였다. 안력산병원은 1930년부터 남장로회 선교병원 중 최고의 실적을 거둠으로써 1920년대 최고 병원인 군산 선교병원의 실적을 넘어섰다.(표 2 참조)

---

6) *Minutes of Annual Meeting of the Southern Presbyterian Mission in Korea, 1914-1918, 1920, 1928, 1933.*

3. 지역사회 빈자들을 위한 무료 치료의 확대

가난한 지역주민들은 병에 취약하다. 병에 걸리면 일자리를 잃고 거리로 나앉게 되고 목숨부지가 어려워진다. 이러한 상황에서 가난한 자와 병든 자와 죽음의 상관관계를 잘 알고 있던 로저스는 자선적 무료 치료를 시행하였다. 그는 선교회가 부여한 일정한 비율의 자선 치료 비율을 훨씬 뛰어넘어 돈이 있든 없든 누구든지 이 병원에서 치료를 받을 수 있도록 내규를 정하였다. 이 병원은 1924년 무료시술 시행과정에 저임금간호사들이 파업을 일으켜 사회적 물의를 일으켰으나 은혜롭게 중재가 되었고 전화위복이 되어 3년 후 완전 자립의 길을 걸었다.

1927년부터 환자들이 안력산병원으로 몰려들어 더 이상 수용할 수 없자 병상 1개에 2명의 환자가 같이 써야 하는 긴급한 상황이 발생했다. 이에 때맞춰 1927년에 기부금 2,000달러가 입금되었고 이를 기반으로 1930년에는 7,600달러를 더하여 총 9,600달러를 확보하였다. 이 기금은 장비(2,500달러), 장비와 건물(5,000달러, 신규증액 포함), 일반사업으로 토지구입(1,000달러)과 간호사 홈(1,100달러)을 위한 것이었다. 1933년 병원증축이후에 시설은 더욱 좋아졌고, 빈자들은 몸이 아프면 무조건 안력산병원을 찾았고, 로저스와 직원들은 이들을 기꺼이 받아들였다. 이로 인하여 소문이 전국적으로 급속히 퍼져 안력산병원은 무산자를 위한 병원으로 알려졌다. 이를 국내신문들이 기사화하였다.

여기에서 참고로 전국의 선교병원 16개의 무료진료 비율을 살피면, 1927년 안력산병원의 무료 환자의 비율은 병원 62%, 진료소 42%를 기록했다. 그런데 1928년 한국주재 6개 선교회가 운영하는 병원들 중 16개 병원으로부터 설문을 취합한 무료 치료 평균치는 병원 43%이고 진료소는 39%였다.[7] 그

---

7) A. G. Fletcher, "Charity Work in Mission Hospitals", *Korea Mission Field*, Feb. 1928, pp.38-39.

런데 사실 안력산병원의 무료비율 수치 62%와 42%를 제외한 나머지 15개 병원의 평균치는 병원 41.7%와 진료소 38.8%로서 다소 낮은 수치를 보인다.

4. 안력산병원 동역자들의 적극적 참여와 주체적 자립

1920년대 말부터 순천 안력산병원은, 1919년부터 시작된 군산 선교병원의 치적을 넘어서기 시작하였다. 표 2가 한국선교회의 5개 병원의 실적을 보여준다. 군산병원이 1919~1928년까지 최고의 실적을 올렸으나, 안력산병원의 1930년부터 1940년까지의 실적은 군산병원의 것을 훨씬 뛰어넘었다.[8] 여기에서 로저스의 의료선교정책과 동역자들의 팀워크가 중요하였다. 그는 정민기외에 1930년 윤병서를 영입하여 동역하였다. 또한 미국인 간호사와 한국인 동역자들의 합심도 중요하였다. 그리어(Anna Lou Greer, R.N.) 간호사가 병원 관리 책임을 맡으면서 청결을 강조하여 병원 복도와 벽을 깨끗하게 유지하였다. 간호선교사 휴슨(Georgia F. Hewson, 1896.12.4.~1946.12.4.)이 썸(Thelma B. Thumm, R.N.)의 후임으로 안력산병원에 1931년에 부임했다. 휴슨은 순천에서도 간호사 훈련과 지도, 병원 관리와 행정, 병원스텝들과 함께 확장주일학교 운동을 벌였다. 1936년 이 병원의 22명 간호사 중 4명을 제외한 18명의 간호사들이 휴슨의 간호학교 출신들이다. 성실함과 관리능력을 지닌 휴슨은 칭찬을 받았다.[9]

---

8) 임희모, 「제이콥 패터슨(Jacob B. Patterson. M.D.) 의료선교사 연구」, 동저자, 『미국 남장로교 한국선교회의 여성·의료선교사』, 137~163쪽.

9) *Minutes of SPMK 1931*. p.26; J. M. Rogers, "Alexander Hospital, Soonchun." *KMF*, 1937, p.95.

〈표 2〉 선교병원 연도별 진료실적(1918~1940)(단위: ¥, 1931년 $)[10]

선교부	전주병원		군산병원		광주병원		목포병원		순천병원	
연도	병원	진료소	병원	진료소	병원	진료소	병원	진료소	병원	진료소
1918	1,877	880	5,178	1,604	1,415	1,540	1,055	1,552	1,530	905
1919	10,250	7,500	30,763	31,179	10,145	10,150	-	-	6,069	5,868
1920	-	-	44,684	9,970	10,059	7,959	-	-	7,537	-
1921	6,782	2,416	42,200	12,012	6,259	7,458	-	-	10,110	2,883
1922	7,466	3,538	38,746	10,943	8,940	10,307	-	-	7,320	3,116
1923	6,775	2,913	40,407	18,742	8,759	9,372	-	-	4,777	4,018
1924	4,705	3,526	62,136	16,513	7,070	10,943	-	-	6,662	3,742
1925	5,946	3,131	24,701	9,462	6,555	10,115	1,665	4,047	7,295	4,618
1926	3,376	1,893	6,668	4,277	2,651	3,782	2,691	2,264	2,202	1,502
1927	7,329	3,280	15,235	7,042	4,592	7,073	4,004	6,411	4,859	5,245
1928	3,859	1,925	6,252	4,056	2,780	3,388	2,673	1,498	5,182	2,950
1929	-	-	-	-	-	-	-	-	-	-
1930	6,008	3,076	12,346	4,987	5,900	9,737	6,244	4,846	21,903	5,771
1931	2,926	1,468	3,993	2,265	2,253	3,172	2,708	2,158	10,026	3,922
1932	6,538	2,743	7,850	2,856	3,928	3,979	2,422	3,710	21,040	5,206
1933	7,450	2,416	8,964	2,967	3,238	4,065	2,397	1,863	23,386	5,941
1934	8,767	3,006	7,447	3,640	8,220	3,064	1,420	5,295	28,061	12,500
1935	3,825	2,048	10,362	4,701	5,344	7,752	-	-	34,663	8,125
1936	13,760		16,449		15,900		6,072		59,909	
1937	23,602		15,636		21,790		9,028		65,671	
1938	-		-		-		-		-	
1939	-		-		-		-		-	
1940	35,230		17,260		31,981		12,249		70,425	

　　이러한 안력산병원은 1930년대 한국 최대의 연합병원인 세브란스병원의 실적에 버금가는 실적을 올렸다. 미국 북·남장로회, 북·남감리교, 호주장로교 및 캐나다장로교 등 6개 교단의 선교회들이 의사와 간호사는 물론 운

---

10) *Minutes of Annual Meeting of the Southern Presbyterian Mission in Korea, 1918-1940* ; 임희모, 「제임스 로저스 의료선교사(James McLean Rogers M.D.)」, 186~187쪽.

영이사를 파송하고 재정을 지원하여 발전한 연합병원인 서울 세브란스병원에 대하여, 미국인 의사1인(로저스)과 간호사1인(휴슨)의 안력산병원이 거의 같은 실적을 올린 것은 대단한 업적으로 평가받을만하다. 이는 로저스의 헌신적인 수술치료와 동역자들의 따뜻한 협력이 만들어낸 자랑스러운 역사적 사실이다. 1913년 순천선교부 개설에 주도적 역할을 한 프레스톤(J. F, Preston) 선교사는 병원장 겸 수술전문담당인 로저스와 대담하고 이를 보고하여[11] 인술을 펼치는 안력산병원을 한국사회와 한국주재선교사회에 알렸다.

5. 지역사회 발전에 기여한 안력산병원과 직원들의 사회복지 활동

사실 가난한 사람들에 대한 자선적 무료 치료는 그 자체가 지역사회의 삶의 질을 높이고 발전시키는 일이다. 지역사회에서 환자들의 수가 적어지고 건강한 자들이 많아지는 것은 그만큼 사회가 건강해지고 안전하다는 것을 증명하는 것이다. 이외에도 로저스의 안력산병원은 1920년에 약물중독자 30여명을 치료했고, 1927년에 치과를 열고, 순천유치원 어린이들에게 무료건강검진을 실시했고, 1935년에는 소아과를 운영하였다.[12] 이와 같이 로저스와 안력산병원은 사회적 취약자들의 삶의 질을 높이는 의료적 복지 향상을 위하여 노력하였다.

병원에서 근무한 복음전도자는 남녀 각 1인으로 2명이 있었는데 김영진은 널리 알려졌다. 그는 인습적 유교의 처첩문화를 기독교 복음으로 깨뜨린 사람이었다. 그는 원래 부유한 상인이었을 때 딸만 낳은 본처이외에 아들을 낳기 위하여 첩을 얻어 살았다. 그런데 그는 그리스도의 복음을 접하

---

11) J. F. Preston, "A Close-up View of the Medical Missionary", *KMF*, July 1936, p.139.
12) 이만열, 『한국기독교의료사』, 아카넷, 2003, 737쪽.

고 첩을 내보내고 본부인과만 살았다. 인습적인 유교적 가부장제 사회의 악습에 대하여 기독교복음을 실천함으로써 이를 깨뜨린 김영진이 안력산병원에서 전도자로 활동하였다. 일과시작 전 1시간 동안 전체 직원과 환자들이 참석하는 예배를 드렸는데 김영진이 이를 인도하고 설교하였다. 그는 유교적 처첩문화와 여성 억압적 사회악습을 복음말씀으로 변혁하여 새로운 사회를 향하여 사회개혁의 삶을 살았다.

6. 안력산병원 격리병동의 시설 확충, 그 역사적 중요성과 보전의 필요성

한국선교회는 1916~17년 예산으로 300달러를 책정하고 격리병동을 설치하였다. 30병상의 안력산병원 건축이 완공된 후 추가 시설로 격리병동을 세웠다.[13] 이것은 병원 본관에서 길을 건너 100야드(90미터) 정. 떨어져 있는 방3개의 한국식 집을 구입하고 개조하여 활용하였다. 그러나 이 격리병동은 시행과정에서 몇 가지 문제가 있었다. 첫째, 협소하고, 둘째, 본관에서 멀리 떨어져 있어서 전염병에 걸린 환자들을 이곳에 보내거나 관심을 가지고 돌보기가 불편하였고, 셋째, 1919년 규정에 맞지 않았다.[14] 그러나 안력산병원은 1919년 법규가 마련되기 이전인 1916년에 격리병동을 선제적으로 세웠던 것이다.

그동안 안력산병원장 로저스 박사는 새로운 격리병동을 세워야 한다고 늘 생각했다. 왜냐하면 여름에 대규모로 발생하는 전염병에 대하여 효과적으로 대응해야 하고, 더 큰 시설과 인력이 필요하기 때문이었다. 한편 안력산병원 건너편에 일제가 세운 도립병원과 격리건물이 있었다. 이들은 당시

---

13) *Minutes of Twenty-Fourh Annual Meeting of SPMK, Kwangju, 1915*, p.53.

14) James M. Rogers, *Extracts from Report of J. M. Rogers, M. D. to Soonchun Station, covering report for Alexander Hospital, for year 1920-1921*, Received at Nashville, Tennessee, August. 1921, p.2.

전염병 환자들이 생기면 의사나 간호사 등 의료 인력은 단 한 사람도 배치하지 않고 오직 대중으로부터 환자를 격리하여 수용하는데 집중하고 있었고, 이를 경찰이 관리하여 출입을 통제하고 있었다. 벌교와 대대 마을에서 대규모 전염병이 발생하여 로저스가 방문하여 치료하려 하였으나 경찰이 막아서 출입을 할 수도 없었다. 그러니까 의료종사자가 아닌 치안 경찰이 전염병을 통제하고 있는 꼴이 생긴 것이다.

1919년에 격리병동 설치 규정이 공표되었다. 일제는 병실 10개 이상의 병원은 의무적으로 격리병동을 세우도록 규정화 하였다. 이에 따라 한국선교회는 안력산병원 격리병동을 제1순위로 건축하기로 하고 예산 2,500달러를 확정하였다.[15] 이 예산 결정은 1919년 1월 조정위원회가 '항구적 설비 예산' 항목으로 확정하고 동년 6월 한국선교회 연례회의가 확정하였다. 그러나 1923년에[16] 모리슨 부인(Mrs. C. Morrison, i.e. ex Mrs. George W. Watts)이 기금을 기부하여 격리병동이 완공되었다. 사업가로서 박애주의자인 와츠 (Mr. George Washington Watts, 1851~1921)는 순천선교부 내의 모든 선교사들의 연봉은 물론 건축과 운영비 등으로 1912년부터 매년 13,000달러를 기부해 왔고 1921년에 순천을 방문하였으나 귀국 후 3월에 사망하였다.

격리병동의 활용에 대하여 다음과 같은 사례가 알려지고 있다. 우선 전염성이 강한 병에 걸린 자, 또한 역겨운 냄새를 풍겨 다른 환자들에게 혐오를 일으키는 환자 등이 이 병동에서 치료와 보호를 받았다. 1927년 방문보고서에 의하면 격리병동에 방이 2개 이상 있어서 디프테리아에 걸린 어린이와 폐종양에 걸린 노인이 악취를 풍겨서 각각 격리하였다는 것이다.[17] 또한 1936년 프레스턴 선교사의 보고에 의하면, 매년 35명 이상의 격리환자가 발생하는데 안력산병원이 이들을 전원 무료로 치료하였다.[18] 현재 2023년

---

15) Minutes of Twenty-Eighth Annual Meeting of SPMK, 1919, Chunju, 1919, p.53.

16) *Annual Report of Alexander Hospital 1931-32*, p.3.

17) G. R. Womeldorf, "The 'Jesus Hospital' at Soonchun", p.613.

상태의 격리병동은 안력산 의료문화센터가 여러 가지 프로그램을 만들어 이 공간을 활용하고 있다.

IV. 안력산병원 격리병동의 의료문화재적 가치와 보존의 중요성

1. 안력산병원 격리병동 국가등록문화재 등록 사업위원회(가칭)의 할 일

100년 전 일제의 수탈과 전통적 봉건 사회에서 가난하여 굶은 사람들이 농촌이나 길거리에서 병들어 죽어가면서 안력산병원을 찾을 때 혹은 이들을 데리고 와서 먹이고 재우고 치료하여 생명을 살린 역사적 생명살림을 오늘날 생명·생태 위기의 상황에서 재해석할 필요가 있다. 그동안 의료에 대한 선교신학이 영혼구원과 교회개척을 위한 도구적 의료치료에서 인간과 생명체를 구원하는 하나님 나라의 통전선교로 진보했다. 이러한 변화 속에서 인간생명의 문제는 주위 환경과 생태계로부터 분리하여 격리하는 식으로 접근할 수 없다. 인간을 포함하는 전체 생명계와 생태계라는 통합적 차원에서, 지리적 정치적 종교적 기독교적 다차원 수준에서 안력산병원의 인간생명 살림의 의료행위를 분석하고 보전해야 할 것이다.

2. 안력산병원 격리병동의 의료문화재적 가치 발굴 과제

사업위원회(가칭)는 그동안 순천 안력산병원이 행한 의료 활동에 대하여 총체적이고 심층적인 연구를 할 필요가 있다. 이를 위하여 우선 병원이 행한 환자 치료 등 의료 활동에 대한 자료를 수집하고 집적해야 할 것이다.

---

18) J. F. Preston, "A Close-up View of the Medical Missionary", p.141.

또한 병원 원장으로서 특히 대부분의 수술을 행한 외과의사 로저스의 인성의 특성, 무료 치료와 병원 자립의 관계, 자선 치료 활동에 대한 중요한 사례를 모으고 연구해야 할 것이다. 더나가 안력산병원에서 활동한 선교사와 한국인을 포함한 인물들의 업적과 영향 등을 연구할 필요가 있다. 여기에는 선교사로서 티몬스, 윌슨, 로저스, 한국인 의사로는 정민기, 윤병서, 김용식, 병원전도사로서 김영진과 병원 회계를 맡은 황두연은 널리 알려졌다.

3. 안력산병원·격리병동의 보존과 활용을 위한 연대와 협력 필요성

오늘날 수많은 환자들의 생명을 살리고 더나가 인간 존재들과 생명·생태계의 보전을 위하여 국제적, 국가적, 지방적 의료기관들의 통합적 접근과 협력이 필요하다. 또한 지역마다 존재하는 전통적 생명 종교와 기독교의 지혜를 모으고 나누는 일도 중요하다. 더나가 한국의 근대 이후 호남의 기독병원들로서 오늘날 활동하는 전주 예수병원, 광주 기독병원, 순천 애양병원 및 기독교 교회·기관 간의 의료적 정보 등을 나누고 연대하고 협력할 필요가 있다. 이렇듯이 광범위한 연대와 협력은 지금이곳 즉 순천 안력산병원·격리병동의 영구적인 보존과 효율적인 활용을 통하여 촉발되고 진전과 확장이 이루어질 것이다.

8장

순천 애양원의 공간과 정원문화

김도균

Ⅰ. 순천 애양원의 정원

'순천 애양원정원'1)은 1910년대 초에서부터 1940년대 초반까지 미국 남장로회에서 파견된 선교사들이 전라남도 순천지방에서 선교활동 과정에 남겨진 순천 애양원의 정원이다. 순천 애양원은 미국 남장로회 선교사들의 거주지, 한국인 장애인들의 순천애양재활직업보도소, 순천선교부 외국인 어린이학교가 있었던 곳이다.

근현대 미국 남장로회에서 파견된 순천기독교 선교사들은 1910년대 초인 조선 말기에 시작하여 일제강점기, 6.25동란 그리고 1980년대까지 한국의 근대화와 현대화 과정에 선교 활동을 하여 순천시와 인접 지역에 많은 영향을 미쳤다.

---

1) 이 글에서 언급하는 순천 애양원은 순천 매곡동에 있는 현 여수애양병원 소유의 부지임.

미국남장로회에서 파견된 순천선교부가 선교활동 과정에 순천지방의 근대적인 중등교육, 근대적인 의료시설, 선교사들의 근대적 건축과 시설들은 순천의 근대화에 커다란 영향력을 미쳤다.[2]

110여 년 전에 순천선교부가 활동을 시작하여 현재까지 순천시에 큰 영향을 미쳤기 때문에 근현대 순천기독교 선교사들의 활동과 그 과정은 과거와 현대 그리고 미래를 계획 하는데 큰 의미가 있을 것이다. 특히 정원은 일상생활과 밀접한 관련이 있기 때문에 근현대 순천기독교 선교사들이 선교활동 과정에서 형성된 정원문화는 어떤 형태로든 크게 연관되어 있을 것으로 생각한다.

과거의 역사는 그것이 크든 작든 간에 현대와 미래를 살아가는 사람들에게 통찰할 수 있는 기회를 주고, 교훈을 줄 수 있다. 근현대 순천 애양원 정원은 일반인들에게 잘 알려져 있지 않고, 가꾸고 이용하던 선교사들은 이미 타계하였다. 기억해 줄 만한 사람들도 찾아보기 어렵고 정원 형태나 정원에 대한 사료들과 청문을 할 수 있는 사람들도 점점 적어져 가고 있다.

1. 순천 애양원 개관

순천 애양원은 전라남도 순천시 매산길 53번지 일대이다. 순천 애양원은 1910년대 초반에 미국 남장로회에서 파견된 기독교 선교사들이 순천스테이션[3]을 중점 관리한 선교사들이 거주한 곳이다.

미국 남장로회에서 파견되어 설립된 순천스테이션은 기독교 종교 전파를 목적으로 하였다.[4]

---

2) 강성호, 「순천 근대 기독교 선교 유적의 현황과 과제」, 『순천 기독교역사박물관, 순천대 인문학술원 공동 학술대회-순천 선교 문화유산과 근대 정원: 현황과 가치』, 2023, 3~12쪽.
3) 순천스테이션은 미국남장로교 순천선교부 즉 매산등의 선교시설 전체를 일컫는 표현이며, 여수 애양원, 지리산 왕시루봉 수양관 등은 순천선교부 산하 시설이다. 매산등의 애양원은 순천선교부의 일부 공간에 붙여진 명칭임.

순천스테이션은 1904년 전킨(William McCleary Junkin, 1865~1908) 선교사의 발의가 있었고, 1910년에는 니스벳(Nisbet, John Samuel, 1869~1949), 프레스톤(Preston Jon Fairman, 1875~1975), 윌슨(Robert M. Wilson, 1880~1963) 등의 선교사들이 선교사 위원회를 조직하여 선교부의 타당성 여부를 조사하여 벌교와 순천이 거론되었으나 장래 순천이 교통의 중심지가 될 것을 고려 순천스테이션을 설립하기로 하였다.[5] 그리고 순천스테이션은 1912년에 공사를 시작하여 1913년에 주택이 완성되어 선교사들이 거주하기 시작하였다.[6]

순천 기독교 선교부는 1913년에 미국 남장로회에서 파견된 코잇(Coit, Robert Thornwell, 1878~1932)과 프레스톤(Preston, John Fairman, 1875~1975) 선교사에 의해 설립 되었다.[7][8] 미국 남장로회가 세운 순천선교부는 대한제국이 멸망한 직후 일제강점기인 1913년에 세워졌다.[9]

순천 애양원은 순천선교부가 개설되기 이전부터 코잇 선교사가 1910년경부터 신분을 숨기고 애양원의 부지를 구하였다. 선교사라고 알려지면 땅값을 올리는 일이 있었기 때문에 사냥꾼 복장으로 매입 주체를 숨긴 채 땅을 매입하여 부지를 구한 것이다.[10]

순천선교부 기지는 전주, 군산, 목포, 광주 등지에서 시행착오를 하였던 다양한 경험을 토대로 설계에서 시공까지 서구식으로 하여 한국의 취락 구

---

4) 우승완, 『천년 순천의 근대기 도시 이야기』, 순천문화재단, 2022, 247쪽.
5) 우승완, 「순천의 근대기 도시화에 관한 연구」, 순천대학교 박사학위논문, 2009, 49쪽.
6) 나의 신앙유산답사기(순천편1)(뉴스와논단 http://www.lawtimes.net/2493 2023.10.15.)
7) 「순천 선교의 초석 오웬(Owen), 애양원 설립자 포사이드(Forsythe)」(전주대신문856호 2016.10.5. https://news.jj.ac.kr/ 2023.10.15.)
8) 순천선교부 창설자 코잇(Coit)과 그 자녀(https://m.blog.naver.com/kjyoun24/60107125779 2023.10.15.)
9) 강성호, 앞의 논문, 3쪽.
10) Coit, Robert Thornwell(1987~1932), SP)/ Coil, Cecil McCraw Woods. (한국기독교사 게시판. https://www.1907revival.com/bbs/view.html?idxno=2907 2023.10.15.)

조나 도시 질서 체계와는 다르게 근대식으로 건축되었으나 현재 많이 소실되었다.[11]

2. 순천 애양원의 입지

순천 애양원의 입지는 현재 순천 시가지로부터 서측의 매산여자고등학교 위쪽에 입지하여 있으며, 설립 당시에는 순천읍성 북문과 서측 난봉산 동쪽 산어귀 구릉지였다. 순천선교사 마을은 순천시내 중심부를 한 눈에 내려다 볼 수 있는 부지로서 난봉산 줄기에 자리 잡았으며, 현재의 순천중앙교회, 순천기독재활원, 매산중학교, 매산고등학교, 매산여자고등학교, 순천애양재활직업보도소와 그밖의 아파트와 일반주택들로 이루어진 언덕 위의 마을이다.[12]

순천 지역에서 선교사 마을로 택한 부지는 당시 순천읍성 북문 밖 동산으로[13] 1920년대 순천 애양원 주변은 지역 사회의 명물로 사람들이 매일 수백 명씩 찾던 아름다운 곳이었다.[14]

당시 순천선교부 선교사들은 공간 배치를 할 때 주거지역은 몇 가지 원칙을 가지고 있었다. 순천 애양원은 그동안 설립된 전주, 군산, 목포, 광주 등의 선교부 설립 경험을 통한 위치 선정의 몇 가지 기준, 즉 첫째 밀집 주거지인 성내의 시가지를 전망할 수 있는 언덕이나 구릉지, 둘째 거점도시의 성내의 시가지로부터 멀지 않은 거리, 셋째 저렴한 비용으로 충분히 넓은 대지 넷째, 한국의 전통적인 기존 건축의 인지도가 높은 권위적 위상이

---

11) 나의 신앙유산답사기(순천편1)(뉴스와논단 http://www.lawtimes.net/2493 2023.10.15.)
12) 남호현, 「근대 순천지역 선교사 마을의 배치와 공간 수법에 관한 연구」, 『대한건축학회 연합논문집』 제2권 제4호 통권5호, 17~28쪽.
13) 우승완, 앞의 논문, 57쪽.
14) 한국기독교사 게시판, https://www.1907revival.com/bbs/view.html?idxno=2907 (2023.10.15.)

〈그림 1〉 1948년 10월 11일 순천시 항공사진

나 종교적 상징 등과 연계할 수 있는 대지 등인데 이러한 경험적 요소가 전체적으로 반영되었다.

순천 애양원은 일방적 서구식이 아니라 한국 건축의 권위적 위상 또는 종교적 상징성과 연계할 수 있는 대지 조건 등이 반영되었다.[15] 선교사들의 주거지는 순천시 주거지보다 훨씬 더 높은 곳에 터를 잡아 당시 조선인들 거주지보다 더 권위가 높으면서도 종교적인 상징성을 부각시킬 수 있는[16] 곳에 터를 잡은 것이다.

서양인들이 언덕을 선호하는 관습이 낮은 경비의 구입조건과 더불어 좋

---

15) 나의 신앙유산답사기(순천편1)(뉴스와논단 http://www.lawtimes.net/2493 2023.10.15.)

16) 매화꽃 같은 사랑의 언덕, 순천 매산동 기독교 유적(Ohmy News: https://www.ohmynews.com/NWS_Web/View/at_pg.aspx?CNTN_CD=A0002834517 2023.10.15.)

은 조건으로 작용한[17] 것으로 보인다. 순천 시내를 조망할 수 있었고, 시장과도 가까웠으며, 높은 언덕에 서양식 2층 건물을 지어서 순천의 조선인들이 경외심을 가지고 바라보았을[18] 것이다.

3. 순천 애양원의 지형

순천 애양원의 지형은 난봉산 동쪽 급경사지 아래 비교적 완만한 낮은 구릉지에 진입과 건축을 하기 유리한 노단식으로 지형을 변경하였던 것으로 보인다. 진입부를 제외한 선교사들의 가옥, 순천선교부 외국인 어린이학교, 직업보도소 등의 건물들의 주시야가 동남향 방향으로 약 500m 정도 떨어져 있는 당시 순천읍성 시가지와 19㎞ 정도 떨어져 있는 여수 애양원을 향할 수 있도록 노단식으로 조성한 것으로 보인다.

4. 순천 애양원 주변 난봉산의 식생 경관변화

순천 애양원 서측 뒷산인 난봉산의 식생은 1925년경까지는 식생이 매우 빈약하였지만 시간의 흐름에 따라 1990년대 이후에 점차적으로 식생이 좋아진 것으로 보인다. 초창기인 1925년대의 경관은 사진 자료에서 순천 애양원 뒷산인 난봉산은 식생이 매우 빈약하였던 것으로 보인다.

---

17) 우승완, 앞의 논문, 58쪽.
18) 이름과 기억: 순천 선교사 마을: https://sweet-workroom.khan.kr/entry/%EC%9D%B4%EB%A6%84%EA%B3%BC-%EA%B8%B0%EC%96%B5-%EC%88%9C%EC%B2%9C-%EC%84%A0%EA%B5%90%EC%82%AC-%EB%A7%88%EC%9D%84 2023.10.15.)

〈그림 2〉 1925년경 순천매산동 전경 및 식생(등대선교회, 2000)

1949년경의 순천 애양원 서측 뒷산인 난봉산 기슭의 녹지자연도는 1949년 항공사진으로 보면 담장 바로 위에서 난봉산 정상부 쪽으로 유령림의 침엽수나 활엽수들이 조림되어 반자연 상태의 녹지자연도 6등급 정도로 보인다.

1969년에도 순천 애양원의 산지 녹지자연도는 6등급 정도이며, 이때까지도 아직 숲이 엉성한 상태이었던 것으로 보인다.

〈그림 3〉 1969년 항공사진에 나타나는 순천 시가지와 순천 애양원

2013년 순천 애양원의 산지와 애양원부지의 식생은 1969년대 이전의 비하여 숲이 꽉 들어찬 정도로 매우 자연화된 식생이다.

〈그림 4〉 순천 애양원(카카오맵 2013)

5. 순천 애양원의 공간 배치

순천 애양원의 공간은 크게 선교사 가옥들, 순천애양재활직업보도소, 구) 순천선교부 외국인 어린이학교, 산지로 대분할 수 있다. 공간 배치는 오밀조밀하게 구획하는 한국식 공간구성보다 서양의 주거지 조성 스타일로 비교적 토지 공간을 넓게 쓰는 방식으로 구획되어 있다.

순천선교부 선교사들은 배치를 할 때 한국의 취학 구조나 도시 질서 체제인 풍수지리학적 배산임수와는 다른 미국식의 독립적인 영역을 구축하는 배치계획 의도가[19] 있었다. 공간의 구획은 대부분 진입로와 보행로 그리고 정원수들로 구획되어 있다.

순천선교부 공간구성은 크게 공적인 공간과 사적인 공간으로 대별[20] 되

---

19) 우승완, 앞의 논문, 59쪽.

지만, 순천 애양원의 공간은 공적인 순천애양재활직업보도소와 순천외국인 어린이학교가 지근거리에 혼재한다.

선교사 가옥은 코잇 선교사 가옥과 더함(Clarence G. Durham, 1935~?) 선교사 가옥이 있다. 더함 선교사 가옥은 서쪽 난봉산 기슭에 부지 내에서 가장 상단에 위치하여 있고, 코잇 선교사 가옥은 부지 내에서 가장 아래인 동쪽에 위치하여 있다. 순천애양재활직업보도소는 초창기에 건축한 북쪽의 순천재활직업보도소 석조교사동이 있고, 코잇 교사동 위쪽에 순천애양재활직업보도소 콘크리트 교사동이 있다. 구)순천선교부 외국인 어린이학교는 남쪽에 위치하여 있다.

선교사들의 가옥인 더함 가옥이나 코잇 선교사의 가옥 주변에는 넓은 잔디밭이 있으나 순천애양재활직업보도소와 순천선교부 외국인 어린이학교 주변에는 마당이나 넓은 잔디밭이 없다.

산지는 난봉산 아래 기슭과 부지 경계부 및 북쪽에 대나무밭과 개간지가 있다.

II. 순천 애양원의 정원 조성

초창기 당시에는 비록 정원 조성의 개념은 없었던 것으로[21] 보이나 부지 조성과 건축 등의 공간구획과 동선체계 등으로 미루어 볼 때 토목공사과 건축 공사 그 자체가 정원 조성을 기반으로 하여 계획된 것으로 보인다.

미국에서 미국남장로회의 정원스타일은 유럽의 여러 국가들에서 이민 온 사람들에 의하여 형성된 서양의 전통적 정형식 정원과 자연풍경식 정원

---

20) 우승완, 앞의 논문, 60쪽.
21) 우승완, 앞의 논문, 57~62쪽.

등의 다양한 정원 스타일로 조용한 휴식공간, 명상의 공간, 기도의 공간 등 정도로만 조성하는 경우가 많은데, 순천 애양원은 서양식으로 노단식 지형으로 축조하였거나 건축하였으나 정원은 자연풍경식이 주를 이룬다.

순천 애양원의 정원은 유럽의 정형식 정원처럼 잔디밭을 직사각형으로 조성한 것 이외에 정형적으로 조성한 것은 찾아보기 어렵고, 건물과 지형에 따라 그 장소에 실용성이나 심미성에 기초한 자연풍경식으로 조성한 것으로 보인다.

정원의 양식은 전체적으로는 자연풍경식이나 부분적으로 외관이 뚜렷하게 잘 관리된 조형목들이 자연풍경식 정원에서 정원의 골격을 형성하면서 시각적으로 강한 이미지로 선교사들의 엄숙함과 권위를 느끼게 한다.

1. 정원 조영자 및 관리자

코잇 선교사는 부지 매입에서 부터 건물 신축, 조경, 관리에 이르기까지 순천스테이션이 세워지고 운영되는 데에 가장 큰 영향을 미친 것으로 보인다.

광복 이후 선교사 건물의 건축 감독은 인휴(Hugh MacIntyre Linton) 목사이었을 가능성[22]이 높고, 정원의 조영과 관리는 초창기에는 건축 감독을 하였던 스와인하트(Martin. Luther Swinehart, 1847~1957)의 의견이 많이 반영되었을 것이며,[23] 일제강점기 해방 이후에는 선교부에 소속되었던 한국인들이 관리한 것으로 추정되나 정확한 자료를 찾아보기 어렵다. 그 이후 여수애양병원의 행정을 담당하였던 더함 선교사가 살면서 개보수를 한 것이 현재의 정원 모습으로 추정된다.

---

22) 인휴는 미국 남장로교에서 파견한 선교사로 1967년 여수애양병원 구 본관 건축 감독 업무를 수행하였음.
23) 우승완, 앞의 논문, 56~57쪽.

순천 애양원의 초창기 건설공사의 주요 공정은 건축공사와 도로 개보수 등의 토목공사로 나뉘어 동시에 진행 하였었는데, 당시에 비록 정원 조성의 개념은 없었지만 터를 조성하는 기본구상, 계획, 설계 시공 감독 등은 선교사들이 주로 하였을 것이며, 시공은 중국 산동 쪽에서 온 중국인들이 고용되었을 것으로[24] 추정하고 있다.

일제강점기인 1930년 전후에 순천에 일본인이 경영하였던 월광식물원이 순천 애양원에 가까운 고산병원장 가옥 주변인 현재의 청수정 자리에 있었는데,[25] 순천 애양원에 일본에서 개량되었거나 도입한 식물들이 많이 있고, 일본식 조형목들이 많이 있는 것으로 볼 때 월광식물원의 영향이 있었을 것으로 추정되나 월광식물원이 순천 애양원 정원 조성에 참여나 어떤 영향을 미쳤는지에 대한 구체적인 자료는 찾아보기 어렵다.

정원 관리는 주로 잔디깎기, 보행로 보수, 담장보수, 정원시설물 유지관리, 보식 등이 꾸준히 지속되어 온 것으로 보인다. 선교사들이 직접 작업하여 관리하였기보다 주로 작업 지시를 하고, 주로 한국인들이 작업을 하였을 것이라고 생각한다. 미국 선교사들이 직접 노동을 하기에는 시간적으로나 인력 차원에서 한계가 있어서 어떤 방법으로든 한국인들이 고용되었을 가능성이 있으나 구체적인 자료를 찾아보기 어렵다.

2. 순천 애양원의 공간별 정원

순천 애양원의 공간은 순천애양재활직업보도소, 선교사 가옥, 순천선교부 외국인 어린이학교, 산지, 개간지, 대나무밭 등으로 구성되어 있다.

---

24) 우승완, 앞의 논문, 54~55쪽.
25) 우승완, 앞의 논문, 54~55쪽.

1) 재활직업보도소

재활직업보도소는 순천애양재활직업보도소는 순천 지역 청소년 교육시설로 활용되다가, 장애인들이 과보호되는 환경에서 벗어나 독립적인 생활을 위한 기술교육장으로 사용[26]하였던 곳이다. 순천애양원재활직업보도소는 초창기에 지은 석조교사동과 후기에 지은 콘트리트교사동이 있다.

① 석조동 주변

순천선교역사문화공간 역사문화자원 현황조사표에 의하면, 순천재활보도소 석조교사동은 1929년 당시에는 선교부의 냉동창고, 마굿간(차고) 2동, 창고 등으로 이용 하였다가 1954년에 건축하였다.

순천재활보도소 석조 교사동은 순천에 처음 설립한 직업보도소이다. 현재 잔존하여 있는 순천재활보도소 석조교사동은 보이어(Elmer Timothy Boyer, 1893~1976) 원장 재임 기간인 1954년에 건축되었다. 순천재활보도소 석조교사동 건축은 1층 위에 옥상에 가설건물을 지은 형태 이었으나 현재는 옥상의 건축은 철거되었고, 현재는 1층 평슬라브 구조만 남아 있다.

순천애양재활직업보도소 석조교사 앞에서 우명마을과 멀리 죽도봉은 보였을 것이다.[27] 순천읍성 철거 후 순천읍성은 1925년 완전히 철거되어 순천읍성은 바라보이지는 않았겠지만 여전히 시가지는 바라보였을 것이다.

재활직업보도소(석조교사동)에는 현재로서는 정원이 뚜렷하게 보이지는 않지만 입구에서 건물로 잇는 보행로 서북 측에 삼각형 마당과 동측 울타리 가에 화단의 경계가 있는 것으로 보아 화단에 초화류를 식재하였을 것으로 추정되나 현재 그 식물들은 보이지 않는다.

진입로에서 화단으로 향하는 계단이 있다. 현재는 잡목과 잡초가 무성하

---

26) 한국건축역사학회, 『순천 기독교 선교마을 근대 역사문화자원 실태조사 용역』, 순천시, 2022, 112~114쪽.
27) 우승완, 앞의 논문, 112~114쪽.

게 우거져 있다. 순천애양재활직업보도소 석조 교사동은 주로 장애인들이 사용했던 건물로[28] 진입로는 콘크리트 포장으로 편평하게 되어 있다. 현재는 미사용 중으로 마루 창호 등의 관리가 필요하다.

〈그림 5〉 순천 애양원재활직업보도소(석조동) 정원

② 콘크리트건물동

재활직업보도소 콘크리트 건물동은 난봉산 기슭 구릉에 입지하여 순천 애양원의 북측에 위치하여 있다. 순천애양재활직업보도소(콘크리트 교사동) 건물 주변에 작은 화단들로 추정되는 공간이 있으나 그것들이 화단이나 정원으로 쓰였는지 확실하지 않다.

순천애양재활직업보도소(콘크리트 교사동)은 많은 장애인들과 교사들이

---

28) 국가등록문화재 등록신청 건축물 현황.

활동하였던 공간으로 보이나 선교사들의 가옥만큼 여유로운 정원 공간은 보이지 않는다.

재활직업보도소 콘크리트 건물동의 건물 현관 입구에는 동백나무를 좌우 1주씩 마주보기식재(대식) 되어 있다. 건물 뒤편 산자락 아래에는 대나무가 밀생되어 겨울철 북풍의 찬바람을 막아 주는 방풍 역할을 하고 있다. 대나무를 찬바람이 부는 쪽에 식재하는 것은 우리나라 전통가옥에서 겨울철 찬바람을 막기 위하여 집 둘레에 대나무를 식재한 개념과 유사하다. 대나무숲 앞에는 아왜나무를 식재하여 대나무의 단조로운 경관을 극복하는 변화감이 있게 하고 있다.

순천 애양재활직업보도소 초기의 석조교사동과 콘크리트동 사이에는 푸조나무(*Aphananthe aspera*), 은단풍나무(*Acer saccharinum*), 꽝꽝나무(*Ilex crenata*), 단풍나무류(*Acer* spp.), 종려(*Trachycarpus fortunei*), 철쭉류(*Rhododendron* spp.), 팔손이(*Fatsia japonica*), 수선화류(*Narcissus* spp.), 상사화(*Lycoris squamigera*), 맥문동(*Liriope muscari*) 등이 식재되어 있다.

순천 애양재활직업보도소(콘크리트교사동 주변)의 동측에서 북측으로는 푸조나무가 수고 약 10m, 근원직경 25cm~60cm 정도로 상층을 이루고, 하층에는 시누대(*Sasa coreana*)가 수고 3.0m~5.0m 정도로 관목층을 우점하여 있다.

동측 시가지 방향에는 키가 큰 푸조나무 등의 난봉산 자생식물들이 순천애양원에서는 순천 시가지가 잘 내려다보이지만, 순천시가지에서는 순천애양원이 잘 보이지 않는 '내부에서는 밖이 잘 보이지만 밖에서는 내부가 보이지 않는(to see, but not to be seen)' 은폐기능을 한다. 이 푸조나무들은 생장하고 있는 위치가 경사지에 자연스럽게 배치되어 있고, 인접 향림사나 난봉산 기슭에는 대형 푸조나무 등이 자생하는 것으로 볼 때, 순천 애양원의 이 푸조나무들은 식재한 것이라기보다는 자생하였던 푸조나무를 자연스럽게 육성한 것으로 보인다.

〈그림 6〉 순천 애양원에서 시가지 방향 동측에 푸조나무의 자생식물을 식재 또는 육성관리하여 순천 애양원 내부에서는 시가지가 잘 보이지만 시가지에서는 순천 애양원 내부가 잘 보이지 않는(to see, but not to be seen) 차폐와 은폐기능을 할 수 있게 하였다.

길가에는 박태기나무와 매화나무도 식재되어 있다. 순천 애양재활직업보도소(콘크리트 교사동) 건물과 보행로 사이의 좁은 화단에는 수선화가 많이 식재되어 있어 이른 봄철에 만개한다.

잔디밭 가장자리와 정원 내 작은 숲 사이에는 만년청(*Rohdea japonica*)이 식재되어 있다. 만년청은 백합과의 상록다년생으로 우리나라에서는 남해안 도서지방에서 자생하는 식물로 선교사들이 선교 활동 중에 남해안 도서지방에서 옮겨 심은 것으로 보인다. 길 가장자리나 비탈면 등에는 상사화와 꽃무릇 등이 혼식 되어 있다.

길 가장자리의 양쪽에는 상사화와 꽃무릇(*Lycoris radiata*)은 주로 산책로를 따라 식재되어 있다. 길 가장자리의 상사화와 꽃무릇 등은 수림의 낙엽이 졌을 때 주변의 토색과 황색 계열 낙엽들과 강한 대조를 이루어 산책로의 방향성을 강하게 드러내 준다. 길 가장자리나 건물 앞에는 일본에서 개량된 철쭉류들이 많이 식재되어 있으며, 수고 2.0m 수관폭 2.5m 정도로 크게 자란 철쭉류들도 많이 있다.

2) 선교사 가옥의 정원들

코잇 선교사와 더함 선교사의 가옥들의 현관은 순천읍성과 여수 애양원을 향해 있다. 1949년 항공사진에서 보면 코잇 선교사 가옥의 정원은 현관에서 순천읍성과 여수 애양원을 향해 통경선이 있었던 것으로 보인다.

한국인들은 건물을 지을 때 앞의 주 경관을 큰 산이나 의미가 있는 산의 봉우리를 바라볼 수 있게 배치하였다. 그러나 순천 애양원의 코잇 선교사 가옥, 더함 선교사 가옥, 순천선교부 외국인 어린이학교는 지형상으로 보면 난봉산 기슭의 직각 방향에 있는 주변에서 가장 높은 봉화산을 바라보게 하지 않고, 구)순천읍성과 여수 애양원을 바라보게 건물을 배치한 이유는 무엇일까는 흥미로운 부분이다.

코잇 선교사 가옥에서는 당시 순천 시가지가 잘 내려다보이는 곳에 입지하여 있다. 코잇 선교사의 가옥은 1913년 순천시 매산등에 순천선교기지의 선교사 거주용 주택으로 건축되었으며,[29] 전라남도 문화재자료 제259호로 등록되어 있다. 코잇 선교사는 미국 남장로회 소속의 선교사로써 1913년 4월에 가족과 함께 순천으로 이주하여[30] 이 가옥에서 살았다. 코잇 선교사 가옥 남측에는 넓은 잔디밭이 있으며, 미국에서 도입한 은단풍나무, 플라타너스, 페칸(*Carya pecan*)이 식재되어 대형목으로 생장하고 있으며, 코잇 선교사 가옥의 정원은 주로 코잇 선교사 가족이 이용하였던 정원으로 보인다.

순천 애양원에는 코잇 선교사 가옥, 순천애양재활직업보도소(콘크리트교사동), 순천선교부 외국인 어린이학교 등의 주변에 직사각형의 잔디밭들이

---

29) 흐름과 변화(https://m.blog.naver.com/bb0336/222500575446 2023.10.15.)

30) 흐름과 변화(https://m.blog.naver.com/bb0336/222500575446 2023.10.15.)

있다. 경사가 심한 곳에는 잔디밭을 상단과 하단으로 조성하였는데 코잇 선교사 가옥의 잔디밭이 가장 넓다. 잔디밭은 서양인들이 정원에 많이 조성하는 형식으로 당시 한반도에서는 흔하지 않았던 것이다. 잔디밭에서는 운동, 집회, 휴식 등의 활동을 하였을 것으로 추정된다. 잔디밭 가장자리에는 정원식물들이 식재되어 있다. 잔디밭 경계부에는 주로 일본에서 개량된 아까도철쭉, 영산홍 등의 철쭉이 식재되어 있다.

〈그림 7〉 코잇 선교사 가옥 남측에 식재된 미국에서 도입된 식물들과 잔디밭

순천 더함(Clarence G. Durham 1935~?) 선교사 가옥은 코잇 선교사의 가옥과 순천애양재활직업보도소 석조교사동 상단의 서쪽에 있으며, 순천 애양원 건축 중에서 가장 높은 곳에 위치하여 있다. 더함 선교사 가옥은 당시 매산학교를 설립하였던 크레인 선교사가 1925년까지 사용하였던 가옥의

자재를 재사용한 건축물이다.

더함 선교사 가옥의 배치는 코잇 선교사 가옥과 마찬가지로 주시야가 동남향 방향으로 약 500m 떨어져 있는 당시 순천읍성 시가지와 19㎞ 떨어져 있는 여수 애양원 방향으로 되어 있다.

더함 선교사 가옥의 공간은 가옥, 마당, 진입부, 경사지 등으로 대분할 수 있다. 지형은 난봉산 기슭을 평지로 다듬어 가옥과 마당을 조성한 것으로 보인다. 가옥을 중심으로 좌우 그리고 가옥 하단에 평지를 이루고 있다. 더함 선교사가 1971년에 노후화된 크레인 주택을 현재의 위치에 지하 1층과 지상 2층 규모로 이축 하였으며, 현재는 미사용 중이다.

더함 선교사 가옥의 정원은 특별한 정원의 형태를 발견하기 어려우나 자연풍경식정원에 가깝다. 더함 선교사 가옥 앞에는 넓은 마당에 잔디(*Zoysia japonica*)가 편평하게 식재되어 있고, 현관을 중심으로 좌우에 동백나무를 열식 하였으며, 반구형으로 전정하여 정연미가 있다. 더함(Clarence G. Durham) 선교사 가옥 서측에는 대나무(*Bambusoideae* spp.)가 식재되어 난봉산의 비탈면을 가리고 있으며, 남측에는 목련, 동백나무(Bambusoideae spp), 금목서(*Osmanthus fragrans var. aurantiacus*) 등의 관상수가 식재되어 있다.

북측에는 대나무를 식재하여 겨울철 북풍 찬바람을 막아 주는 기능을 한다. 건물 사이에는 멀구슬나무(*Melia azedarach*)와 플라타너스(*Platanus* sp.)가 식재되어 있다.

더함 선교사가옥 북측 지하주차장 입구와 마당으로 올라가는 계단 좌우측에는 정교하게 조형된 관목들과 지피식물들이 비교적 잘 관리되어 있다. 석축옹벽에는 마삭줄(*Trachelospermum asiaticum*)이 지피를 우점하여 석축 상단부를 덮고 있고, 상단에는 동백나무와 일본 원산 또는 일본에서 품종 개량된 철쭉류들이 반구형으로 전정되어 정연미가 있다. 한국 자생종은 동백나무, 완도호랑가시나무(*Ilex* × *wandoensis*), 화살나무(*Euonymus alatus*), 마삭줄 등이 있다. 마삭줄은 식재한 것이라기보다는 자생하는 것을 관리하여 육성한 것으로 보인다.

철쭉류들은 대부분 일본에서 개량되어 도입된 식물들이다. 일본 원산지의 식물들은 주로 입구 쪽과 건물 주변에 식재되어 있다. 일본 원산지 식물들은 미국 남동부 선교사들이 일본인들과 교류하면서 도입한 것이거나 1960~1980년대에 일본에서 도입한 식물들을 순천지방에 많이 도입하여 재배하였던 것들을 식재한 것으로 보인다. 정원시설물은 조명등 이외에 특별한 것은 보이지 않는다.

〈그림 8〉 더함 선교사 가옥 지하주차장 입구 주변의 정원식물

3) 순천선교부 외국인 어린이학교

순천선교부 외국인 어린이학교는 일제강점기인 1910년대에 미국남장로회 선교사 자녀들의 학교로 건축되었으며,[31] 2004년 12월 31일에 국가등록문화재 제123호로 등록되었다. 순천선교부 외국인 어린이학교는 부지 내에

---

31) 문화재청, 「순천 구 남장로교회 조지와츠 기념관 기록화 조사보고서」, 2006, 99쪽.

서 선교사들의 가옥이나 순천애양재활직업보도소와 남쪽으로 떨어져 있다.

선교사들의 가옥과 마당 사이에 정원수로 경계가 설정되어 부지 내에서 독립적인 공간으로 되어 있다. 순천선교부 외국인 어린이학교는 건축이 주변을 압도할 정도로 견고하고 강한 느낌이 들 정도로 축조된 것에 비하여 정원은 크게 관심 두지 않은 듯 특별한 정원 공간이나 화단의 형태를 갖추고 있지 않다. 부지의 형태는 난봉산 자락의 경사지를 노단형으로 단차가 낮은 2단으로 평지화 하였고, 건축은 당시 회색 벽돌을 정교하게 쌓아 만든 건물로 당시 주변에 석조로 건립된 선교사 사택들과 대조적이다.[32]

정원식물들은 특별한 식재 패턴이 없이 산식되어 있다. 현관 좌우측 양쪽에는 꽃무릇을 식재하였던 것으로 보이며, 현재는 마당 쪽으로 뻗어

〈그림 9〉 순천선교부 외국인 어린이학교의 정원수 식재

---

32) 문화재청, 앞의 책, 47쪽.

가고 있다. 코잇 선교사 가옥 남측의 넓은 잔디밭에서 순천선교부 외국인 어린이학교 입구 쪽에는 콘크리트 보행로 입구에 회양목을 좌우에 대식하였으며, 건물 앞 마당은 쇄석을 깔려 있다. 건물 북측에는 배롱나무(*Lagerstroemia indica*)가 수고 7.0m, 근원직경 20cm 정도로 독립 식재 되어 있으며, 황금편백나무(*Chamaecyparis obtusa*), 가이스까 향나무(*Juniperus chinensis var. Kaizuka Sieb*) 등이 산식되어 있다. 가이스까 향나무는 조형목으로 정교하게 관리되었을 것이나 현재에는 자연 상태의 고유형으로 산만한 형태로 성장해 가고 있다. 동측에는 매화나무(*Prunus mume*)가 식재되어 있다.

4) 산지

1910년대 초기에는 한국 내에 연료로 사용할 수 있는 것들이 부족하기 때문에 산지의 나무들을 연료로 많이 사용하였다. 순천 애양원이 난봉산에 대단위 면적의 산지를 구입하여 관리한 것은 연료채취를 위하여 구입하였을 것으로[33] 추정된다.

북측 산지에는 난봉산 산기슭을 일부 개간하여 과수원이나 텃밭으로 이용한 소규모 밭들이 잔존하여 있으나 현재는 자생식물들이 우점하고 있으며, 일부 텃밭에는 현재에도 매화나무, 석류 등이 식재되어 있다.

또한 대나무밭은 순천 애양원 북쪽에 밀생되어 있는데, 대나무는 당시 한국 가옥 주변에 심어서 겨울철 찬바람을 막고, 생활용품을 만드는 재료로 쓰기 위해 많이 식재하였던 것이다. 선교사들은 북측에 대나무를 식재한 것은 겨울철 북풍 찬바람을 막기 위해서 한국인들이 집주변에 비보 식재하는 대나무들을 보고 방풍역할을 할 수 있도록 식재하였을 것으로 추정되었다. 대나무밭 하부에는 자동차 주차장으로 사용하였던 흔적이 있다.

---

33) 순천시, 앞의 책, 112~114쪽.

9. 동선

자동차 통행로나 보행로에는 포장이 되어 있다. 1900년대 초와 중반기에 우리나라의 주택에는 포장된 곳이 많지 않은데 선교사들은 일찍이 자동차 통행로나 보행로에 포장을 한 것으로 보인다.

주동선은 애양재활직업보도소(석조교사동 주변)에서 자동차가 진입할 수 있는 폭으로 조성되어 있다. 애양재활직업보도소(석조교사동 주변)에서 코잇 선교사 가옥을 가는 길에는 도로가 전면 포장이 아닌 부분 포장으로 자동차 바퀴 사이는 잔디밭으로 되어 있고, 바퀴가 주로 닿는 주행 부분에만 콘크리트로 포장되어 있으며, 콘크리트 포장 사이에는 잡석박기가 되어 있다.

이러한 포장은 충남 태안군 소안면 천리포수목원의 같은 시대에 귀화한

〈그림 10〉 순천 애양원의 자동차 주행로의 콘크리트 도로

천리포수목원 설립자인 민병갈(칼 페리 밀러Carl Ferris Miller, 1921~2002) 원장의 주택에서도 볼 수 있는 것이다. 이것은 아마도 선교사들이 천리포 수목원의 밀러 원장과 교류하면서 같은 스타일로 조성했을 것으로 추정된다.

보행동선은 주로 자동차 진입동선, 마당이나 잔디밭의 무형의 동선으로 자유롭게 이동하였을 것으로 추정된다. 산책로는 코잇 선교사 주택에서 순천선교부 외국인 어린이학교 쪽으로 향하는 난봉산 기슭 담장 안과 대나무 숲 사이에 콘크리트로 포장되어 있다.

〈그림 11〉 순천 애양원의 보행로

10. 정원시설물

대문은 견고한 철구조물로 육중하게 시설되어 위엄이 있게 느껴지게 하고, 외부인들의 진입을 철저하게 차단할 수 있는 높이로 시설되어 있다. 1984년까지만 해도 한국인들은 선교사들의 거주지인 애양원에 드나드는 사람은 극히 제한적이었다고[34] 한다.

순천선교역사문화공간 역사문화자원 현황조사표에 따르면 담장은 1913년에 설치하였고, 연장 200m 정도가 난봉산 산기슭 잔존하여 있고, 돌담, 철재휀스, 콘크리트판벽형 담장, 생울타리 등으로 되어 있으며, 부분적으로 개보수 하였다.

순천 애양원 북서측 난봉산 아래 산기슭 경사지에는 흙돌담이 있고, 바로 그 아래 부지 내부 쪽으로 약 2~4m 정도 아래에 탱자나무 생울타리가 잔존하여 있다. 이처럼 흙돌담과 탱자나무 생울타리로 2중 경계를 한 것은 외부인의 출입을 엄하게 제한하기 위한 것이 아닌가 추정되었다.

부지의 서남쪽에는 조립식 콘크리트 판벽형 담장이 있다. 이 콘크리트 판벽형 담장은 1964년경부터 담장 틀을 거푸집으로 제작하여 설치한 것으로, 이곳에 거주하였던 미국선교사들이 건립한 지리산 왕시루봉에도 설치되어 있다.[35] 담장 지붕은 기와, 콘크리트로 갓을 씌웠다. 담장지붕은 초창기에는 한식기와를 얹었으나 기와가 훼손된 부분은 콘크리트로 덧씌우기를 하거나 보수 과정에서 아예 콘크리트 지붕으로 하였다. 생울타리는 탱자나무를 열식되어 있다.

미국 남장로회는 정원에 종종 성경이야기나 기독교 기념품과 관련된 조각상, 십자가와 같은 종교적인 상징성이 있는 조형물이 많이 있다. 그러나

---

34) 순천시, 앞의 책, 112~114쪽.
35) 순천시, 앞의 책, 112~114쪽.

순천 애양원은 이러한 종교적 시설물이나 구조물, 조형물 등은 찾아보기 어려웠다.

〈그림 12〉순천 애양원에 설치된 난봉산 기슭 아래의 판벽식 콘크리트 담장

〈그림 13〉코잇 선교사 가옥 서측의 난봉산과 경계부에 설치된 흙돌담

III. 순천 애양원의 식재 유형과 조사 한계

순천 애양원의 정원식물 식재 유형은 자연풍경식에 가깝다. 식재의 패턴은 선교사들이 서양인이었음에도 서양 특유의 고전적인 정형식 식재는 찾아보기 어렵고, 특정 정원 양식이나 형식을 따르지 않고 지형이나 건물 구조에 따라 자유롭게 식재하였다.

식재 유형은 주로 차폐식재, 유도식재, 녹음식재, 비탈면보호식재, 방풍식재 등이 있다.

1. 순천 애양원의 식재 유형

차폐식재는 외부인들로 부터 주거지의 노출을 막기 위한 식재로 코잇 선교사 가옥 앞정원, 생울타리 식재 등이 있다. 유도식재는 주로 도로나 산책로에 식재되어 있다.

관상식재는 주로 건물주변이나 마당에 주로 식재되어 있다. 유도식재는 주로 관목류나 초화류로 식재되어 있다. 관목류는 철쭉류 등이 식재되어 있고, 초화류는 상사화, 꽃무릇 등이 식재되어 있다.

방풍식재는 주로 북풍 찬바람을 완충시키기 위하여 대나무를 식재하였다. 비탈면보호식재는 지형개조 과정에서 발생된 경사지 보호를 위하여 식재한 것인데 초기에 어떤 식물을 식재하였는지에 대한 흔적이나 자료를 찾아보기 어려우나 현재는 맥문동, 상사화, 꽃무릇 등이 식재되어 있다.

난봉산 자락에 건축과 토목을 하면서 발생된 경사지에는 맥문동, 상사화, 수선화 등이 많이 혼식되어 있다. 맥문동 꽃은 주로 5~6월에 피지만 간헐적으로 9월까지도 피는 것도 있다. 상사화는 8월 중순부터 9월경에 꽃이 피며, 노랑꽃과 연분홍 꽃이 있다. 맥문동은 강우로부터 토양의 침식을 방지하고, 사계절 푸르며 여름철 보라색 꽃이 집단적으로 피면 아름답기 때문에 식재된 것으로 보인다. 수선화와 상사화는 맥문동 사이에서 계절을 달리하며 꽃이 피고 있다. 수선화는 이른 봄철에, 상사화는 8~9월 사이에 키 낮은 맥문동 위로 30cm 이상으로 맥문동을 배경으로 솟아있다.

지피층에는 마삭줄이나 고사리류 등이 자생하고 있다.

초창기 정원 조성에 대한 기록이나 흔적은 찾아보기 어렵고, 선교사들이 거주하여 일상생활을 하면서 정원식물을 조금씩 보완 식재한 것으로 보인다.

코잇 선교사는 1912년 봄에 순천에 1,500그루의 나무를 심었다고 하는데[36] 어디에 어떤 나무를 심었는지는 지에 대한 자료는 찾아보기 어렵다. 순천 애양원의 식물들은 선교사들이 주로 일상생활을 하였던 담장 안에는 주로 인위적으로 식재한 정원식물들과 부분적으로 자생하는 식물들이 출현한 것으로 육성한 수목들이 있고, 서측 난봉산에는 자생하는 식물들이 분포되어 있다.

순천 애양원에 자생식물로는 푸조나무, 동백나무, 완도호랑가시나무(*Ilex × wandoensis*, 마삭줄, 상사화, 잔디 등이 있다.

향토식물로는 탱자나무, 매화나무, 대나무, 시누대 등이 식재되어 있다. 동백나무와 완도호랑가시나무는 반구형으로 조형하여 독립수, 열식 등으로 식재하였다. 탱자나무(*Poncirus trifoliata*)는 난봉산 산자락과 잔디밭 사이에 생울타리용으로 식재되어 있다. 탱자나무는 1900년대 우리나라에 생울타리로 많이 심었던 나무이다. 담쟁이덩굴(*Parthenocissus tricuspidata*)은 건물, 담장, 나무 줄기에 번성하는 것들이 많이 있다.

순천 애양원에 외국에서 도입된 식물들은 페칸(피칸, *Carya illinoinensis*), 흑호도나무(*Juglans nigra*), 은단풍나무(*Acer saccharinum*), 당종려(*Trachycarpus fortunei*), 일본이 원산지 이거나 일본에서 개량된 철쭉류 등이 있다. 이 중

---

36) Coit, Robert Thornwell(1987~1932), SP)/ Coil, Cecil McCraw Woods. (한국기독교사 게시판. https://www.1907revival.com/bbs/view.html?idxno=2907 2023.10.15.)

에서 페칸, 흑호도나무, 은단풍나무, 대왕송(*Pinus palustris*)은 미국 선교사
들이 북아메리카에서 도입된 것으로 보인다.

선교사들이 1900년대에 우리나라에 들여온 식물들은 페칸, 흑호도나무,
은단풍나무 들이 있는데, 이 나무들은 자신들이 자주 보고 낯익은 나무들
을 들여와 고향에 대한 향수를 달래고,[37) 식용하였을 가능성이 있다.

페칸은 1904~1910년경에 미국 선교사 윌리엄 린튼(William A. Linton)이
미국 조지아(Gorgia)주에서 도입하여 광주, 순천, 목포, 전주 등지의 선교사
집 정원에 식재한 것이 처음이다.[38) 페칸은 가래나무목 가래나무과의 낙엽
교목으로 호두나무와 비슷하여 양호두라고도 하며, 북아메리카 남동부가
원산지이다.[39) 페칸은 순천에서 활동한 선교사들의 주요 활동지이었던 광
주광역시의 양림동과 그리고 여수 애양원에도 식재되어 있다. 페칸은 사랑,
헌신, 나눔, 공존, 치유라는 기독교적 가치를 상징하고, 영양가가 풍부하여
간식거리로[40) 도입되었을 가능성이 있다.

대왕송(*Pinus palustris*)은 주택과 순천애양재활직업보도소 콘크리트동과
더함 선교사 가옥 사이에 열식되어 있다. 대왕송은 줄기가 수고 25m 정도,
흉고직경은 50cm 정도 곧게 웅장하게 자라고, 잎의 길이가 45~60cm 정도로
다른 소나무류에 비하여 매우 길어서 특히한 수형미가 있다. 대왕송은 어
린 묘목으로 심었을 것이나 대왕송 자체가 속성수이고, 토질이 좋아서 대
형목으로 성장한 것으로 보인다. 대왕송은 미국 남동부 원산으로 미국 남
부의 문화적 상징수목[41)으로 관상용으로 많이 심는데, 미국 선교사들이 자

---

37) 서양 선교사들이 들여 온 페칸(https://blog.naver.com/sry2000/222144993988 2023.10.15.)
38) 서양 선교사들이 들여 온 페칸(https://blog.naver.com/sry2000/222144993988 2023.10.15.)
39) 피칸(호두)페칸(http://etreemall.com/shop/shopview.asp?prdno= 701&cate1=&cate2=&cateopt
    =&searchkeyword=&searchkeyword2=&catesort=mark 2023.10.15.)
40) 서양 선교사들이 들여 온 페칸(https://blog.naver.com/sry2000/222144993988 2023.10.15.)
41) 위키백과, 대왕소나무(https://ko.wikipedia.org/wiki/%EB%8C%80%EC%99%95%EC%
    86%8C%EB%82%98%EB%AC%B4 (2023.10.15.)

신들의 고향의 향수를 느끼는 나무이었을 것이다.

2. 선교사 정원문화 조사의 한계

순천 애양원에 거주 하였던 미국 선교사들의 정원기술이 한국인이나 다른 부지에 확산되었거나 한국인들이 이용한 흔적은 발견되지 않는다. 그것은 선교사들이 거주하는 순천 애양원은 1984년까지 인들의 출입이 엄격히 통제되었기 때문에 미국 선교사들의 정원기술이나 한국인들이 미국 선교사들이 만든 정원을 이용하기는 어려웠기 때문으로 보인다.

미국인 선교사들의 정원기술은 자신들이 지리산 휴양지에 도입한 것 이외에 순천지방이나 한국 어느 곳에 정원기술을 파급하였는지에 대한 자료는 찾지 못했다. 특히 현장 조사에서 계절적 요인과 조사 시간의 한계로 심도 있는 조사는 어려웠다. 참조할 수 있는 역사적 사실을 조명할 수 있는 자료를 찾기 어려워 답사식으로 조사된 사진자료들을 바탕으로 하여 비록 개괄적으로 작성된 것이다. 이번 글이 아쉬움이 남지만 순천선교부의 정원을 살피는데 미력하나마 도움이 되길 바란다.

9장

여수 애양원의 공간과 문화유산

한규무

I. 문화유산으로서의 여수 애양원

애양원[1]은 한센인들의 피와 땀, 눈물로 범벅된 애환을 담은 뜻깊은 문화유산이다. 기독교사뿐 아니라 의료사, 사회복지사 등에서의 중요성은 새삼이를 나위도 없다. '사랑의 원자탄'이라 불리는 손양원 목사[2]의 명성도 여기에 무게를 더한다.

필자도 주일학교 시절부터 손양원에 대해서는 마르고 닳도록 들었다. 한

---

* 이 논문은 순천대학교 인문학술원에서 주최한 「순천 근대 선교 문화재와 근대 정원: 현황과 가치」 학술대회(순천대학교 국제컨벤션홀 소극장, 2023.06.15.)에서 발표한 원고를 수정·보완한 것이다.

1) 애양원의 역사에 대해서는 채진홍, 『나는 너희를 치료하는 여호와임이라: 애양원, 100년의 숨결과 역사』, 한남대학교 출판부, 2002 참조.
2) 손양원의 애양원 및 애양원교회 사역에 대해서는 차종순, 『손양원: 애양원과 사랑의 성자』, 한국고등신학연구원, 2008 및 최병택, 「손양원과 구라선교: 애양원교회에서의 활동을 중심으로」, 『한국기독교와 역사』 34, 한국기독교역사연구소, 2011 참조.

센인들과 동고동락했고, 신사참배를 거부하여 옥고를 치렀으며, 아들들을 죽인 친구를 양자로 삼았고, 순교로 최후를 맞는 그의 생애는 감동 그 자체이다. 그래서인지 애양원 하면 손양원이 먼저 떠오른다. 답사이든 관광이든 '사전학습'은 감동을 배가시키는데, 애양원 방문이 주는 감동의 절반 이상은 손양원 덕분일 것이다.

본고의 목적은 애양원 선교유적과 선교사정원의 현황과 가치를 살펴보고 밝혀내는 것이다. 초기 한국 선교를 흔히 '복음선교'·'교육선교'·'의료선교'로 구분하는데, 애양원의 선교유적은 '복음선교'와 '의료선교'에 관련된 것들이다.

그런데 몇 가지 고민이 있다. 논문을 준비할 때 맨 첫 순서는 선행연구를 검색하고 분석하는 것이다. 선행연구는 일종의 '비빌 언덕'이다. 그것이 있어야 비평도 하고 보완도 하며 '창견(創見)'이 나올 수 있다. 애양원이 워낙 유명한 시설인지라 그 선교유적과 관련하여 당연히 적지 않은 선행연구가 있으리라 생각했지만 학술적인 논저는 찾기 어렵다. 물론 전국의 기독교 문화유산 답사를 위한 안내서들이 즐비하지만 이는 학술적 연구와는 거리가 있다. 설령 선행연구가 있다 하더라도 필자의 고민은 여전했을 것이다. 요행히 '현황'을 정리하고 '가치'를 부각시킨다 한들 그것이 과연 실제로 활용될 수 있을까 하는 의구심 때문이다.

필자의 다음 고민은 '선교사정원의 현황과 가치'이다. 조경학을 전공하지 않았기에 '정원'의 개념을 제대로 알지 못하기 때문이다. 하지만 어설프게라도 선교유적과 정원을 연결시켜보기로 했다. 애양원 선교유적에 대해서는 이미 순천대학교 인문학술원에서 근대역사문화자원 기록화사업의 일환으로 조사·정리했을 것이며, 최근 대성공을 거두고 있는 순천정원박람회와 연계하여 나름 흥미로울 것 같기도 하다. 필자는 한국근대사를 전공했으면서도 관광 관련 학과에 소속되어 관광단이나 박람회와 같은 주제의 논문도 몇 편 써보고 문화유산해설에 관심을 갖고 있는 점도 나름대로 동기가 되었다.

애양원 선교유적에는 손양원 목사와 한센인들뿐 아니라 미국남장로회 선교사들의 수고와 헌신도 고스란히 녹아 있다. 포사이드(W. H. Forsythe, 1873~1918: 보위렴 · 보의사),[3] 윌슨(R. M. Wilson, 1880~1963: 우일선 · 우월순), 보이어(Elmer Timothy Boyer, 1893~1976: 보이열),[4] 토플(S. C. Topple, 1932~?: 도성래) 등이 그들이다. 애양원 선교유적은 손양원의 '복음선교'와 이들 선교사의 '의료선교'의 흔적과 체취가 고스란히 남아 있는 소중한 문화유산이다.[5] 이에 대해 살펴보도록 하겠다.

II. 애양원 선교유적의 현황과 가치

애양원의 연혁에 대해 살펴보면, 애양병원 홈페이지[6]에 아래와 같이 나온다.

> ▸ 1909 포싸이트 선교사가 길에 쓰러진 한센병 환자를 치료한 데서 본원 설립 동기가 됨
> ▸ 1909~1910 미국 남장로교의 재정지원으로 광주에 한센병환자를 위한 치료소를 세우다
> ▸ 1911.04.25 당시 전라도 광주군 효천면 봉선리에서 우월순 선교사에 의해 광주나병원으로 시작

---

3) 포사이드에 대해서는 양국주, 『살아있는 성자 포사이드』, 서빙더피플, 2018 참조.
4) 보이어에 대해서는 보이어 지음, 이미준 옮김, 『한국 오지에 내 삶을 불태우며』, 개혁주의출판사, 2017 참조.
5) 미국남장로회 선교사들의 애양원 사역에 대해서는 최병택, 「남장로회선교부 한센병 환자 수용정책의 성격(1990~195): 여수 애양원을 중심으로」, 『한국기독교와 역사』 32, 한국기독교역사연구소, 2010 참조.
6) http://www.wlc.or.kr.

‣1913 한센병환자 교회 설립
‣1915 한센병환자 교육을 위한 봉선리초등학교 설립, 폐교
‣1923 조선총독부 사립병원 취제규칙에 의하여 정식병원 인가
‣1926 비더울프 나병원으로 개칭
‣1927~1928 현 소재지로 단계적 이동. 교회와 병사를 짓고 재원자 600명
  을 신앙과 진료로 돌봄
‣1935.03.15. 애양원으로 개칭, 재원자 749명
‣1938 미감아 수용시설을 갖추고 격리수용, 폐소
‣1946.09.08. 한센병환자를 위한 성산중학교 개교, 1971년 폐교
‣1948.04.11. 미국남장로교 한국선교회로 운영권 이관(일본 및 군정청으
  로부터) 재원자 1,000명
‣1952 미감아 수용을 위한 명성보육원 설치, 폐소
‣1955.04.12. 한센병환자를 위한 한성신학교 설립, 1962년 폐교
‣1956.08.21. 재단법인 애양원 인가

  기독교인들을 포함한 일반인들이 애양원의 선교유적을 탐방하려 할 때
찾아보는 온라인 사이트가 무엇일까. 필자라면 애양원교회나 애양병원의
홈페이지를 먼저 방문할 것이다. 먼저 애양원교회 홈페이지이다.7) 다음과
같은 「순례코스 추천」이 눈에 띈다.

7) http://www.aeyangwon.org.

이 정도의 안내만으로도 방문객에는 큰 도움이 된다. 여기서 '선교유적' 이라 부를 만한 것은 애양원교회와 애양원 역사박물관 정도이다. 이어 애양병원 홈페이지[8]이다. 「애양갤러리」에 올라와 있는 사진 11장이 전부인 것 같다.

다음은 지자체, 즉 여수시의 홈페이지이다. 여수관광문화 홈페이지[9]의 「문화유적현황」에는 국가지정문화재 19건, 도지정문화재 17건, 문화재자료 11건, 시지정문화재 3건, 국가등록문화재 8건이 나오는데, 애양원 관련 유적은 국가등록문화재에 2건이 실려 있다.

문화재명	지정종별	시대	규모	소재지	등록일자
여수 (구)청년회관	국가등록문화재 제31호	1921년경	1동	관문서5길 7	2002.05.31
여수 (구)애양원교회	**국가등록문화재 제32호**	**1928년**	**1동**	**율촌면 산돌길 47**	**2002.05.31**
여수 애양병원	**국가등록문화재 제33호**	**1926년경**	**1동**	**율촌면 산돌길 47**	**2002.05.31**
여수 장천교회	국가등록문화재 제115호	1924년	1동	율촌면 동산개길 42	2004.12.31

---

8) http://www.wlc.or.kr.

9) https://www.yeosu.go.kr/tour.

여수 마래 제2터널	국가등록문화재 제116호	1926년	연장 640m	덕충동 산 9	2004.12.31
제일은행 여수지점	국가등록문화재 제170호	1942년 이전	1동	통제영 5길 7(중앙동)	2005.04.15
여수 율촌역	국가등록문화재 제301호	1930년	역사1동 및 일곽	율촌면 당머리길 18	2006.12.04
여수 사도· 추도마을 옛담장	국가등록문화재 제367호	-	옛 담장 약 850m	화정면 낭도리 180외	2007.11.30

즉, 국가에서 인정한 '문화재'는 '(구)애양원교회'와 '애양병원'뿐이다. 문화재청 국가문화유산포털 홈페이지[10]에는 아래와 같이 나온다.

---

10) https://www.heritage.go.kr.

여수 애양병원

여기서 드는 의문은, 현재의 성산교회인 '애양원교회' 앞에는 붙은 '(구)'가 어째서 '애양병원' 앞에는 붙지 않았을까 하는 점이다. (구)애양병원의 건물은 현재 애양원 역사박물관이 되었으며 애양병원은 별도로 있기 때문이다.

이들 문화재의 건축사적 가치에 대해 필자는 잘 알지 못한다. 하지만 (구)애양원교회에 들어갔을 때는 손양원의 성결함을, (구)애양병원에 들어갔을 때는 선교사들의 숭고함을 느꼈던 기억이 새록하다. 특히 (구)애양병원의 전시물, 그 중에서도 한센인들 사진을 처음 보고는 충격과 감동이 교차했었다.

https://jhdyys.tistory.com/613

그런데 여수시 여수문화관광 홈페이지에서 '애양원'을 검색하면 그 결과는 다음이 전부이다. 국가로부터 지정된 '문화재'에만 관심을 보이고 관광자원으로 활용할 수 있는 '문화유산'에는 무심한 것 같다. 정확한 통계는 알 수 없지만, 애양원은 한국 기독교인들에게 가장 널리 알려진 '성지(聖地)'이다. 그들 '순례자'가 곧 '관광객'이다.

관광지검색결과 (2건)

여수 애양원 역사 박물관(구 여수 애양병원)

전라남도 여수시 율촌면 도성길
061-682-9809

♡5 관심콘텐츠담기

여수 성산교회(구 여수 애양원교회)

전라남도 여수시 율촌면 도성길
061-682-7515

♡1 관심콘텐츠담기

게시글검색결과 (3건)

한편 애양병원 앞 정원에는 포사이드, 윌슨, 보이어, 토플 선교사 기념비가 세워져 있다. 필자는 이 같은 기념비가 '문화재'는 아니더라도 훌륭한 '문화유산'이 될 수 있다고 생각한다. 손양원이 신앙으로 한센인들을 위로했다면 이들은 의술로 한센인들을 치유했다. 하지만 이들은 손양원처럼 유명하지 못하다. 웬만한 기독교인들도 '사전학습'이 없다면 애양병원에 와서야 이런 선교사들이 있었구나 하고 알게 될 것이다. 이들에 대한 스토리텔링 개발이 필요하다.

그런데 똑같은 형태의 '故포사이드醫師紀念碑'와 '禹越淳醫師紀念碑'가 광주 양림동에도 세워져 있다. 어느 것이 원본일까. 애양병원의 것이 원본이다. 애양원 연혁에는 광주의 한센인들이 1927~1928년 단계적으로 여수로 이동했다고 나오는데, 이때 이들이 2개의 기념비를 직접 운반했다고 한다.

포사이드는 1918년에 사망했기에 '故'가 붙었고, 윌슨은 1963년에 사망했기에 '故'가 붙지 않았다. 포사이드는 미국에서 사망했지만 한국의 기독교인들, 특히 한센인들은 그의 '은혜'를 잊을 수 없었다. 포사이드는 구라선교(救癩宣敎)의 개척자였고, 당시 광주제중원 원장이었던 윌슨은 봉선리의 옹기가마터에 한센인들의 임시거처를 마련하고 이들을 치료했다. 세상이 버리다시피 한 이들을 낯선 이방인들이 가족처럼 보듬었다. 그래서 이들은 '선교마을'인 양림동에 기념비를 세웠고, 여수로 걸어걸어 사람들의 눈을 피해 밤에만 이동하면서 이 무거운 석비(石碑)를 손수레에 실어 옮겼다고 한다.[11] 문헌자료로 확인하지는 못했지만 개연성은 충분하며, 적어도 필자에게는 애양원에서 가장 뭉클한 감동을 주는 문화유산이다.

아쉬운 것은 이번 논문을 준비하면서 당연히 직접 현장을 조사했어야 하는데 그렇게 하지 못해서 기념비의 사면(四面)을 촬영하지 못했다는 점이다. 어떤 비석이든 사면을 모두 조사해야 스토리가 구성되는데 대부분 전면만 촬영하기 때문에 그것만 갖고는 6하원칙에 따른 스토리텔링이 어렵다. 스토리텔링은 '의미부여'이기도 하며, 문화유산에 '생기'를 불어넣는 작업이기도 하다. 문화유산의 가치는 그것이 담고 있는 '의미'가 무엇이냐에 따라 달라진다. 즉 그 가치는 이미 '결정'된 것이 아니라 새로 '발굴'되는 것이다. 그 같은 점에서 애양원의 선교유적은 스토리텔링을 어떻게 하느냐에 따라 그 가치가 달라질 수 있으며, 그 스토리텔링을 가능하게 하는 것이 현재 순천대 인문학술원에서 추진하고 있는 근대역사문화자원 기록화사업일 것이다.

---

11) 학술대회에서 좌장을 맡았던 인요한 박사(연세대학교 세브란스병원 국제진료센터)가 들려준 내용이다.

여수애양병원의 선교사 기념비
https://cafe.daum.net/lsk3892/GSJv/6664?q=%EB%8F%84%EC%84%B1%EB%9E
%98+%EC%84%A0%EA%B5%90%EC%82%AC&re=1

광주 양림동의 선교사기념비
https://blog.naver.com/kjyoun24/220006269216

| 포사이드 | 윌슨 | 보이어 | 토플 | 최흥종 |

　필자의 작은 소망이 있다면, 최흥종에 대한 기념물도 하나 제작되었으면 하는 것이다. 포사이드의 감화를 받아 이후 평생을 한센인들과 동고동락한 최흥종의 구라선교는 곧 한국 구라역사 그 자체라고 해도 과언이 아닐 정도로 그는 한국인으로서 고군분투했다.[12] 여수에 애양원이 설립된 것도 그가 총독부와 끈질기게 교섭한 결과였다. 그가 없었다면 애양원은 여수에 존재하지 않았을 것이다. 그에 대한 관심과 기념이 필요한 이유이다.

Ⅲ. 선교사정원의 현황과 가치

　'선교사정원'의 개념은 모호하지만 일단 여수의 선교유적 중 '정원'이라 볼 수 있는 것들을 대상으로 하겠다. 순천정원박람회가 큰 반향을 일으키면서 정원에 대한 관심도 높아지고 있지만 초목이 '자연'이라면 정원은 정도의 차이가 있을 뿐 '인공'이다. 필자는 정원이란 것이 자연을 '다듬는' 정도일 수도 있고 '뒤엎는' 정도일 수도 있다고 평소 생각했고 그 생각은 여전하다. 애양원의 자연공간도 정원이라고 볼 수 있다면 그것은 '다듬은' 수준으로 여겨진다.

　애양원의 정원은 아름다운 경관의 조성뿐 아니라 한센인들의 심리적 치

---

12) 최흥종에 대해서는 오방기념사업회 엮음, 『오방 최흥종 연구』, 태학사, 2022 참조.

료에도 크게 도움이 되었을 것이다. 손양원의 열성적인 지도와 선교사들의 헌신적인 치료는 물론 쾌적한 자연환경이 주는 안식도 그들의 재활에 적지 않은 영향을 주었을 것이다. 당시와는 달랐겠지만 현재 애양원교회 주변의 경관도 정원으로서 손색이 없다.

https://cafe.daum.net/lsk3892/GSJv/6664?q=%EB%8F%84%EC%84%B1%EB%9E%98+%EC%84%A0%EA%B5%90%EC%82%AC&re=1

벌써 10년 정도가 흘렀지만, 애양원을 방문했을 때 아름다운 조경, 즉 정원이 무척 인상적이었다. 애양원 자체가 하나의 큰 정원이라고 해도 과언이 아닐 정도였던 기억이 난다. 상공에서 내려다본 애양원은 정원으로서 손색이 없다.

하늘에서 바라보는 애양원 전경
https://www.youtube.com/watch?v=59fF-JHD3ME

　현재 게스트하우스로 운영되고 있는 토플하우스 역시 수려한 자연경관
을 자랑한다.

http://www.wlc.or.kr/main/sub.html?Mode=view&boardID=www33&num=15597&
page=&keyfield=&key=&bCate=
(ⓒ 지성진 작가)

이밖에도 자료를 찾다보니 몇 개의 아름다운 '정원'이 눈에 띄었다. 모두
기독교회와 관련된 것들이다. 아름답고 아기자기한 조경이 이채를 띤다.
애양원이나 순천만을 찾은 기독교인이라면 한번쯤 들러볼 마난 정원이다.
식당에 비유하자면 "숨겨진 맛집"이다.

여수 갈릴리감리교회 비밀의정원	여수 갈릴리감리교회 비밀의정원
https://www.kmcdaily.com/news/article View.html?idxno=1043	http://news.kmib.co.kr/article/view.asp?arci d=0924298902&code=23111113&sid1=so

여수갈릴리감리교회 비밀의정원
http://news.kmib.co.kr/article/view.asp?arci
d=0924298902&code=23111113&sid1=so

순천중앙교회 고산병원 사택 정원
http://news.kmib.co.kr/article/view.asp?arci
d=0924298902&code=23111113&sid1=so

순천복음교회 매화정원
http://news.kmib.co.kr/article/view.asp?arci
d=0924298902&code=23111113&sid1=so

순천복음교회 매화정원
https://www.netongs.com/news/article
View.html?idxno=313374

IV. 남겨진 과제들

필자는 한국근대사, 그 중에서도 한국기독교 민족운동사를 공부했다. 그러다 1997년 광주에 부임한 이후 자의반 타의반으로 기독교 선교유적에 대해서도 관심을 갖게 되었다. 선교유적에 대한 전문가가 아님에도 보고서나 논문을 쓸 기회가 있었다.

그런데 보고서 용역을 어느 기관이 맡겼느냐, 어느 학술지에 논문이 실

리느냐에 따라 용어 선택에 신경을 쓴다. 하나님의 '역사'나 '은혜', '섭리'와 같은 용어는 가급적 쓰지 않는다. 필자도 기독교인이기는 하지만 학문적 객관성이 우선이기 때문이다. 물론 기독교인을 대상으로 하는 강연이라면 사정이 달라진다. 그들에게는 신앙적 감동이 우선이기 때문이다. '유적'이나 '문화유산'이 아닌 '문화재'로서의 가치를 따질 때면 더욱 신중해진다. 기독교인에게 의미있다고 해서 보편적으로 그러한 것은 아니기 때문이다. '문화재' 선정은 공적인 영역이다.

그런데 문화재라고 해서 더욱 많은 이들이 찾는 것은 아니다. 놀랍게도 일반인들은 문화재 여부에 그리 큰 관심이 없다. 오히려 그 대상에 담겨 있는 의미에 더 관심을 보인다. 따라서 스토리텔링이 중요하다. 그리고 스토리텔링을 위해서는 스토리 구상을 위한 기초자료가 필요하며, 전술했듯이 현재 순천대학교 인문학술원에서 그 같은 작업을 수행 중이다.

교육부 선정 대학중점연구소인 순천대학교 인문학술원에는 산하에 종교역사문화센터, 지역인문교육센터, 대학중점연구소 등이 조직되어 있다. 연구와 보급을 위한 체계적인 구성이다. 그리고 연구성과를 널리 알릴 수 있는 홈페이지도 구축되어 있다. 이를 순천시기독교역사박물관과 연계하면 더욱 시너지 효과를 높일 수 있을 것이다.

아울러 홍보영상의 제작도 중요하다. 현재 You Tube에서 애양원 선교유적 관련 정보가 있을까 검색했다. 그 결과는 다음과 같은데, 생각보다 적다. 그리고 전문가가 제작한 것은 아니며, 학문적 전문성을 갖춘 것은 없다. 인문학술원이 순천시 및 전남CBS와 협업한다면 양질의 동영상 콘텐츠를 제작할 수 있을 것이다.

제목	URL	재생 시간
여수애양원 – 믿음을 지키며 순교한 손양원목사님을 배우다 [어린이성지탐방 No.2]	https://www.youtube.com/watch?v=jotuIJ_Um0E	16:54
여수 손양원 애양원 역사탐방	https://www.youtube.com/watch?v=NkeY2P1wUT0	05:50
제1회 형제사역단 한국성지순례 영상 (애양원)	https://www.youtube.com/watch?v=uI7OL6jUWKY	23:58
애양원	https://www.youtube.com/watch?v=QZT5_QARA2U	14:58
여수 애양원성지 순례(안양평성교회)	https://www.youtube.com/watch?v=7elLPONBIi8	12:50
선교사들의 발자취를 따라서 #1 ㅣ 애양원 ㅣ 손양원목사님	https://www.youtube.com/watch?v=85MtCWALB3Y	14:08

더불어 현재 인문학술원에서 수행 중인 조사사업은 새로운 문화유산의 발굴 및 문화재 지정을 위한 작업으로서 의미가 크다. 최근 필자는 인문학술원으로부터 원고를 청탁받았는데, 애양원의 직업재활보도소와 순천 선교마을의 상수도시설에 대해서다. 이 분야에 대한 지식이 일천하기 때문에 조심스럽지만, 문화재 지정을 위해서는 이처럼 방치된 시설에 대한 관심과 여기에 의미 부여를 하려는 노력이 절실하다. 설령 문화재로 지정되지 못한다 하더라도 훌륭한 문화유산으로 의미를 부여하여 활용할 수 있다.

애양원 직업재활보도소
(순천대 인문학술원 제공)

순천 선교마을 상수도시설
(순천대 인문학술원 제공)

끝으로 순천과 여수를 연결하는 기독교 문화유산 탐방코스 개발을 제안드린다. 코스 자체를 개발하는 것은 그리 어렵지 않을 것이다. 문제는 간결하고 정확한 가이드북의 제작, 그리고 관련 문화유산해설사의 양성이다. 기독교계, 그 중에서도 개신교계의 '성지순례'는 천주교계만큼 활발하지는 못하지만 관심이 높아지고 있는 추세이다. 개신교회에서는 연령층에 맞춘 다양한 프로그램이 운영되고 있으며, 여기에는 지역 기독교 문화유산 탐방도 포함된다. 연구성과는 보급되고 활용되어야 의미가 있을 것이다.

10장

기독교 건축과 순천 근현대 주거

우부자집, 고산의원장 가옥을 중심으로

남호현

순천 원도심에는 근대기 외국인 선교사 마을의 문화재로 지정, 등록된 여러 근대 건축물들이 있다. 이런 문화재들은 대부분 선교사 주택들로 구성되고 있지만, 여기에는 아직 문화재로 지정되지 않았지만 선교사들의 영향을 받은 한국인 의료인의 주택이 온전하게 남아있고, 또한 몇 안되는 주요 한국 전통주택 건축물이 남아있다. 본 연구는 이러한 순천의 근대기에 지어져서 현재까지 잘 보존된 주택들을 중심으로 건축적 특징을 알아보고 그 가치를 평가하고자 한다. 각 건물들의 특징은 배치, 평면, 가구, 구조, 장식 등의 항목을 중심으로 고찰한다. 이러한 연구결과는 순천 근대기 한옥을 비롯한 다양한 주택의 특징에 대해 학술적으로 전혀 정립되지 않은 상황에서 순천 근대건축의 흐름을 제대로 파악하는 계기가 될 것이다.

I. 우부자집의 건축적 특성

우부자집은 일제강점기 순천 금곡동 우부자로 알려진 대지주 우규환(禹珪桓)이 1920년 신축한 한옥이다. 원래는 전통적인 한옥 배치수법에 따라 사랑채, 안채, 별채 등으로 구성되어 있었으나, 1942년 별채(現 추부자집)가 매매되었다. 이후 한국전쟁 기간인 1951년 안채마저 팔리면서 현재 건립자의 직계 후손(우복규)은 사랑채만을 소유하고 있다. 따라서 안채와 부속채 2동, 별채의 소유주, 사랑채의 소유자는 각각 다른 사람으로 되어 있다.

1. 안채

현재 안채의 주소지는 전남 순천시 금곡동 18-1이다. 1920년에 지어진 것으로 추정되며(건축대장은 1925년), 건축양식은 한일 절충식으로 외형상 2층 한옥으로 구성된 순천 근대기에 있어서 상류주택으로 평가된다.

1) 배치

안채와 사랑채는 남쪽을 향해 병열로 배치되어 있고, 지금은 사라졌지만 사랑채 앞으로 대문채가 있었다고 전한다. 현재 안채와 사랑채를 분리하는 토석담장은 원래부터 있었고 담장에는 지금은 없지만 2개의 협문이 있었다고 한다. 따라서 원래 이 가옥으로의 진입은 대문간을 통해 사랑채 마당으로 들어오면 담장의 대지 바깥쪽 중문을 통해 안채로 들어가는 방식이었을 것으로 추정된다. 대지 안쪽의 중문은 안채와 사랑채를 바로 연결하는 문으로 가족들이 사용하는 문이었다. 안채 전면에는 3칸 규모의 부속채 2동이 직각으로 놓여 있어 전체적으로 ㄷ자 모양의 건물들로 인해 폐쇄형 안마당으로 구성하였다, 화장실과 목욕실 등의 설비시설들은 부속채에 있는 것으로 추정된다.

우부자집 위치

우부자집	안채와 사랑채

2) 평면

안채의 평면은 一자형으로 6칸으로 중앙에 2칸의 대청을 두었고 우측으로 건넌방과 부엌을 두었다, 건넌방 배면으로는 2층으로 오르는 계단 하부를 이용하여 수납장을 설치했다. 근대기 한옥의 큰 특징인 수납공간의 적절한 활용 등이 돋보인다. 부엌의 배면에는 식모방이었다고 하는 작은 방을 두었다. 대청 좌측에는 안방을 두었다. 안방 좌측으로 1칸의 온돌방을 또 두었는데 그 뒤로 아궁이와 창고를 두고 쪽문으로 연결하였다. 창고 배면에는 외부의 판문을 통해 출입하도록 했다. 양단의 큰 실 사이에 놓인 4칸의 실 전면에는 툇마루를 두어서 양단의 부엌과 방으로 통하는 문을 설치했다, 대청의 배면 쪽 우측 구석에 2층으로 올라가는 계단을 두었고 그 앞에는 판문을 달았다. 안채 배면에는 벽돌로 쌓은 굴뚝을 설치했다.

우부자집 평면도

1층	2층
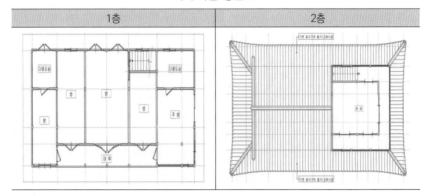	

우부자집 안채 2층

수납장 – 床の間(도코노마)	2층에서 바라 본 마을 전경

안채의 동쪽 3칸 상부로는 2층을 마련하여 공간을 활용하였다. 2층은 현재 한가운데의 마루방이 있고 방을 중심으로 3면이 모두 장마루가 깔린 복도공간을 두었다, 북측 복도공간 일부는 계단이 놓여 있다. 이는 일본식 주택의 2층에서 흔히 볼 수 있는 것으로 한가운데의 마루방은 아마도 다다미 방이었을 것으로 생각된다. 특히 방의 서쪽면에는 수납장을 두었는데 원래는 床の間(도코노마)가 있었을 것으로 추정된다. 즉 우부자집의 안채 1층은 한국 전통식 주택이지만 2층은 화실(和室)을 둔 일본식 주택요소를 가미하

였다고 볼 수 있다.

3) 가구 및 구조

안채의 초석은 방형초석으로 하단부를 항아리형으로 다듬었다. 하방 하부의 하방벽은 현대식 타일로 마감되었지만 원래는 사랑채의 것처럼 풍혈 장식이 있는 판재로 구성했을 것으로 추측된다. 기둥은 모두 각주이며 대청의 천장은 대들보 위로 격자형 패널을 끼운 우물천장으로 하였는데, 이는 원래 궁궐이나 사찰에 쓰였지만 근대기에는 가옥에서도 흔히 활용되었다. 구조는 5량집으로 추정된다. 각 서까래들의 중간 지점을 가로지르는 긴 목부재를 덧대고 그 밑으로 삼각형 모양의 까치발 부재로 다시 받고 있는데 이는 서까래의 처짐을 막는 역할을 하고 있다. 이 까치발은 정면과 배면, 측면, 모든 면에 모두 사용하고 있다. 처마는 홑처마이며 지붕은 팔작지붕이고 기와는 왜식기와를 얹혀 놓았다.

우부자집 안채

초석	서까래 받침재와 까치발

4) 장식

실들의 전면에는 두 짝 세살문을 달았고 그 상부에 매우 섬세한 문양의 교창을 설치하였다. 2층으로 올라가는 계단 난간과 외부 툇간 앞에 설치한 난간(현재 흰색 페인트 칠)에는 살대로 구성한 교란을 사용했는데 소로 설치 여부만 제외한다면 그 모양이 같다. 우측 부엌의 창 하부의 벽체에도 ㄹ자 모양의 재미있는 장식이 있다. 합각벽에는 주변 기와집과는 달리 현대식 적색 벽돌로 쌓았다.

우부자집 안채

계단실 판문	우물천장

5) 소결

순천 우부자집 안채는 근대에 지어진 2층 한옥으로서 1층은 한국 전통 가옥의 유형을 따랐고 2층의 공간 내부는 일본식 가옥의 유형을 따랐다. 따라서 이 가옥은 한일 절충식 가옥이라고 평가할 수 있다. 그러나 외부에서 보이는 가옥의 전체적인 모습은 전통 한옥의 모습을 따르고 있어 분별이 쉽지 않다. 이 가옥은 구석구석 많은 수납공간을 설치하고, 각 부재를 세밀하게 장식을 하는 등 근대 가옥의 전형적인 수법들이 보인다. 특히 2층 화실에서 바라본 읍성 서문 방향의 마을 모습이 한눈에 들어오는 등의 경관적 특징을 통해, 이 가옥은 당시 상류층으로서의 면모를 이해하는 데 도움을 준다.

우부자집 안채 난간

2층 내부 난간	외부 난간

우부자집 안채 장식

교창	ㄹ자 모양 장식

우부자집 안채

2층 전경	굴뚝

2. 사랑채

현재 사랑채의 주소지는 전남 순천시 금곡동 18이다. 1920년에 지어진 것으로 추정되며(건축대장은 1925년, 상량문은 판단불가), 건축양식은 한일절충식 가옥으로 외형은 전통건축의 형식을 따랐고, 순천 근대기에 있어서 상류주택으로 평가된다. 사랑채의 소유자는 건립자의 직계 후손(우복규)이다.

1) 배치

우부자집 사랑채는 현재 안채 소유자와 다른 사람으로 우부자집의 후손이다. 따라서 이 가옥은 현재 사랑채 동쪽 측면의 현대식 대문에서 진출입이 이루어지지만 원래는 남쪽으로 대문채가 있어서 사랑채 앞마당을 통해 안채로 연결되었다고 한다. 사랑채 역시 안채와 마찬가지로 남향을 하고 있으며 가옥의 전면에는 정원을 꾸며놓았다.

2) 평면

우부자집 사랑채는 一자형 평면으로 좌우퇴가 있는 정면 3칸, 전퇴가 있는 측면 2칸의 겹집 유형이다. 이 건물은 사랑채임에도 대청이나 누마루가 없고 전체 6칸 모두가 방으로 되어 있고, 방 주변의 툇간은 'ㄷ'자 모양으로 방을 둘러쌓고 있다. 전통건축 공간 구성 방식이 아닌 이러한 평면유형으로 볼 때 우부자집의 사랑채는 안채와 마찬가지로 외관상 전통한옥의 유형을 따르고 있으나, 내부공간은 일본식 주택 유형을 따르고 있다고 볼 수 있다. 즉 좌측 전면부 2칸의 방은 원래 다다미방이며, 그 방 내부 서측의 수납장은 안채 2층에 있었던 床の間(도코노마)와 같은 시설이 설치되어 있었을 것으로 추정된다. 나머지 방들도 추측컨대 다다미방이었을 것으로 생각된다. 3개의 작은 방들이 모여 1개의 큰 방을 이룬다는 점에서 일본식 주택의

가장 큰 특징인 '칸의 분할'이 정확히 표현되었기 때문이다. 실들 주변의 'ㄷ' 모양으로 설치된 툇간은 일본식 주택에서 흔히 볼 수 있는 복도공간이지만 바닥 재료는 장마루가 아닌 우물마루가 깔렸다. 사랑채 뒤편으로 현재 증축된 현대식 건축공간이 있어서 화장실, 창고 등으로 쓰이고 있지만, 소유자(우씨 후손)에 따르면 원래 뒤편으로 같은 용도로 쓰인 근대 건물이 있었다고 한다.

우부자집 사랑채

평면	사랑채 외관

3) 가구 및 구조

초석은 모를 죽인 사다리꼴 초석이 사용되었다. 초석의 하단부는 약간 폭을 넓혀 가옥의 격을 높였다. 하방벽은 풍혈 장식이 있는 판재로 끼워 넣었다. 사랑채 건물의 격식을 높여주는 요인이다. 기둥은 모두 각주이며 기둥 사이 정칸에는 3개의 미서기 문짝을, 툇간에는 2개의 미서기 문짝을 달았다. 문은 격자형 틀을 구성하고 유리를 끼워 넣었다. 정면과 측면에서 보았을 때 사랑채의 외관은 모두 유리문으로 감싸 안은 모습이다. 하부 문틀은 3줄의 레일이 깔려 있고(툇간은 2줄) 상부는 홈을 파서 문짝을 움직이도록 했다. 가구는 5량가로 추정되며, 대량 뺄목과 퇴량은 이음방식으로 연결하였다. 퇴량은 그다지 화려하지 않은 각부재로 하였고 외부 퇴량 뺄목은 보아지로 보강하였다. 처마는 겹처마로 부연을 덧달았고 지붕은 팔작지붕, 기와는 한식기와로 하였다.

우부자집 사랑채

초석과 하방벽	퇴량

4) 장식

내부 실들의 전면은 전통 문양의 완(卍)자형 창살이 있는 영창을 달았고 그 바깥으로 용(用자)형 창살 바탕에 두꺼운 창호지를 바른 고정된 갑창을 달았다. 문 상부에는 안채와 마찬가지로 얇은 살대들로 화려하게 구성된

우부자집 사랑채

교창	합각벽 장식

교창을 설치하였다. 합각벽에는 환가창과 함께 회벽마감에 암키와로 꽃모양 형태로 만들어 치장하였다.

5) 소결

우부자집 사랑채는 철저한 관리를 통해 원형보존이 잘 되어 있다는 점에서 주목할 만하다. 단지 내부 실들의 구성이 다다미방으로 꾸며진 화실(和室)이었을 것으로 추정되지만 현재 남아있는 것은 아무것도 없다. 안채와 마찬가지로 사랑채는 외형은 전통 한옥의 모습으로 되어있지만 내부 공간 구성은 일본식, 즉 근대기 한일 절충형 가옥이라는 점에서 의의를 갖는다. 특히 내부 실의 구성은 일본식 주택의 큰 특징인 '칸의 분할"이 정확히 구성되었음을 알 수 있다.

3. 별채(추부자집)

현재 별채의 주소지는 전남 순천시 금곡동 102번지이다. 건축물대장에 의하면 1925년에 지어진 것으로 추정되며, 건축양식은 전통 한옥의 형식을 취하고 있고, 순천 근대기의 중류주택으로 평가된다.

1) 배치

추부자집은 우부자집의 안채 남향으로 자리 잡은 가옥으로 원래는 우부자집의 별채이었지만 후대에 독립되어 남아 있는 것으로 알려졌다. 집의 진출입은 별도의 골목길을 통해 이루어진다. 비교적 작은 대지에 세워졌고 앞마당이나 후원 등의 외부공간이 없어 매우 협소하게 느껴진다. 이는 아마도 당시 밀집해 있던 도시형 주택으로서 중류주택의 한 유형으로 이해해도 될 것 같다.

2) 평면

추부자집의 평면 형태는 一자형으로 정면 5칸, 전후퇴가 있는 측면 1칸 규모의 집이다. 즉 정면 3칸에 전후퇴가 있는 측면 1칸의 홑집 유형과 양단의 좌우 1칸은 측면이 2칸으로서 겹집의 유형을 합쳐놓은 평면형이다. 정 중앙의 1칸의 마루방이 있고 좌우로 온돌방이 있다. 동측 끝에 있는 실은 부엌이고 서측 끝에 있는 방은 개축의 정도가 심해 원래의 모습은 정확히 파악할 수 없지만, 우부자집 안채 양단의 실 구성이 비슷하다는 전제 아래 아마도 전면에 온돌방으로 구성하고, 배면에는 함실아궁이 등이 있었을 것 으로 추정한다. 중앙 3칸의 실 앞에는 우물마루 형태의 툇마루가 놓여 있 고, 툇마루를 통해 양단의 실로 출입할 수 있다. 중앙의 마루방 밑에는 지 하를 팠는데, 출입은 배면의 계단을 통해 들어갈 수 있다. 이곳은 장독대와

추부자집

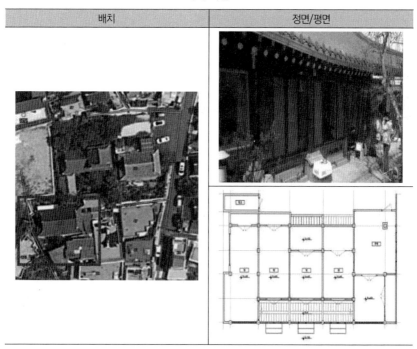

배치	정면/평면

기물들을 보관하는 창고 역할을 한다. 마루방의 바닥은 우물마루를 설치했고 두 단으로 나누어져 있다. 즉 배면 쪽으로 단차를 두어 약간 높은 마루 바닥을 두었다. 배면 쪽으로 난 문을 열면 장마루로 깔린 쪽마루 위에 평난간이 설치되어 있다.

추부자집

초석	퇴량

3) 가구 및 구조, 장식

정면에 있는 외진주들을 받치는 기둥은 원주이며, 나머지 기둥들은 모두 각주이다. 외진주는 가공된 원형초석 위에 있다. 3칸의 툇간 정면으로 모두 현대식 유리문을 달았다. 양단의 부엌과 방은 하부에 타일마감한 벽체를 두었고 상부에는 전면 유리창을 달았다. 툇간은 모두 우물마루이며 실들의 전면은 세살창을 설치했다. 중앙 마루방은 사분합으로 하였고, 좌우 온돌방은 두 짝의 미닫이문으로 하였다. 특이한 점은 3곳의 실 모두 창호 밑에 머름을 두었다. 머름을 두는 이유는 창과 문을 구분하기 위함인데, 문임에도 불구하고 머름을 둔 것이다.

가구는 5량가로 추정되며, 퇴량은 곡이 있는 굵은 부재를 사용하여 우부자집의 것과 비교했을 때 오히려 격이 더 높은 것으로 나타났다. 대량 뺄목과 퇴량의 연결 수법은 우부자집 사랑채의 이음방식과 비슷하다. 외부 퇴

량 뺄목은 보아지로 보강하였다. 처마는 겹처마이며 지붕은 팔작지붕, 기와
는 한식기와로 하였다.

추부자집의 장식적 요소는 별로 없는 것으로 나타났다. 단지 합각벽에
있는 문양은 우부자집의 사랑채보다 더 화려한데, 붉은색 계열의 만개한
꽃과 꽃봉오리가 이색적이다.

추부자집

지하층	합각벽

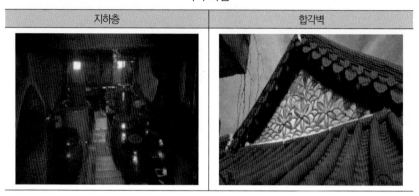

4) 소결

추부자집은 근대기 중류주택의 전형으로 파악된다. 격식이 있는 별다른
가공수법이나 장식기법이 보이지 않으나 한국전통 목조건축의 흐름을 계
승한 가옥으로 근대 시기에 유행했던 지하층의 적극적인 활용 등이 특징인
것으로 보인다. 단지 아쉬운 점은 개축 변형의 정도가 심하고 관리가 부실
하다는 점이며, 그럼에도 불구하고 근대기 중류층 전통 한옥 주거건축이
남아있다는 점에 의의를 가질 수 있다.

II. 고산의원장 가옥의 건축적 특성

고산의원장 가옥은 1961년 순천 금곡동 66번지 일원에 지어진 현대식 주택으로 1층은 일본 전통주택의 중복도형을 평면을 접목시켰다. 건축구조는 벽돌조 구조에 시멘트 몰탈 위 페인트 마감을 하였다. 이 대지에는 원래 1923년 한옥으로 건립된 목조 건물이 있었으나, 1961년 기존에 있던 구옥을 철거하고 벽돌조 현대식 주택을 신축한 건물이 현재 남아있는 이 건물이다.

건물을 건립한 최정완 선생은 매산학교 전신인 은성학교, 연세대학교의 전신인 연희전문 문과를 졸업하고, 매산학교에서 교사로 재직 중 폐교하자 근무지를 안력산병원으로 옮겼다. 여기에서 수련 과정을 거쳐 의사가 되고, 순천에서 1943년부터 1980년까지 고산의원을 운영하였다. 병원 폐원 이후 병원 부지를 매산여고에 기증하였고, 본인이 거주하던 현재 이 주택은 순천중앙교회에 기증하였다.

1. 배치

대지의 위치는 선교부 경계 밖에 놓여 있지만 인접한 곳에 매산학교가 있어서 건물주의 교사 시절 근무처와 인연이 있을 것으로 보인다. 서쪽의 주택 뒤로는 골목길과 다른 필지를 사이에 두고 매산등을 관통하는 신규 도로가 지나고 있고, 동쪽 대지 경계는 새로 개설된 도로와 접해 있으나 양 도로의 높이 차이가 커서 서로 보이지 않는다. 대지의 북쪽과 남쪽에는 작고 경사진 골목길들이 돌담장을 사이에 두고 접해 있어서 대지 사방이 도로에 둘러싸여 있다. 대지 북쪽의 돌담길은 1915년 지적원도에도 나타나는 조선시대의 도로망임을 알 수 있다.

고산의원장 가옥은 난봉산 자락에 동서로 길게 형성된 직사각형에 가까

운 부정형 대지이다. 대지의 지형은 주택이 놓인 서쪽이 가장 높고 정원수
가 식재된 동쪽이 가장 낮은데 경사지에 맞추어 여러 단과 경사로를 두어
정원을 형성하였다. 정원 끝 멀리 죽도봉이 시야에 들어온다. 주택의 대문
출입구는 원래 정원이 있는 동쪽에 있었으나 도로 개설로 인해 없어지고
현재는 주택 측면 북쪽에 위치한 대문을 사용하여 좁은 골목길을 통해 출
입한다.

2. 평면

건축 규모는 지하 1층, 지상 2층으로 벽돌조 벽체에 목조트러스의 경사
지붕 구조이다. 지상층은 주거공간, 지하층은 관리인을 지원하는 공간과 설
비공간으로 구획된다. 가옥의 주 현관은 주택의 정면 한가운데에 설치하여
동쪽에서 진입하도록 계획하였다. 지하층 출입구는 주택 좌측면에 위치하
고 있지만, 주택의 정면을 지나지 않고 우측면으로 주택 뒤를 돌아서 진입
하도록 계획되어 주인과 관리인의 진입 동선이 분리되어 있다.

고산병원장 가옥 배치도 및 전경

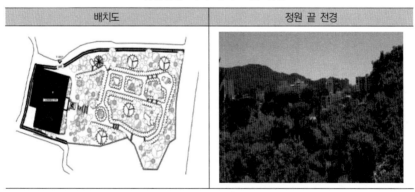

| 배치도 | 정원 끝 전경 |

고산병원장 가옥 평면도

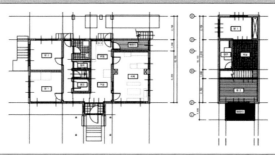

주택 전면부는 중앙부에 돌출된 현관으로 인해 좌우 두 블록으로 나누어져 있으나 동일한 길이로 구성된 대칭형을 강조하지 않았다는 점에서 현대성이 가미된 주택이라고 볼 수 있다.

1층은 크게 3개의 공간으로 구획되어 있다. 즉 중앙에는 부엌, 식당, 계단, 화장실, 부속실 등의 공간과. 우측에는 응접실의 접객공간, 좌측에는 방들의 침실공간 등으로 구분된다. 특히 좌측 끝 2개의 방이 상하로(동서방향) 나란히 구성되고 그 전면에 복도가 설치되어 우측으로 계단실, 화장실, 창고 등으로 출입하는 중복도형 공간은 일본식 주택에서 흔히 볼 수 있는 공간 영역이다. 우측 끝 응접실(서재)도 좌측의 방과 같이 상하방처럼 연결된 듯 보인다. 중복도와 주방 사이에는 화장실과 다용도실이 계단실에 의해 동서로 배치된다.

2층 평면은 一자형 계단을 사이에 두고 미서기문이 설치된 방이 동쪽과 서쪽에 각각 배치되었는데, 서쪽 방 앞에는 마루바닥의 거실과 창고를 마련하였다. 동쪽의 방 전면으로는 베란다를 두어 정원의 경관을 감상하도록 계획하였다.

옥외 지하층 계단을 내려가면 중앙을 가로지르는 복도 양 옆에 방이 마주 보고 있다. 특히 서쪽 방 옆의 부속공간에는 1층으로 통하는 내부 계단이 있다.

3. 가구 및 구조

건축의 뼈대구조는 벽돌을 쌓아 조적조로 구성하여 지붕의 하중을 받았고, 벽체는 시멘트 몰탈 위에 흰색 페인트로 마감하였다. 거실에 방열기(라디에이터)의 흔적이 남은 것으로 보아 건립 당시 실의 난방은 선교사 주택의 영향을 받아 서양의 난방방식을 채택했던 것으로 보인다. 후에 1층과 2층의 방은 바닥 난방으로 변경되었다.

지붕은 목조트러스의 경사지붕 구조이다. 특히 1층의 지붕은 우진각 지붕의 형태로 남북방향으로 약간 길게 설치하였고, 2층의 지붕은 가옥의 중앙 부분에만 동서방향으로 길게 맞배지붕의 형태로 하고 1층 지붕 위에 두어, 위에서 보면 십자가 형태의 지붕 평면을 볼 수 있다. 이는 매산관, 조지와츠 기념관, 증축 이후의 안력산병원 등에서 공통으로 나타나는 십자가형 평면으로서, 순천 선교사 마을에 있는 건축의 지붕 평면의 영향을 받은 것으로 심작된다.

고산병원장 가옥 입면도

정면도	좌측면도

4. 장식

고산병원장 가옥에서 장식적 효과는 별로 없는 듯하다. 4각형 매스의 정확한 조합과 삼각형 지붕을 통해 발산되는 순수 기하학 형태의 구현, 군더더기 없는 개구부 설치 등의 표현은 국내 1960년대 건축적 흐름인 기능성을 충실히 따르려는 결과로 보인다. 단지 출입 현관부에서 보이는 원형의 창문 구성은 딱딱하게만 보일 수 있는 사각형의 틀에서 살짝 벗어나려는 의도가 보인다.

고산병원장 가옥의 장식과 조경

현관부 원형 창문	정원

5. 조경[1]

고산의원장 가옥 정원은 원래 일본식 정원 유형으로 일본잎갈나무, 금송, 가이츠카 향나무 등이 조형적으로 배치되었다. 조형된 교목 아래에는 연산홍, 자산홍 등 철쭉류가 식재되었고 그 사이로 산책로를 조성하여 작은 회

1) 김준선, 「고산의원장 가옥 정의 의의」, 『순천 근대 선교 문화재와 근대 정원 : 현황과 가치』, 순천시 기독교역사박물관, 순천대 인문학술원, 2023.

유식 정원으로 발전시켰다. 그러나 안력산병원에서 근무를 시작하였던 고) 최정완 장로는 선교사들로부터 미국 식물을 소개받아 정원에 식재하기 시작하였고, 특히 수선화, 꽃무릇 등 구근식물을 도입하여 이름다운 정원으로 발전시켰다.

2013 순천만국제정원박람회의 성공 이후 순천시에서 추진하였던 원도심 지역의 정원관광, 정원문화 확산에 큰 기여를 하였다. 인근 순천선교부의 미국식 숲정원과 더불어 원도심 재생과 활성화 사업에 모티브로 자리매김하고 있다.

6. 소결

고산병원장 가옥의 건립된 시기가 전쟁복구사업이 진행되는 등 경제, 사회적으로 어려웠던 시기였던 점을 감안하면 이 가옥은 광복 이후 건축된 몇 안 되는 원도심의 현대식 주택으로 평가된다. 또한 전형적인 부유층의 현대식 주택으로 1층 평면에 일본식 중복도가 접목되기도 하였다. 지붕 평면이 매산관, 조지와츠 기념관, 증축 이후의 안력산병원 등에서 공통으로 나타나는 십자가형 평면으로 종교적 영향을 받기도 하였다.

순천 우부자집 안채는 근대에 지어진 2층 한옥으로서 1층은 한국 전통가옥의 유형을 따랐고 2층의 공간 내부는 일본식 가옥의 유형을 따랐다. 2층 화실에서 바라본 읍성 서문 방향의 마을 모습이 한눈에 들어오는 등, 당시 상류주택의 면모를 이해할 수 있다. 사랑채는 한일절충식으로, 내부 실들의 구성이 다다미방으로 꾸며진 화실(和室)이었을 것으로 추정된다. 별채(추부자집)는 근대기 중류주택의 전형으로 파악된다. 격식이 있는 별다른 가공수법이나 장식기법이 보이지 않으나 한국전통 목조건축의 흐름을 계승한 가옥으로 평가된다.

고산병원장 가옥의 건립된 시기가 전쟁복구사업이 진행되는 등 경제, 사회적으로 어려웠던 시기였던 점을 감안하면 이 가옥은 광복 이후 건축된 몇 안 되는 원도심의 현대식 주택으로 평가된다. 또한 전형적인 부유층의 현대식 주택으로 1층 평면에 일본식 중복도가 접목되기도 하였다. 지붕 평면이 매산관, 조지와츠 기념관, 증축 이후의 안력산병원 등에서 공통으로 나타나는 십자가형 평면으로 종교적 영향을 받기도 하였다.

결국 우부자집에서 일본식 건축과 한국식 건축이 만났을 때 어떻게 절충을 시도했는지 그 초기 양상을 확인할 수 있고, 고산의원장 가옥에서는 해방 이후에도 여전히 일본식 건축이 잔재하여 한국 건축과의 절충하는 양상을 확인할 수 있다. 개항기 일본인 조계지가 따로 설치되지 않았던 순천 지역에서도 일제강점기 초기부터 일본의 영향을 확인할 수 있고, 또 해방이 되더라도 그 영향이 상당 기간 지속되었음을 위의 두 사례를 통해 확인할 수 있다.

이와 같은 연구결과는 건축의 1차적인 조사결과를 바탕으로 작성된 것으로서, 보다 치밀한 학술적 성과를 내기에는 부족한 것으로 평가된다. 따라서 차후 전남의 타 지역 근대주택의 특징과 비교 분석하는 등의 심화적인 과정을 통해 순천 근대기 주택의 독창적인 특징을 정확하게 파악할 것이다.

참고문헌

1. 국내자료

「各(각)◇界(계)◇의◇重(중)◇鎭(진)」, 『조선일보』 1937년 08월 05일.

「順天幼稚園擴張(순천유치원확장)」, 『동아일보』 1934년 04월 11일.

「순천 선교의 초석 오웬(Owen), 애양원 설립자 포사이드(Forsythe)」(전주대신문856
호 2016.10.5. https://news.jj.ac.kr/ 2023.10.15).

「슌텬에[순천] 미슌병원 락셩[낙성]」, 『기독신보』, 1916년 3월 22일.

「鄭醫師記念式(정의사기념식)」, 『동아일보』, 1938년 02월 08일.

'99건축문화의 해 조직위원회 · 국립현대미술관(편), 『한국건축100년』, 1999.

강성호, 「순천 근대 기독교 선교 유적의 현황과 과제」, 『순천 기독교역사박물관,
순천대 인문학술원 공동 학술대회 – 순천 선교 문화유산과 근대 정원: 현
황과 가치』, 2023.

김동철, 「매산100년을 돌아보며」, 『매산인』 제9호, 1999.9.

김수진, 『호남선교 100년과 그 사역자들』, 고려글방, 1992.

김수진, 「호남지방 교회의 역사」, 『한국기독교와 역사』 제3호, 1994.

김승태, 박혜진, 「내한선교사총람」, 한국기독교역사연구소, 1994.

김정동, 「한국근대건축에 있어서 서양건축의 전이와 그 영향에 관한 연구」, 홍익대
박사논문, 1990.

김준선, 「고산의원장 가옥 정의 의의」, 『순천 근대 선교 문화재와 근대 정원 : 현황
과 가치』, 순천시 기독교역사박물관, 순천대 인물학술원, 2023.

김형균, 「순천지역 의료선교에 대한 연구: 선교사 인애자의 결핵사업을 중심으로」,
장로회신학대학교 신학대학원 석사학위논문, 2010.

남기현, 「일제하 토지소유권의 원시취득 연구」, 성균관대학교 박사학위논문, 2019.

남호현, 「근대 순천지역 선교사 마을의 배치와 공간수법에 관한 연구」, 『대한건축학회연합논문집』 2(4), 2000.

남호현, 『순천 구 남장로회회 조지와츠 기념관 기록화 조사보고서』, 대전: 문화재청 근대문화재과, 2006.

남호현, 『순천 매산중학교 매산관: 기록화 조사보고서』, 대전: 문화재청 근대문화재과, 2006.

남호현, 우승완, 「순천선교부를 중심으로 하는 선교마을들의 성립과 변용」, 『남도문화연구』 제35집, 순천대학교 남도문화연구소, 2018.

대한건축사협회, 『건축사』 8805. 1988.

대한건축학회, 『미지정문화재건축물 실측조사보고서1』, 1987.

도선붕, 「한국근대건축형성과정에서 나타난 미국장로회 선교건축의 특성」, 충북대학교 박사학위논문, 2002.

도선붕, 한규영, 「순천 선교촌의 형성과 건축특성에 대한 조사연구」, 『한국농촌건축학회논문집』 4(2), 2002.

도코모모코리아, 『지리산 선교사 유적 조사와 문화재적 가치연구』, 지리산기독교선교유적지보존연합, 2009.

등대선교회, 『등대의 빛』 제16호, 2000.

류대영, 『초기 미국 선교사 연구』, 한국기독교역사연구소, 2001.

류대영, 『미국 종교사 연구』, 청년사, 2007.

류대영, 「미국 남장로교의 역사와 전통」, 『프런티어』 2, 2008.

무등역사연구회, 『광주·전남의 역사』, 파주: 태학사, 2010:3쇄.

문백란, 「한말 미국 북장로교 선교사들의 한국인식과 선교활동」, 연세대학교 박사학위논문 2014.

문찬연, 「미(美)북장로교 서울선교부 설립배경과 초기선교활동(1884-1910)에 관한 연구」, 평택대학교 박사학위논문, 2012.

문화재청, 『순천 구 남장로교회 조지와츠 기념관 기록화 조사보고서』, 2006.

박진철, 「조선후기 순천 재지사족의 향촌지배 실태와 동향-향교 소장 문서 분석을 중심으로」, 『담론』 10, 2011.

방연상·송정연, 「기독교가 군산 지역에 미친 사회적 영향」, 『人文科學』 제111집, 연세대학교 인문학연구원, 2017.

송현강, 『대전 충남 지역 교회사 연구』, 한국기독교역사연구소, 2004.

송현강, 「한말 기독교수용주도층의 존재와 그 성격」, 『한국기독교와 역사』 25, 2006.

송현강, 「19세기 후반~20세기 전반 강경 덕유정계의 지역 사회 활동」, 『역사와 담론』 61, 2012.

송현강 외, 『믿음의 흔적을 찾아―한국의 기독교 유적』, 한국기독교역사연구소, 2011.

송현숙, 「호남지방 미국 남장로교의 확산, 1892-1942」, 고려대학교 박사학위논문, 2011.

송현숙, 「종교유적 건축물 정보의 메타데이터 구성과 온톨로지 구축」, 『한국도서관정보학회지』 44(1), 2013.

송현숙, 「지리산 왕시루봉 선교사촌의 형태」, 『대한지리학회 학술대회논문집』, 2014.

송호철, 「근대 고흥 기독교의 수용과 활동」, 『인문학술』 4, 2020.

순천노회사료편찬위원회, 『순천노회사』, 대한예수교장로회 순천노회, 2012.

순천대 인문학술원 종교역사문화센터, 『전남동부 기독교 선교와 한국사회』, 선인, 2019.

순천대 인문학술원 종교역사문화센터, 『전남동부지역 기독교 기관과 지역사회』, 선인, 2021.

순천대 인문학술원 종교역사문화센터, 『전남동부지역 기독교 인물과 선교활동』, 선인, 2021.

순천시사편찬위원회, 『순천시사, 문화예술편』, 1997.

안대희, 「1893-1945년 全州西門外 敎會의 成長 過程과 民族 運動」, 목포대학교 석사학위논문, 2000.

양국주, 『살아있는 성자 포사이드』, 서빙더피플, 2018.

여수애양병원, 『협력하여 선을 이루다』, 여수애양병원, 2009.

오방기념사업회 엮음, 『오방 최흥종 연구』, 태학사, 2022.

우승완, 「순천의 근대기 도시화에 관한 연구」, 순천대학교 박사학위논문, 2009.

우승완, 「전남지역 선교기지 구축과 건축활동: 월슨과 스와인하트를 중심으로」, 『2018년 국립순천대 인문학술원 학술대회: 전남동부지역 기독교인물과 지역사회』, 순천대 70주년기념관 대회의실, 2018. 8.13.

우승완·남호현, 「질병공동체 애양리 마을의 형성과 공간변화에 관한 연구」, 『한국도시설계학회지』 39, 2010.

우승완, 『천년 순천의 근대기 도시 이야기』(순천학총서1), 묘책, 2022.

우승완, 남호현, 「미국 남장로회 선교기지의 토지 소유에 관한 연구」, 『남도문화연구』 제46집, 순천대학교 남도문화연구소, 2022.

우승완, 이석배, 이서영, 「근대 순천의 도시발전 동인에 따른 도시변화과정에 관한 연구」, 『한국도시설계학회지』 10(1), 2009.

우승완 · 천득염, 「남장로교 목포, 순천지역 선교기지(Mission Station) 건축에 관한 고찰」, 『호남문화연구』 제63집, 전남대학교 호남학연구원, 2018.

윤정란, 「전남 순천지역 기독교의 수용과 확산」, 『숭실사학』 26, 2011.

이남식, 「남장로교 선교사 윌리엄 M. 전킨의 한국 선교 활동 연구」, 전주대학교 박사학위논문, 2012.

이만열, 『한국기독교의료사』, 아카넷, 2003.

이소라, 「1952-55년 한미재단의 활동과 그 역사적 성격」, 서울대학교 대학원 석사학위논문, 2015.

이양재, 「순천지역 초기 선교역사연구: 광양 신황리교회를 중심으로」, 호남신학교 대학원 석사학위논문, 2001.

이은선, 「한국 근 · 현대사 검인정 교과서의 기독교 관련 서술 분석과 대책」, 『한국교회사학회지』 제24집, 2009.

이재근, 「매코빅신학교 출신 선교사와 한국 복음주의 장로교회의 형성, 1888-1939」, 『한국기독교와 역사』 35, 2011.

임송자, 「인문학술원의 연구 활동과 종교역사문화총서 발간의 의의」, 순천대 인문학술원 출판기념세미나, 2022.12.15.

임희모, 『미국 남장로교 한국선교회의 여성 · 의료 선교사』, 서울: 동연, 2022.

임희모, 「제이콥 패터슨(Jacob B. Patterson, M.D.) 의료선교사 연구」, 임희모, 『미국 남장로교 한국선교회의 여성 · 의료선교사 연구』, 서울: 동연, 2022.

임희모, 「제임스 로저스 (James McLean Rogers M.D.)의 자선적 의료선교 연구」, 『장신논단』 54-1. 2022.

전석원, 「1884~1910년의 급성전염병에 대한 개신교 의료선교사업 – 개항기 조선인의 질병관, 의료체계에 대한 의료선교의 계몽주의적 접근 –」, 『한국기독교와 역사』 37, 2012.

전주서문교회 100년사편찬위원회, 『전주서문교회100년사(1893~1993)』, 1999.

정경진, 「여성숙 백년의 꿈, 결핵환자들의 어머니」, 재)전남여성플라자, 2018.

정연태, 「조선후기~해방이전 자산가형(資産家型) 지방 유력자와 사계(射契) - 포구 상업도시 강경(江景) 덕유정계(德游亭稧) 사례」, 『역사와 현실』 60, 2006.

차종순, 「양림동 선교부 건설과 건축이야기」, 『신학이해』 43, 2012.

채진홍, 『나는 너희를 치료하는 여호와임이라: 애양원, 100년의 숨결과 역사』, 한남 대학교 출판부, 2002.

최병택, 「남장로회선교부 한센병 환자 수용정책의 성격(1990~195): 여수 애양원을 중심으로」, 『한국기독교와 역사』 32, 한국기독교역사연구소, 2010.

최병택, 「손양원과 구라선교: 애양원교회에서의 활동을 중심으로」, 『한국기독교와 역사』 34, 한국기독교역사연구소, 2011.

최아영, 「한말 기독교 선교 사업이 개화에 미친 영향」, 숙명여자대학교 석사학위논 문, 2007.

최원규, 「韓末日帝初期土地調査와 土地法研究」, 연세대학교 박사학위논문, 1994.

최원석, 「지리산 문화경관의 세계유산적 가치와 구성」, 『한국지역지리학회지』 18, 2012.

한국기독교역사연구소 『한국기독교의역사 Ⅰ』, 기독교문사, 2012.

한국건축역사학회, 『순천 기독교 선교마을 근대 역사문화자원 실태조사 용역』, 순 천시, 2022.

한규무, 「미국남장로회 순천스테이션의 교육선교와 매산남녀학교」, 『남도문화연구』 15, 2008.

한규무, 「지리산 노고단 '선교사 휴양촌'의 종교문화적 가치」, 『종교문화연구』 15, 2010.

한동명, 「보이열(Elmer T. Boyer) 선교사의 호남지방 선교에 관한 연구: 무주, 순천 지역을 중심으로」, 장로회신학대학교 대학원 석사학위논문, 2007.

홍동현, 「고흥지역의 민족운동과 1894년 동학농민전쟁 - 『고흥군교구역사』를 중심 으로」, 『남도문화연구』 35, 2018.

홍순명 · 홍대형, 「한국기독교 교회건축의 유형분석에 관한 연구」, 『대한건축학회 논문집』 7, 1991.

황두연, 『자기 십자가를 지고 따르라』, 서울: 목회자료사, 1994.

2. 해외자료

A. G. Fletcher, "Charity Work in Mission Hospitals." Korea Mission Field Feb. 1928.

Anabel Major Nisbet 저, 한인수 역, 『호남 선교 초기 역사』, 도서출판 경건, 1998.

Annual Report of Alexander Hospital 1931-32.

Biographical Information. PHC Montreat.

G. R. Womeldorf, "The 'Jesus Hospital' at Soonchun". The Presbyterian Survey October 1927.

George T. Brown, *Mission to Korea*, Board of World Missions Presbyterian Church U. S, 1962.

H. L. Timmons, "The Opening of Alexander Hospital. Soonchun. Korea". The Missionary Survey July 1916.

J. F. Preston, "A Close-up View of the Medical Missionary." Korea Mission Field July 1936.

J. M. Rogers, *Extracts from Report of J. M. Rogers. M. D. to Soonchun Station. covering report for Alexander Hospital, for year 1920-1921.* Received at Nashville, Tennessee: August. 1921.

J. M. Rogers, "Medical Work in Korea." The Missionary Survey August 1922.

J. M. Rogers, Report for Alexander Hospital. Soonchun. Chosen for 1926-27. Nashville, Tenn. August 1927.

J. M. Rogers, Annual Report for Alexander Hospital Soonchun. Chosen. Korea. [1927.4.1.-1928.3.31.]

J. M. Rogers, "Alexander Hospital. Soonchun." *KMF*, 1937.

J. M. Rogers, Dear Friends. Alexander Hospital Soonchun. November 1939.

Minutes of Annual Meeting of the Southern Presbyterian Mission.

Minutes of Annual Meeting of the Southern Presbyterian Mission in Korea. 1914-1918. 1918-1940.

Official Minutes of the First Personal Session Korea Mission Confrence Methodist Episcopal Church, 1905.

Personal Reports of Presbyterian Church U. S. in Korea Missionary 4, 한국교회사문헌

연구원, 1993.

Presbyterian Church U.S., Reports for Information Korea Mission.

Price, Willard. "A Doctor of Korea". The Presbyterian Survey, Oct. 1940.

Personal Report of C. C. Owen, *Reports to the Fourteenth Annual Meeting of the Southern Presbyterian Mission in Korea*, 1905.

Southern and Southeastern Circuit-Dr. Owen.

The Missionary(Oct. 1894).

W. M. Junkin, Korean Notes, The Missionary(May. 1896)

보이열(Elmer P. Boyer), 이미준 옮김, 『한국 오지에 내 삶을 불태우며』, 개혁주의신 행협회, 2004.

3. 인터넷자료

「나의 신앙유산답사기(순천편1) – 순천선교기지 구축:」, 뉴스와 논단, 2020.10.02,
    http://www.lawtimes.net/2493

http://etreemall.com/shop/shopview.asp?prdno=701&cate1=&cate2=&cateopt=&searchke
    yword=&searchkeyword2=&catesort=mark

http://stoptbkorea.com

http://www.1907revival.com/bbs/view.html?idxno=2907

http://www.aeyangwon.org

http://www.archives.go.kr

http://www.kch.or.kr/sub01/sub0104_2.html

http://www.wlc.or.kr

https://blog.naver.com/sry2000/222144993988

https://ko.wikipedia.org/wiki/%EB%8C%80%EC%99%95%EC%86%8C%EB%82%98%EB%A
    C%B4

https://m.blog.naver.com/PostView.naver?isHttpsRedirect=true&blogId=kjyoun24&logNo
    =60107125779

https://sweet-workroom.khan.kr/entry/%EC%9D%B4%EB%A6%84%EA%B3%BC-%EA%B8

%B0%EC%96%B5-%EC%88%9C%EC%B2%9C-%EC%84%A0%EA%B5%90%EC%82
%AC-%EB%A7%88%EC%9D%84

https://www.heritage.go.kr

https://www.yeosu.go.kr/tour

김이삭, 「매화꽃 같은 사랑의 언덕, 순천 매산동 기독교 유적」, 오마이뉴스, 2022.05.12.,
https://www.ohmynews.com/NWS_Web/View/at_pg.aspx?CNTN_CD=A0002834517

찾아보기

강성호

순천대 지리산권문화연구원장, 박물관장, 대학원장, 호남사학회 이사장, 한국서양사학
회장, 한국연구재단학술지발전위원장을 역임했고 현재 순천대 인문학술원장과 한국
인문사회연구소협의회 회장으로 활동하고 있다. 주요 저서로는『근대세계체제론의
역사적 이해』(1996),『유럽중심주의 세계사를 넘어 세계사들로』,『발전의 지정학과 궤
적: 한국, 일본, 타이완, 독일, 푸에르토리코(2010),『탈서구중심주의는 가능한가』(2016),
『지리산과 이상향』(2015),『전남동부지역 기독교 선교와 한국사회』(2019),『제도와 문
화현상』(2020),『전남동부 기독교기관과 지역사회』(2021),『전남동부 기독교 인물과
지역사회』(2021),『메가 체인지 시대 메가학문정책』(2023),『시민과 함께 읽는 여순사
건』(2023) 등이 있다.

송현강

한남대 인돈학술원 연구위원. 한남대(문학사, 문학석사)와 전주대(문학박사)에서 한국
근대사와 교회사를 전공했다. 한남대 탈메이지교양대학 교수이며, 저서로『대전 충남
지역 교회사 연구』(2004, 한국기독교역사연구소),『미국남장로교의 한국 선교』(2018,
한국기독교역사연구소) 등이 있다.

우승완

현재 국립순천대학교 인문학술원 학술 연구교수로 있다.『매산등 이야기 백년 전 순
천으로 마실가기』(순천시, 2008)에 공저자로 참여하였고,『천 년 순천의 근대기 도시
이야기』(순천시문화재단, 2022)를 출간하였다. 주요 논문으로「근대 순천의 도시 발전
동인에 따른 도시 변화에 관한 연구」(2009),「순천 읍성의 토지 이용 변화에 관한 연
구」(2009),「광양 읍성의 공간 구조에 관한 연구」(2009),「질병 공동체 '애양리마을'의
형성과 공간 변화에 관한 연구」(2010),「일제 강점기 여수의 도시 특성 변화에 관한
연구」(2011),「조선 시대 장시 벌교의 도시 형성 과정에 관한 연구」(2014),「미국 남장

로회 목포, 순천지역 선교기지 조성에 관한 고찰」(2018), 「미국 남장로회 선교기지의 토지 소유에 관한 연구」(2022) 등이 있다.

남호현

국립순천대학교 건축학부 교수. 한국건축사 및 서양건축사 전공. 홍익대학교 건축학과에서 학사, 석사, 박사학위를 받았다. 국립현대미술관 학예연구사, 이탈리아 국립로마현대미술관 방문연구원, 영국 옥스퍼드브룩스 대학교 방문교수, 순천대박물관 관장, 순천대 지리산권문화연구원 원장, 한국건축역사학회 부회장, 대한건축학회 역사위원회 위원장, 문화재청 문화재위원 등을 지냈다. 현재 순천대 건축학부 교수, 전라남도 문화재위원으로 활동하고 있다. 지은 책으로『조선궁궐의 주거공간』(민속원, 2016: 문화체육관광부 주관 세종도서 학술부문 우수학술도서 선정),『종묘, 조선의 정신을 담다』(국립고궁박물관, 2014),『전남의 건축』(기문당, 2014),『Korean Bilage and Their Culture』(The National Trust of Korea, 2013),『전남동부 기독교 선교와 한국사회』(선인, 2019) 등이 있다.

임희모

서울대학교(B.A). 장로회신학대학교 대학원(M.Div; M.Th.), 미국 루이빌신학대학원 (M.A.R.), 독일 에어랑엔대학교(Dr.Theol.: 선교학), 한일장신대학교 선교학주임교수, 한일장신대학교 명예교수, 한국선교신학회 회장, 예장(통합)선교연구위원장. 단독저서 Unity Lost-Unity To Be Regained in Korean Presbyterianism,『한반도 평화와 통일 선교』,『아프리카 독립교회와 토착화 선교』,『서서평, 예수를 살다』,『서서평 선교사의 통전적 영혼구원 선교』,『미국 남장로교 한국선교회의 여성 · 의료선교사(1892-1940)』 등 13권을 출판했다. 2014년부터 서서평(Miss Elisabeth J. Shepping, R.N.)연구회의 회장으로 매년 학술대회를 열고『서서평연구논문1-10집』(2014~2023)을 생산하였고, 자발적 가난의 삶을 산 기독인을 선정하여 서서평 상(Shepping Award)을 현재 5회에 이르도록 시상하고 있다.

김도균

현재 국토개발과 조경분야 특급기술자로 순천대학교 조경학과/정원문화산업학과 교수로 있다. 영남대학교에서 조경학을 전공(농학 박사)하였고, 국립순천대학교 경영학과에서 경영학을 전공(경영학 박사)하였다. 영국 세필드대학교 경관학부(2012~ 2013)와 독일 함부르크대학 목재생리 연륜연대학 연구실(2013)에서 방문연구자로 공부하였다. 2022 IFLA세계조경가대회 조경식물산업전 운영총괄을 하였고, 2021~2023년 순천대학교 미래융합대학장을 역임했다.

한규무

광주대학교 호텔관광경영학부 교수. 한국근대사 및 기독교사 전공. 서강대학교에서 박사학위를 받았다. 서강대 · 수원대 · 한성대 강사, 한국기독교역사연구소 상임연구원, 한국기독교역사학회장 등을 지냈다. 현재 한국기독교역사연구소장으로 활동하고 있다. 지은 책으로 『일제하 한국기독교 농촌운동』(한국기독교역사연구소, 1998), 『기독교민족운동의 영원한 지도자 이승훈』(역사공간, 2008), 『광주학생운동』(독립기념관, 2009) 등이 있다.